독자의 1초를
아껴주는 정성을
만나보세요!

세상이 아무리 바쁘게 돌아가더라도 책까지 아무렇거나 빨리 만들 수는 없습니다.
인스턴트 식품 같은 책보다 오래 익힌 술이나 장맛이 밴 책을 만들고 싶습니다.
땀 흘리며 일하는 당신을 위해 한 권 한 권 마음을 다해 만들겠습니다.
마지막 페이지에서 만날 새로운 당신을 위해 더 나은 길을 준비하겠습니다.

레진엔터테인먼트 개발자 강소리

소프트웨어 개발자가 추구해야 할 가치와 태도를 여러 경험을 통해 이야기한다. 내가 경험했던 그 프로젝트가 왜 고달팠는지 또는 왜 즐거웠는지 이해하게 되고, 마치 내 얘기인 것 같아서 때론 공감하면서 어떨 땐 뜨끔하며 단숨에 읽게 된다. 좀 더 나은 개발자가 되기 위한 여정에 서서 스스로를 돌아보고, 제대로 가려면 어떻게 가야 할 지 생각해볼 시간을 주는 책이다.

피키캐스트 개발자 김헌기

소프트웨어 개발자로서 올바르게 살아왔느냐에 대한 궁금증을 품게 된다면 이 책을 추천하고 싶다. 현재 스킬에 목마르거나 소통에 문제가 있는 개발자가 있다면 현실적으로 냉정하게 판단할 수 있는 도움을 줄 것이다. 국내에서 쉽게 들을 수 없는 경험을 기반으로 쉽게 풀어 설명하는 소프트웨어 장인의 이야기라 생각한다.

쿠팡 개발자 **이걸**

지금까지 개발을 하며 프로젝트에서 경험했고 어설프게나마 이해했던 내용들을 목차에서 보고 오랜만에 집중해서 읽을 수 있었다. "Scrum, XP, TDD를 한다는 것이 Agile 하다고 할 수 있는가?"라는, 최근 5년간 애자일 방식으로 일을 하며 느꼈던 개인적인 고민들이 정리가 되는 느낌이다. 개발자로서 나와 직원으로서 나, 왜 이 일을 하고 있는지 다시 생각하게 하는 좋은 기회였다.

휴레이포지티브 개발자 **정미영**

기술의 급속한 변화에 신속한 적응이 필요한 동네에서의 십수 년, 여전히 느끼는 조바심은 주니어의 그것과 크게 다르지 않다. 그런데 현실은 시니어의 변화된 사회적 책임까지 안아야 한단다. 저자의 글을 읽다 보면 "나만 이런 고민을 한 게 아니군", "나도 저런 방법을 시도해 봐야지" 하게 된다. 비슷한 입장에 있는 업계 동료들에게 진심으로 권하고 싶은 책이다.

파킹스퀘어 개발자 **황용대**

매일 오후 퇴근 전 팀원들과 하는 스탠딩 미팅에서 책의 인상 깊었던 구절을 소리 내어 읽어주기도 했다. 팀 리더가 된 지금의 나에게 팀 운영, 팀원 채용과 면접에 대한 훌륭한 조언만으로도 이 책은 충분한 역할을 해주었다. 여러분이 프로그래머로서 일 하는 동안 수시로 이 책을 펼쳐 훌륭한 선배의 조언과 경험담을 들었으면 한다.

소프트웨어 장인

산드로 만쿠소 지음
권오인 옮김

The Software Craftsman
Professionalism, Pragmatism, Pride
by Sandro Mancuso

Authorized translation from the English language edition, entitled SOFTWARE CRAFTSMAN, THE: PROFESSIONALISM, PRAGMATISM, PRIDE, 1st Edition by MANCUSO, SANDRO, published by Pearson Education, Inc, publishing as Prentice Hall, Copyright © 2015 Pearson Education, Inc

All rights reserved. No part of this book may be reproduced or transmitted in any form or by any means, electronic or mechanical, including photocopying, recording or by any information storage retrieval system, without permission from Pearson Education, Inc. KOREAN language edition published by GILBUT PUBLISHING CO., LTD., Copyright © 2015 gilbut publishing co., ltd.

소프트웨어 장인 : 프로페셔널리즘, 실용주의, 자부심
The Software Craftsman-Professionalism, Pragmatism, Pride

초판 발행 • 2015년 9월 25일
9쇄 발행 • 2022년 10월 22일

지은이 • 산드로 만쿠소
옮긴이 • 권오인
발행인 • 이종원
발행처 • (주)도서출판 길벗
출판사 등록일 • 1990년 12월 24일
주소 • 서울시 마포구 월드컵로 10길 56(서교동)
대표 전화 • 02)332-0931 | **팩스** • 02)323-0586
홈페이지 • www.gilbut.co.kr | **이메일** • gilbut@gilbut.co.kr

기획 및 책임편집 • 서형철(hachi74@gilbut.co.kr) | **디자인** • 박상희 | **제작** • 이준호, 손일순, 이진혁
마케팅 • 전선하, 차명환, 박민영 | **영업관리** • 김명자 | **독자지원** • 윤정아, 정금주

교정교열 • 조서희 | **전산편집** • 박진희 | **출력·인쇄·제본** • 예림인쇄

▶ 잘못된 책은 구입한 서점에서 바꿔 드립니다.
▶ 이 책에 실린 모든 내용, 디자인, 이미지, 편집 구성의 저작권은 (주)도서출판 길벗과 지은이에게 있습니다.
 허락 없이 복제하거나 다른 매체에 옮겨 실을 수 없습니다.

ISBN 979-11-86659-48-9   93560
(길벗 도서번호 006777)

정가 22,000원

독자의 1초까지 아껴주는 길벗출판사

(주)도서출판 길벗 | IT교육서, IT단행본, 경제경영서, 어학&실용서, 인문교양서, 자녀교육서   www.gilbut.co.kr
길벗스쿨 | 국어학습, 수학학습, 어린이교양, 주니어 어학학습, 학습단행본   www.gilbutschool.co.kr

페이스북 • www.facebook.com/gbitbook

길고 험난한 나의 삶에 더 나은 기회를 주시려고
잊을 수 없는 희생을 하신 나의 부모님,
루이스 카를로스Luiz Carlos와 마리사 만쿠소Marisa Mancuso에게
이 책을 바칩니다.

추천사

1973년에 발표된 로퍼타 플렉의 'Killing Me Softly With His Song'. 자신의 인생을 담은 듯한 가수의 노래가 자신을 사로잡아 황홀하다는 내용의, 부드럽고 감미로운 발라드 곡이다. 인생 넋두리를 담은 그녀의 편지를 보고, 가수인 그가 자신을 위해 곡을 만들어 그녀 인생의 고통과 이야기를 노래하는 것 같다고 읊조린다.

이 책은 내게 그 노래 같다는 생각이 든다. 저자의 커리어는 나와는 많이 다르다. 심지어 나보다 더 젊다. 일을 해왔던 장소도, 문화도 다를 뿐더러 국적은 물론 민족도 다르다. 저자와 몇 번 안 되는 만남에서 아주 짧게 얘기를 나눠 본 것이 전부다. 저자와 나의 공통점은 사실, 프로그래머라는 점 하나뿐이다. 그것만으로도 충분하다.

이 책에는 개인적인 일화와 현장 경험에서 비롯된 무게감 있는 조언이 가득하다. 저절로 "맞아, 그랬었지. 그렇게 했었지."라고 탄식하며 나와 크게 다르지 않은, 저자의 쓰디 쓴 경험들이 마음 한켠에 위로가 될 것이다.

아픔에 대한 책이기도 하다. 당신과 나 그리고 모든 프로그래머가 겪는 아픔을 생생하게 전달한다. 수준 이하로 일을 마무리했던 경험, 전혀 프로답지 않았던 경험, 더 나아지고 싶지만 어떻게 해야 하는지 몰랐던 아픔 등에 관한 일화와 그 치유법을 담았다.

읽으면서 알게 되겠지만 이 책은 온통 프로페셔널리즘에 대한 이야기다. 프로그래머로서의 프로페셔널리즘뿐만 아니라 소프트웨어 개발 조직 전체에 대한 프로페셔널리즘도 담고 있다. 그렇다. 이 책은 소프트웨어 장인에 대한 이야기다. 프로그래머와 프로그래밍 관련 팀 또는 조직에 도움이 될만한 이야기를 풀어 놓았다. 생산성이 높은 프로페셔널, 자신의 일에 자부심을 갖는 프로페셔널로 도약하기 위해 필요한 계획, 전략, 태도, 원칙 등을 여러 가지 관점에서 조언했다.

이 책이 다루는 내용의 범위는 대단히 넓다. 디자인 패턴과 페어 프로그래밍에서부터 테스트 주도 개발(TDD) 진행 방법, 빠듯한 일정에 대응하는 방법, 채용 공고 작성법과 개발자 채용 인터뷰, 동료나 관리자와의 협업 방법에 이르기까지 상당히 넓은 범위를 살펴본다. 간단히 정리하면 프로페셔널로 성장하고 소프트웨어 장인이 되기 위해 필요한 행동 양식, 태도, 조직 구조들에 대한 백과사전과도 같다.

고된 하루를 끝내고 느즈막히 돌아와, 차가운 물로 얼굴을 적시고 거울을 보며 "오늘 정말 멋지게 일했어."라고 읊조리는 그런 프로그래머, 팀 리더, 관리자라면 이는 당신을 위한 책이다.

– 로버트 C. 마틴

역자주 로버트 C. 마틴은 익스트림 프로그래밍(eXtreme Programming) 선언 모임을 주선하고 『클린 코드』 등을 저술한 저명한 소프트웨어 개발자이자 컨설턴트다.

역자 서문

소프트웨어 프로그래머. 소프트웨어 개발을 업으로 하는 이들에게 애증이 교차하는 이름이라는 생각이 든다. 동작하는 프로그램을 처음 만들었을 때의 설렘과 애틋한 짝사랑을 안고 업계에 발을 들인 그 처음을 기억할 것이다. 분야마다 차이는 있겠지만 업력이 오래된 개발자라면 가슴 한켠에 안고 있는 아픔이 있다. 개인의 삶이 없는 무한노동, 인정받지 못하는 전문성, 무한 책임에 권한은 없는 위치, 형편없는 처우, 찾아볼 수 없는 보람, 어떻게든 빨리 다른 직능으로 떠나려고만 하는 동료들. 이 책은 그러한 아픔들에 대한 이야기이자 소프트웨어 장인으로서 그것을 극복하는 방법에 대한 이야기다.

이 책의 저자는 페이스북의 저커버그도, 구글의 세르게이도 아닌 브라질 시골 출신의 프로그래밍을 좋아하는 평범한 개발자다. 보통의 개발자로서 겪어온 경험을 수필처럼 풀어, 우리가 어렴풋이 생각하고 있던 문제를 선명하게 드러낸다. 책을 읽는 동안 "그렇지, 바로 그거였어!"라며 밑줄 긋고 싶은 대목을 숱하게 발견할 것이다.

이 책은 이제 막 발걸음을 뗀 주니어 개발자에게는 수십 년의 경험을 압축적으로 들려주는 멘토이자, 현업 개발자에게는 커리어 방향과 개발자로서 스스로의 역량과 태도를 되돌아볼 수 있는 거울이 되리라 확신한다.

소프트웨어 개발 조직의 리더는 이 책을 통해 당면한 문제를 현실적으로 이해할 수 있는 중요한 단서와 관점을 알게 될 것이다. 규모가 작든 크든, 소프트웨어 개발 조직을 이끌고 있는 중간 관리자나 팀장이라면, 스스로 부끄러워지거나 가슴 아픈 부분도 있겠고 전혀 주의를 기울이지 못했던 현실적인 일들을 알게 될 것이다. 더불어 개발자들의 결과물에 불만이 가득한 상황이라면 이 책의 조언들을 통해 현실을 돌파하는 해법과 단초를 찾을 수 있을 거라 믿는다.

– 역자 권오인

저자 서문

1990년대 중반, 개발자 생활을 시작한 지 2년 정도 되었을 때다. 브라질 상파울로의 다국적 대기업에서 60명의 개발자를 한꺼번에 채용한다는 공고가 나왔다. 채용 과정만 해도 무려 4단계였다. 세 시간짜리 기술 시험, 2주 간의 회사 내부 기술 학습과 시험, 하루종일 진행되는 그룹 과제와 최종 인터뷰로. 입사하는 데 몇 주가 걸렸다. 주요 신문에 채용 공고를 냈고 개발자 900여 명이 지원했다. 그때 나는 작은 소프트웨어 개발 업체에서 일하고 있었다. 즐겁게 일하고 있었지만 뭔가 더 큰 일을 하고 싶었다. 첫 번째 평가가 휴가를 낼 부담이 없는 토요일이라서 지원했다. 다음 단계에는 나를 포함하여 300명이 채 안 되는 사람들이 남았다. 첫 단계를 통과해서 기뻤고 최종 합격에 대한 자신감도 있었지만 걱정거리도 있었다. 몇 주나 되는 채용 과정을 계속 거치려면 회사를 그만두어야 했다. 그렇게 긴 기간은 휴가를 낼 수 없었다. 경제 사정도 좋은 편이 아니었고 가족으로부터 금전적인 도움을 전혀 받을 수 없는 상황이었다. 꿈에 그리던 회사에 도전하려고 채용이 될지 알 수도 없는 상태에서 생계가 달린 회사에 사표를 낸다는 건 정말 어려운 일이었다. 사표를 냈는데 막상 새로운 회사에 합격하지 못하면 생활비를 어떻게 감당해야 할지 대책이 없었다. 하지만 시도하고 싶었다. 그 정도로 일하고 싶은 회사였고 다음 커리어로 원하는 길이었다.

그때 나는 스물 한 살이었다. 나이는 어렸지만 몇 년 간의 코딩 경험이 있었다. 열한 살부터 코딩을 시작했고 열아홉부터는 코딩으로 돈을 벌었다. 문제는 어린 나이에 약간이라도 경험이 있으면 쉽게 오만해진다는 것이었다. 나도 예외는 아니었다. 주변에서 볼 수 있는 젊고 오만한 개발자를 떠올리면 그때의 나로 생각해도 무방했다. 나는 대단한 사람이고 대학의 친구들이나 회사 동료 그 누구보다도 우월하다고 생각했다. 4단계의 채용 과정이 끝나고 애초의 60명 대신 32명만 채용되었다. 그들이 기대하는 수준을 충족하는 개발자들을 모두 찾지는 못했다는 것이 그 이유였다. 합격자 32명 중 한 명에 내가 포함되었다. 하늘을 나는 기분이었고 자만에 가득했다.

새 회사로 출근하고 첫 주에는 시스템의 비즈니스 모듈 중 하나를 개발하는 팀에 속해 있었다. 다른 비즈니스 모듈에서 일하는 개발자들과 이야기하면서 사내 최고의 팀으로 꼽는 특별한 팀이 있다는 사실을 알게 되었다. 그 팀은 아키텍처 팀으로 전체 시스템의 핵심 부분을 책임지며, 다른 비즈니스 모듈 팀들에서 사용될 기반 코드를 제공하는 일을 담당했다. 아키텍처 팀의 리더는 팀의 관리자이면서도 환상적인 개발자였다. 그는 매우 바쁜 사람이었지만 틈틈이 직접 코드를 손볼 시간을 내어 코드를 수정해서 본인의 이름으로 체크인하고 팀 멤버들이 작성한 코드들을 리뷰했다. 그 팀은 사내에서 가장 흥미로운 일들을 도맡아 하고 최고의 코드를 작성한다는 이야기도 들었다. 바로 내가 찾던 팀이었다. 나는 최고들과 함께 일하고 싶었다.

길고 긴 몇 주가 지나고, 소문으로만 들었던 아키텍처 팀의 관리자에게 말을 걸어보기로 결심했다. 어떤 말을 할 것인지, 어떤 대답이 돌아올지 아무 생각도 없었다. 나는 잃을 것이 없다는 것, 그 한 가지 생각만 들었다. 최악의 시나리오라고 해봤자 나를 팀 멤버로 받아주는 데 관심이 없다는 것 정도가 아닌가? 어느 날 커피 휴게실에 혼자 앉아 있는 아키텍처 팀 리더를 보았다. 떨렸지만 그에게 다가가 인사를 했다. "안녕하세요. 저는 산드로입니다." 그는 나를 보고는 미소지으며 악수를 청했다. "나무르라고 합니다. 반갑습니다." 그는 조용하고 차분했다. "당신과 함께 일하고 싶습니다." 긴장되고 어색한 순간이 흐르고 어렵사리 말을 꺼냈다. 그는 약간 놀란 듯 했지만 내 이야기를 긍정적으로 받아들이는 것 같았다. 선발 과정과 내가 지원하는 이유, 그 업무로부터 내가 기대하는 바가 무엇인지 천천히 말했다. 나무르는 취미로 하는 업무 외 프로젝트가 있는지, 어떤 기술에 관심이 있는지, 업무 외 시간에도 코딩을 하는지 그리고 그 밖에 지금은 기억나지 않는 잡다한 것들을 물었다. 30분 정도 대화가 이어지고 그는 언제 일을 시작할 수 있는지 물었다. 나는 깜짝 놀랐다. 전혀 예상하지 못했던 대답이었다. 내가 기대했던 것은 미팅 일정을 잡고 정식 인터뷰를 하는 등의 과정이었다. 아주 오랜 시간 뒤에 깨달았지만 대화를 나누는 내내 나무르는 내가 소프트웨어 개발에 어느 정도 열정이 있는지 가늠해보았던 것이다. 그는 내가 일을 올바르게 하는 것에 가치를 두는지를 엿보려 했지 현재 내가 가진 기술 지식이 어떠한지는 크게 관심을 보이지 않았다. 나무르가 "내 상급자에게 이야기하겠습니다. 최대한 빨리 진행될 수 있을 겁니다"라고 말한 몇 주 뒤, 나는 새로운 팀 동료들 사이에 앉아 있게 되었다.

첫 업무일은 월요일이었다. 그날 아침 나무르는 업무 할당에 대해서 이야기했다. 그는 내가 작업해야 할 애플리케이션의 한 부분에 대해 설명했고 금요일에 작업 결과를 같이 보자고 했다. 나는 흥분했다. 내 실력을 보일 절호의 기회였다. 내가 팀원으로서 자격이 있다는 것을 보여주고 싶었다. 그날 밤 12시가 다 되도록 사무실에 남아 있었고 몇 시간밖에 자지 못했다. 화요일에 아침 일찍 출근해 그날 오후 2시에 작업을 마쳤다. 주어진 시간의 절반도 안 되는 시간에 일을 끝낸 것이다. 정말 신이 났다. 물론 자신감이 있기는 했지만 바로 그 팀에서, 전혀 모르는 코드 베이스에서 작업한 것이었기 때문에 나로서는 아주 큰 성과였다. 흥분을 감추지 못하고 나무르의 사무실로 가서 "다 끝냈습니다. 동작도 합니다."라고 외치자, 그는 타이핑을 멈추고 나를 돌아봤다. "코딩이 직업인 사람이 동작하는 코드를 만드는 건 기본이예요." 그는 조용히 말했다. "일을 끝냈다는 말에는 제대로 동작한다는 것이 당연히 포함되어 있죠." 시비를 거는 듯한 말투였다. 내 얼굴에서 웃음기가 조금 사라졌지만 원래 그의 말투가 그런 걸로 치부했다. 어쩌면 오늘 그에게 다른 나쁜 일이 있었을지도 모르는 거였다. 절대 일부러 험악한 말을 하는 것은 아닐 터였다. "여기 앉아서 작업한 코드를 같이 봅시다." 나무르 옆에 앉았다. 그가 소스 컨트롤 시스템에서 내 작업 내용이 들어 있는 .pas 파일을 편집기에서 여는 것을 지켜 보았다. 검은 배경에 초록색 글자가 표시되는 끔찍스러운 커맨드 라인 편집기를 사용했다. 그때 vi(Unix의 문서 편집 툴)를 처음 보았다.

우리는 그 당시 매우 유명한 델파이 IDE를 사용하고 있었다. 델파이 IDE는 매우 강력하고 편리한 통합 개발환경을 제공했다. vi로 델파이 소스 코드를 열어 보는 것은 정말 생경했다. "코드를 같이 볼 거니까 가까이 오세요." 그가 말했다. 내가 작성한 코드는 200줄 남짓이었다. 나무르는 첫 번째 라인으로 커서를 옮기고 한줄 한줄 보기 시작했다. 다섯 줄마다 잠시 멈춰서 "여기서 메모리 할당/해제를 하면 무슨 일이 일어나는지 알고 있나요? 이 부분을 보세요. 한 메서드에서 메모리를 할당하고 다른 메서드에서 해제하고 있어요. 이런 코드는 잠재적으로 메모리 릭을 일으켜요. 여기 이 코드들을 보세요. 좀더 생각해보면 이 여덟 줄은 두 줄로 줄일 수 있어요. try/catch 블록이 이렇게 크면 어떤 일이 일어날 수 있는지 알고 있나요? 이 변수와 메서드의 이름은 적절해요? 원래 의도한 의미가 뭐죠? 다른 동료가 이 코드를 수정할 일이 생기면 어떻게 될까요? 정보도 부족하고 이 코드가 작성된 맥락을 전혀 알 수가 없어요. 이 코드에 대한 전후 정보가 아무것도 없는 상태에서 당신이 이 코드를 유지보수해야 한다면 어떻겠습니까? 여기에 하드 코딩된 비트들은 뭐죠? 이 값들을 수정할 때마다 소스 코드를 열어서 수정하고 다시 컴파일하고 전체 애플리케이션을 재배포해야만 하나요? 왜 여기저기 똑같은 코드들이 있죠? 으음... 이 메서드는 너무 기네요. 메서드마다 이렇게 코드가 길면 코드를 해석할 때 머릿속에 한번에 담고 있어야 할 정보가 얼마나 많아지는지 알고 있어요? 좀더 단순하면서도 작게 만들고 동작 내용에 맞춰서 네이밍을 하면 어떨까요?" 그는 계속 말을 이어갔다.

어떤 부분에서는 잠깐 멈춰서 몇 줄의 코드를 가만히 살펴보기 시작했다. 몇 분 후, 커서를 한 페이지 위로, 또 다시 한 페이지 아래로 옮겼다. 1990년대에는 다른 사람이 알아볼 수 없는 난해한 코드를 짤 수 있는 사람이 실력있는 개발자로 통했다. "와우! 그는 똑똑한 개발자가 틀림없어. 그 사람 코드는 무엇을 하는 코드인지 전혀 감을 잡을 수가 없거든." 나 역시 내가 얼마나 똑똑한지 보이려고 난해한 코드들을 조금 집어 넣었다. 나무르는 순간, 그 코드가 무엇을 하는지 알아냈다. 나는 내 기분을 띄워줄 말을 기대했다. "이 코드가 얼마나 무례한지 알고 있습니까?" 그는 조용히 말했다. "많은 팀과 개발자들이 같은 코드 베이스에서 아주 큰 시스템을 만들고 있습니다. 모든 개발자들이 이런 식으로 으스대려고 난해한 코드를 만들면 코드를 이해하기가 얼마나 어려워질지 생각해봤나요? 수천 라인, 아니 수백만 라인의 코드가 이런 식이라고 상상해보세요" 그의 말은 이제 시비가 아니라 공격이었다.

코드는 겨우 200라인 남짓이었다. 나무르가 제기한 문제들에 답을 하지도, 적당히 되받아치지도 못했다. 그는 코드 라인마다 문제를 지적했고 어떻게 하면 더 나아지는지 설명했다. 코드의 마지막에 이르렀을 때 얼굴이 화끈거리고 마음은 불편했다. 나무르는 제3자가 작성한 코드에 대해 말하는 것처럼 차분했다. "내가 한 말들을 다 이해했나요? 모두 동의합니까?" 나는 아무 말도 하지 않고 고개만 끄덕였다. "이 코드들을 더 나은 쪽으로 바꿀 수 있겠어요?" 그를 보지 않고 나는 고개만 끄덕였다. "오늘 이야기한 것들을 앞으로도 계속 적용할 수 있겠지요?" 다시 한번 고개를 끄덕였다. 그는 키보드를 몇 번 두드려서 내가 작성한 모든 코드가 들어 있는 파일을 삭제했다. "좋습니다. 아직 3일이나 남았으니 다시 해보세요."

충격에 휩싸였다. 어떻게 반응해야 할지 몰랐다. 아무 말도 없이 천천히 일어서서 문쪽으로 걸어갔다. "산드로." 문에 다다랐을 때 그가 나를 불렀다. 나는 멈춰서서 그를 돌아봤다. "일을 하는 것도 중요하지만 그에 못지 않게, 일을 어떻게 하느냐도 중요합니다." 이 말을 끝으로 나무르는 자신의 컴퓨터로 돌아앉아 그 끔찍한 검은 배경에 초록색 글자가 나오는 편집기에 다시 타이핑을 시작했다.

낙담했다. 아니 사실 화가 났다. 나무르의 사무실을 나와서는 바로 계단을 내려가 건물 밖으로 나왔다. 도대체 그가 뭐길래 나에게 이런 말을 할 수 있나? 형편없는 사람이다! 그런 사람을 위해서 일할 수는 없다. 이제 됐다. 이 회사와는 끝이다. 그만둘테다. 담배 몇 개비로 마음을 안정시킨 후 무슨 일이 일어난 건지 되새겨보았다. 나무르는 1시간 넘게 나의 코드를 보면서 어떻게 하면 더 나은 코드를 만들 수 있는지 설명했다. 어떤 부분에서는 내 의견을 경청했고 틀린 점과 더 개선할 수 있는 방법을 이야기했다. 코딩을 시작한 이후 처음으로, 내게 시간을 들여 좋은 코드를 만드는 방법을 보여 주는 사람을 찾았다는 사실을 깨달았다. 다른 사람들이 성장할 수 있도록 진심으로 도와주는, 나보다 더 나은, 훨씬 다양한 경험이 있는 누군가를 찾았다. 더 훌륭하고, 더 높은 품질의 소프트웨어를 만드는 데 가치를 두는 사람을 찾았다. 나를 가르치는 데 기꺼이 시간을 투자하는 사람을 만났다. 무엇보다도 나의 첫 번째 멘토를 찾았다.

몇 개비의 담배를 더 태우고 몸을 추스른 후, 나는 내적으로 다른 사람이 되었다. 그날 나는, 나 자신이 그렇게 잘난 사람이 아니라는 것과 배워야 할 게 아직 많음을 알았다. 그리고 겸손해져야 한다는 것도. 일을 끝내는 것 자체로는 부족하다는 것, 그 일을 어떻게 하느냐가 더 중요하다는 것. 특히 팀에서 일할 때는 더욱 그러하다는 것을 배웠다. 나의 동료와 클라이언트를 존중하고, 형편없는 코드를 남겨서는 안 된다는 것을 알았다.

훌륭한 프로페셔널이라면 자신이 하는 일 자체에 주의를 기울인다는 것을 배웠다. 이후 2년 반 동안 나의 멘토 나무르를 비롯한 최고의 개발자들과 함께 일했다. 프로페셔널로서의 나뿐 아니라 인간으로서의 나를 만들어 준 좋은 경험이었다. 그 당시에는 전혀 사용하지 않았던 용어이지만, 10년도 더 지난 후에 그때가 소프트웨어 장인을 만난 첫경험이었다는 것을 알았다. 그 사람들로부터 정말 많은 것들을 배웠다.

기술적인 측면에서 매우 많은 것을 배웠지만 그 점이 가장 중요한 것은 아니다. 가장 중요한 것은 나의 상사와 다른 모든 개발자들이 자신의 일을 대하는 태도였다. 첫 코드 리뷰에서 나무르가 했던 마지막 말을 내 가슴에 영원히 새겼다. 10년 후 런던 소프트웨어 장인 협회(LSCC)를 세우면서 '일을 어떻게 했느냐는 일을 해낸 것만큼이나 중요하다.'는 그의 말을 웹사이트의 첫 머리에 넣었다. 나중에 LSCC 티셔츠를 만들 때도 그 말을 인쇄해 넣었다. 그 말은 나를 더 나은 프로페셔널로, 더 나은 인간으로 만들어 주었다.

이 책에 대하여

수십 년 간 등장했지만 실패하는 소프트웨어 프로젝트가 여전히 많다. 여러 가지 이유가 있겠지만 그 중 몇 가지는 꼭 짚어볼 필요가 있다. 관리자들은 소프트웨어 개발을 공장 라인처럼 취급한다. 소프트웨어 프로젝트를 어떻게 관리해야 하는지도, 좋은 개발자를 채용하는 방법도 모르는 회사가 많다. 미숙하고 동기 부여가 안 된 개발자들도 많아 수준 이하의 결과물을 고객에게 전달하고 있다. 애자일 방법론이 등장하면서 소프트웨어 업계가 한 단계 크게 도약했지만, 소프트웨어 프로젝트의 실패율은 아직도 상당히 높다. 왜 그토록 많은 프로젝트들이 실패할까? 왜 개발자들은 제대로 된 결과물을 내놓는 것에 그토록 서투를까? 무엇이 잘못된 걸까?

'소프트웨어 장인'이라는 용어가 등장한 지는 10년도 더 되었지만 소프트웨어 업계가 처한 문제들에 대한 현실적 대안으로 떠오른 지는 얼마 되지 않았다. '소프트웨어 장인'은 기업과 개발자들에게 기존과는 전혀 다른 사고방식을 요구한다. 소프트웨어 장인정신이 어떤 방법론을 의미하는 것은 아니지만 좋은 기술적 실행 관례나 원칙을 따를 것을 주장한다. 사실 거의 대부분 익스트림 프로그래밍(XP)에서 정의하고 있는 것들이다. 소프트웨어 장인정신은 애자일, 린(lean) 원칙들과 시너지를 일으켜 소프트웨어 업계를 한 단계 도약시킬 수 있다. 소프트웨어 장인정신은 프로페셔널리즘, 기술적 탁월함, 고객 만족을 중점 요소로 두고 있다. 또 한 가지 중요하게 보는 요소는 소프트웨어 프로젝트와 소프트웨어 개발자를 공장 운영과 생산 라인 노동자로 보는 관점을 바꾸는 것이다.

어떻게 하면 더 나은 개발자가 될 수 있을까? 어떻게 하견 더 나은 소프트웨어 프로젝트 결과물을 만들어 낼 수 있을까? 이 책에는 기업과 개발자에게 도움이 될, 현장 경험을 바탕으로 한 사례들과 현실적이고 실용적인 조언들이 담겨 있다. 소프트웨어 개발자들뿐만 아니라 소프트웨어 프로젝트와 직접적인 관련이 있는 모든 이에게 도움이 될 것을 확신한다.

브라질 시골의 마을에서 유럽의 가장 큰 도시에 이르기까지 나의 커리어는 신나는 여정이었다. 대서양을 사이에 두고 여러 회사에서 근무했다. 본받을 사람들을 많이 만났고, 오늘날 프로페셔널로 설 수 있도록 내게 여러모로 도움을 주었다.

먼저 마리아 세실리아Maria Cecilia Capelache교수님께 감사드린다. 경제적인 문제로 대학을 그만두려고 했을 때 일자리를 소개해주셔서 나는 공부를 계속할 수 있었다. 팀에 다른 개발자가 필요했음에도 불구하고 나를 도와주시려고 일부러 자리를 마련해주신 것이다. 뿐만 아니라 교수님은 소프트웨어 개발에 있어 학교와 현장의 차이를 가르쳐주셨다. 그때 내가 학업을 중지했다면 지금 이 책을 쓰고 있지 못할 것이다.

학교를 나오고 얼마 후 작은 소프트웨어 개발 업체의 창업자 중 한 사람인 루이스 페르난도 페레이라Luiz Fernando Ferreira를 만났고 두 번째 일자리를 얻었다. 나는 그 업체의 첫 번째 사원이었지만 '종업원'으로 취급받지 않았다. 출근 첫 날부터 마치 오래된 친구들과 일하는 느낌이었다. 그와의 우정은 오늘까지 계속되고 있다. 그는 좋은 날이든 나쁜 날이든 항상 진솔했고 내가 회사를 옮겨야 할 시기가 왔을 때에도 잊지 못할 큰 도움을 주었다.

다국적 대기업으로 옮겨간 후, 내 인생을 바꾼 첫 번째 멘토를 만났다. 에두아르도 나무르Eduardo Namur에게 영원한 감사를 드린다. 그는 일의 결과보다 어떤 방식으로 일을 해냈는지의 과정이 중요함을 가르쳐주었다. 나무르는 함께 일한 우리 모두를 가족처럼 대했고 내게 '최선'을 지향하는 습관을 들이도록 도와주었다. 당시에는 존재하지 않았던 용어인 '소프트웨어 장인'이 가져야 할 원칙들을 보여주었다.

나의 상사였던 알렉상드르 에렌버거Alexandre Ehrenberger는 내게 커다란 영감을 준 동시에 친구가 되어 주었다. 그는 내가 런던으로 갈 때 가장 큰 지원자였다. 그 역시 캐나다에서 6년 간 살았던 경험을 바탕으로, 꿈을 이루기 위해 런던으로 가야 할 당위성을 내게 심어 주었다. 우정과 조언, 지원과 격려, 그리고 노력하면 꿈을 실현할 수 있음을 보여준 그분께 깊은 감사를 드린다.

런던으로 가기 위해서는 해야 할 일이 두 가지 있었다. 하나는 자바를 배우는 것이었다. 자바를 열심히 공부했기에 런던에 있는 일자리를 얻을 수 있었다. 다른 하나는 영어 실력을 키우는 것이었다. 이와 관련하여 아나 마리아 네투지Ana Maria Netuzzi에게 감사한다. 네투지는 영어 선생님으로서의 역할뿐 아니라 친구이자 정신과 의사 역할도 해주었다. 그녀는 나의 개인적인 어려움에 귀 기울여주고 소중한 삶의 지혜를 알려주었다.

영국의 작은 소프트웨어 업체에서 잠깐 동안 일한 후 스타트업에 합류하였다. 스타트업에는 실력있는 개발자들이 많았고, 자신이 하는 일에 애정이 가득한 사람들과 함께 했다. 내가 일할 수 있는 환경을 갖출 수 있도록, 무엇보다도 영국에서 나의 첫 번째 친구들이 되어 주었다. 그들은 나를 더 나은 개발자로 만들어준 것뿐만 아니라 내가 영국에 정신적으로 정착할 수 있도록 도와 주었다. 크리스 웹Chris Webb, 그렉 커숀Greg Cawthorn, 데이비드 페리David Parry, 러셀 웹Russell Webb, 사이먼 커크SimonKirk, 제임스 카바나James Kavanagh에게 고맙다는 말을 하고 싶다.

Valtech에 합류한 것은 내 커리어에 큰 발전이었다. 처음으로 애자일과 익스트림 프로그래밍(이하 XP)을 접하고 애자일과 XP에 대해 가장 많이 배울 수 있었던 곳이었다. 거기서 만났던 훌륭한 사람들의 이름을 모두 기억하지는 못하지만 몇몇 분들에게는 꼭 고맙다는 인사를 하고 싶다. 먼저 훌륭한 멘토이자 친구가 되어 준 아크바르 자미르Akbar Zamir, 그는 내게 새로운 것들에 마음을 여는 법을 가르쳐 주었다. 내가 모르는 것들을 어떻게 하면 볼 수 있는지 가르쳐 주었고, 테스트 주도 개발 방법론(Test-Driven Development: TDD)에 눈을 뜰 수 있게 해주었다. 아크바르는 도메인 기반 디자인(Domain-Driven Design:DDD)방법론과 애자일, XP, 정치, 실용주의, 프로페셔널리즘에 대해서도 여러 가지를 알려 주었다. 나는 아크바르에게 정말 많은 것을 배웠다. 아크바르 외에도 내게 많은 가르침과 도움을 준 분들이 있다. 데이비드 드래퍼David Draper, 케빈 하르킨Kevin Harkin, 앤드류 렌델Andrew Rendell, 제임스 바우만James Bowman에게도 감사를 드린다.

UBS에서 처음으로 대규모 기업 시스템을 경험했다. UBS에서 일하면서 소프트웨어 개발과 관련해 내가 믿고 있던 모든 것들을 점검해볼 수 있었다. UBS에서도 훌륭한 팀원들과 일할 수 있는 행운이 따랐다. 그들은 업무를 새로운 관점으로 볼 수 있게 도와 주었다. UBS에서의 가장 큰 행운은 마스후크 바다르Mashooq Badar와 다시 한번 일할 수 있었던 것이었다(마스후크 바다르는 이전 회사였던 Valtech에서 만났고 현재는 Codurance에서 나의 파트너로 일하고 있다). 그는 내가 만났던 최고의 개발자이면서 가장 가까운 친구들 중 하나이기도 하다. 마스후크는 나를 UBS에 추천했다. 마스후크는 발린 파투Balint Pato를 우리 프로젝트 중 하나에 합류시켰고 우리 사이에는 단단한 유대가 생겼다. 토론과 열망, 열정, 우정, 프로페셔널리즘 그리고 가르침들에 대해 마스후크와 발린에게 감사를 표한다. 포시 통Portia Tung은 UBS에서 만난 또 다른 훌륭한 개발자다. 그녀는 내가 만나본 최고의 애자일 코치로 조직 전체가 더 민첩해 질 수 있게 업무 환경을 바꿨다. 그녀로 인해 나의 UBS에서의 경험이 더욱 유익했다. 포시는 사람들을 어떻게 하나로 묶을 수 있는지 나에게 가르쳐 주었다. 포시에게 감사를 표한다. 로버트 테일러Robert Taylor와 알렉산더Alxander에게도 고맙다는 인사를 하고 싶다. 그들과 같은 훌륭한 소프트웨어 장인과 일할 수 있었던 것은 더할나위 없는 기쁨이었다.

데이비드 그린David Green, 어디서부터 이야기해야 할까? 우선 그는 진정한 장인이자 친구다. 데이비드는 내가 만나본 최고의 개발자다. 나는 주점에서의 토론들을 아직도 기억한다. 프로젝트에 대해서, 장인정신에 대해서, 어떻게 하면 소프트웨어 개발을 더 잘 할 수 있는지에 대해서 멋진 이야기들을 나누었다. 나는 데이비드에게 정말 많은 것을 배웠다. 데이비드와 나는 런던 소프트웨어 장인협회(LSCC)를 함께 만들었다. 데이비드가 없었다면 오늘날의 LSCC는 존재할 수 없었을 것이다.

2013년 10월 나는 마스후크 바다르와 함께 Codurance를 설립했다. Codurance는 소프트웨어 장인정신의 원칙과 가치에 기반을 둔 컨설팅 회사다. Codurance는 내게는 매우 커다란 발걸음이다. 처음으로 올바르다고 생각하는 대로 일을 해나갈 수 있는 기회를 얻었다. 마스후크가 없었다면 Codurance와 LSCC도 없을 것이다.

끝으로, LSCC의 열정적인 소프트웨어 개발자들에게 감사하고 싶다. 그들이 없었더라면 그토록 짧은 시간에 그렇게 많은 것을 배우지 못했을 것이다. 그들은 개인 시간을 희생하면서도 의욕적으로 다른 사람들과 지혜를 나누었다. LSCC를 만드는 데 큰 도움을 준 곤칼로 실바Goncalo Silva, 사미르 탈와Samir Talwar, 톰 브랜드Tom Brand, 톰 웨스트매컷Tom Westmacott, 에마누엘레 블랑코Emanuele Blanco, 카를로스 페르난데스 가르시아Carlos Fernandez Garcia, 그리고 크리스 제프리Chris Jeffery

에게 특히 감사를 드린다. 이들이 없었다면 LSCC가 지금처럼 멋진 모임이 되지 못했을 것이다.

이 책과 관련하여, 소프트웨어 장인정신의 역사를 정리하는 데 도움을 준 미가 마틴Micah Martin과 타일러 제닝스Tyler Jennings에게 감사 인사를 전한다. 1장을 완전히 새로 쓰도록 조언했고 체계적인 구성을 위해 노력을 아끼지 않은 케블린 헤니Kevlin Henney, 오탈자를 찾아내고 값진 조언들을 준 사미르 탈와, 앤드류 패커Andrew Parker에게도 마음을 다하여 고맙다고 말하고 싶다.

목차

추천사 4
역자 서문 6
저자 서문 7
이 책에 대하여 13
감사의 말 14

1부 | 이념과 태도

1장 ▶ 21세기의 소프트웨어 개발 028
고참 개발자 031
새로운 현실 032

2장 ▶ 애자일 037
절차적인 관점에서의 애자일 원칙 038
기술적인 관점에서의 애자일 원칙 039
애자일을 따른다는 것 039
  게임 체인저 040
  피플 임파워먼트 041
  프로페셔널의 진화 041
애자일 매니페스토 042
  애자일 매니페스토의 원칙들 042
애자일 격변기 043
애자일 행오버 044
  부분적인 전환 046
  애자일 코치 049
  새로운 기술적 실행 관례에 대한 거부감 050
  소프트웨어 프로젝트를 바라보는 편협한 시각 051

나쁜 소식만 있는 것은 아니다 053
애자일과 소프트웨어 장인정신 053
요약 054

3장 ▸ 소프트웨어 장인정신 056

더 나은 비유 057
위키피디아에서의 정의 057
좀더 주관적인 정의 057
짧은 정의 058
정의 이상의 의미 058
공예, 사업, 엔지니어링, 과학 또는 예술 058
소프트웨어 장인정신의 토론 이력 060
 소프트웨어 장인정신 모임 061
 경계를 지나 062
 장인 교환 프로그램 063
 소프트웨어 장인 커뮤니티 065
 소프트웨어 장인정신 매니페스토 065
 매니페스토 067
 '동작하는 소프트웨어뿐만 아니라, 정교하며 솜씨 있게 만들어진 작품을' 068
 '변화에 대응하는 것뿐 아니라, 계속해서 가치를 더하는 것을' 069
 '개별적으로 협력하는 것뿐만 아니라 프로페셔널 커뮤니티를 조성하는 것을' 071
 '고객과 협업하는 것뿐만 아니라, 생산적인 동반자 관계를' 072
 생산적 동반자 관계가 될 준비가 안 된 고객 074
 매니페스토의 문제점 075
요약 076

4장 ▸ 소프트웨어 장인의 태도 077

내 커리어의 주인은 누구인가 078
 고용자・피고용자 관계 080
끊임없는 자기계발 081
 독서, 많은 독서 081
 블로그 083

        기술 웹사이트   085
      팔로우할 리더 찾기   085
        소셜미디어   086
      끊임없는 훈련   086
        카타   088
        펫 프로젝트   089
        오픈 소스   092
        페어 프로그래밍   092
      사회 활동: 다른 개발자들과 어울리기   094
        '개별적으로 협력하는 것뿐만 아니라, 프로페셔널 커뮤니티를 조성하는 것을'   094
      의도한 발견   095
      일과 삶의 균형   097
        시간 만들기   098
        집중: 뽀모도로 기법   100
        균형   101
      요약   102

5장 ▶ 영웅, 선의 그리고 프로페셔널리즘 104
      '아니오'라고 말하는 방법 배우기   108
        재앙의 기억   109
        교훈   112
        프로답게 행동하기   114
      대안 제시   116
        뜻밖의 실용적인 대안   118
      깨어 있는 관리자   121
      요약   123

6장 ▶ 동작하는 소프트웨어 125
      동작하는 소프트웨어만으로는 부족하다   126
      정원 돌보기   127
      보이지 않는 위협   128

자신이 만든 소프트웨어에 인질이 되는 상황 129
평범한 개발자가 아닌 장인을 고용하라 130
시간에 대한 잘못된 인식 131
기술적 부채에 대한 이야기 131
우리는 올바른 것을 하길 원한다 133
시간적 여유가 없는 바쁜 팀 134
내겐 없는 여유, 다른 누군가에겐 있는 여유 135
단위 테스트 작성은 별개의 업무인가 137
효율적인 시간 활용 139
몇 개월 후 140
레거시 코드 141
태도의 변화 142
고객과 개발자 모두의 만족 144
요약 145

7장 ▶ 기술적 실행 관례 146

올바른 일 vs 올바른 실행 147
상황 논리 148
익스트림 프로그래밍의 역사 150
실행 관례와 가치 151
실행 관례를 통한 가치 창출 153
자동화된 테스트 154
테스트 먼저 155
테스트 주도 개발 156
지속가능한 통합 157
페어 프로그래밍 158
리펙토링 160
책임감 161
실용주의 162
요약 163

8장 ▸ 길고 긴 여정 165
    브라질 어느 십대 소년의 이야기 165
    결단과 집중 168
        어디로 가야 할지 모른다면 169
    투자로서의 일터 170
        당부의 말 172
    자율성, 통달, 목적의식 173
    회사 안에서의 커리어 174
    요약 176

2부 | 안전한 전환

9장 ▸ 인재 채용 178
    전형적인 채용 공고 179
    인터뷰할 시간이 없다는 변명 182
    틀에 박힌 직무 요건 183
        참고 정보로 필요한 직무 요건 185
        일은 단순히 일이 아니다 191
    추천 채용 191
    커뮤니티의 활용 191
    효과적인 선별 조건의 정의 193
    적극적인 리쿠르팅 196
    요약 198

10장 ▸ 소프트웨어 장인 면접하기 200
    비즈니스 협상 201
    생산적인 파트너십을 알아보는 방법 202
        회사 입장에서의 관점 202
        지원자 입장에서의 관점 204

바람직한 면접 방법　207
　　　　올바른 집중　208
　　　　마인드 맵핑 대화　208
　　　　페어 프로그래밍 면접　209
　　　　개인 컴퓨터를 지참한 면접　212
　　　　맞춤형 면접　213
　　　번트 홈런　215
　　　기존 팀을 위한 채용, 새로운 팀을 위한 채용　216
　　　사전 면접용 코딩 시험　217
　　　지원자와 회사 모두 면접을 어떻게 하는지 알아야 한다　218
　　　개발자 채용 면접은 개발자가 보아야 한다　219
　　　요약　219

11장 ▶ 잘못된 면접 방식　221
　　　똑똑한 척하는 면접관을 세운다　222
　　　수수께끼식 질문을 던진다　222
　　　답을 모르는 질문을 한다　223
　　　지원자를 바보로 만든다　223
　　　인터넷 접속을 막는다　225
　　　종이에 코드를 작성하게 한다　225
　　　알고리즘 문제를 낸다　226
　　　전화 면접을 한다　227
　　　요약　228

12장 ▶ 낮은 사기의 대가　229
　　　애자일 행오버: 낮은 사기　230
　　　그저 '출퇴근'만 하는 개발자들로 인한 대가　232
　　　낮은 수준의 동기가 만드는 제약　236
　　　개발자들에게 열정을 불어넣기　237
　　　요약　240

13장 ▶ 배움의 문화 241

잘못된 방향으로 동기 부여하기 242

배움의 문화 만들기 244

　북 클럽에 가입하기 245

　테크 런치 진행하기 246

　그룹 토론회에 참여하기 247

　업무 교환하기 248

　얼마 동안만 업무 교환하기 249

　그룹 코드 리뷰하기 250

　코딩 실습하기 251

　사용할 기술은 가능한 자유롭게 선택하기 252

　내부 학습 모임을 만들기 253

　회사에서의 펫 프로젝트 시간을 허용하기 253

　외부 기술 커뮤니티와 교류하기 254

아무도 참여하려 하지 않는다면 254

　모범을 보여라 255

　관심을 보이는 사람들에게 집중하라 255

　강제하지 마라 256

　모두를 변화시키려 들지 말라 256

　모임에 대한 약속을 제때하라 256

　허락을 구하지 마라 257

　투덜대지 마라 257

　리듬을 만들라 258

요약 259

14장 ▶ 기술적 변화의 실행 260

회의론의 종류 261

준비 265

기술적 변화를 시작하는 방법 266

　신뢰를 쌓으라 266

　전문성을 확보하라 267

　모범을 보여 사람들을 이끌라 268

　신중하게 싸울 곳을 정하라 269

점진적으로 반복, 관찰, 수용하라 271
두려움과 자신감 부족 272
상사를 설득하는 방법 273
팀이 TDD를 수용하도록 설득하는 방법 275
회의론을 상대하는 방법 276
    상아탑 아키텍트 277
    권한과 책임 278
    피해망상 284
이 모든 것을 다 챙겨야만 하는가 284
요약 285

15장 ▶ 실용주의 장인정신 286

품질은 선택사항이 아니다 286
좋은 품질은 비싸고 시간이 오래 걸릴까 289
    테스트 주도 개발이 항상 필요할까 291
리펙토링 292
소프트웨어 개발 방법의 한 가지 예 293
비즈니스 돕기 295
    단순하고 빠른 솔루션 296
소프트웨어 프로젝트는 우리를 위한 것이 아니다 299
비범함과 평범함 300
단순한 설계를 위한 네 가지 원칙 301
    디자인 패턴 302
    패턴을 위한 리펙토링 303
장인정신과 실용주의 306
요약 307

16장 ▶ 소프트웨어 장인으로서의 커리어 308

장인의 길 309
    정직과 용기 311
커리어의 진전 312
    다른 커리어 사다리 313

여정과 이정표 314
    커리어 만들어 나가기 316
    원하는 바를 모른다면 어떻게 해야 할까 319
다양성 320
소프트웨어 장인의 사명 322

부록 ▶ 소프트웨어 장인정신에 대한 오해와 설명 323

    소프트웨어 장인과 소프트웨어 개발자 324
    장인정신 != 엘리트주의 324
    견습생, 숙련공, 마스터 325
    마스터 장인 325
    근시안적 개념으로 보는 시선 325
    장인정신과 XP 326
    실행 관례와의 관계 326
    애자일 코치와 관리자 327
    소프트웨어 도제 제도 327
    비유로 인한 문제 328

Part 1

이념과 태도

CHAPTER

1

21세기의 소프트웨어 개발

1990년대, 소프트웨어 개발을 업으로 삼은 지는 정확히 3년 차. 나는 스스로 꽤 실력있는 개발자라고 생각했다. 네 종류의 개발 언어에 능숙했고, 파스칼에 어셈블리를 섞어서 코딩해 동료들에게 실력을 뽐내기도 했으니까. 몇 줄 안 되는 코드로 윈도우 API를 숨겨서 호출하는, 아주 난해하고 기교 넘치는 코드를 델파이로 짤 수 있었다. 이런 코드를 해독할 수 있는 개발자는 매우 드문 시절이었다.

그 당시에는 난해한 코드를 만들 수 있는 능력이 개발자의 실력을 가늠하는 척도였고, 그 코드를 이해하지 못한다면 아직 숙련이 덜 된 거라고 치부했다. 아무도 이해할 수 없는 코드를 짤 수 있다면 즉시 고급 개발자로 인정받을 수 있었다. "이 코드는 지금 수정 못해. 담당자가 휴가에서 돌아와야 해. 다른 사람은 이 코드를 이해할 수가 없거든."이라는 식의 이야기가 흔한 때였다.

개발자 생활을 7년쯤 했을 때, 그런 '숙련된 개발자'는 이제 그만하기로 했다. 이제는 내 커리어를 한 단계 더 발전시켜야 했다. '개발자', '프로그래머', '코더'가 아닌, '소프트웨어 아키텍트'가 되고 싶었다. 내가 생각하기에는 아키텍트 타이틀을 달지 못할 이유가 없었다. 당시에 큰 컨설팅 회사에서 자바 엔터프라이즈(J2EE) 애플리케이션 프로젝트를 맡고 있었다. 래쇼날 통합 프로세스(RUP) 프레임워크를 사용했고, 코드를 작성하기 전에 사용자 시나리오, 클래스, 시퀀스 다이어그램같은 것을 먼저 만들었다.

얼마 후 승진을 하면서 아키텍처 팀으로 옮기게 되었다. 아키텍처 팀은 개발자들이 따라야만 하는 **디자인 패턴** 북을 만드는 막강한 권한이 있는 팀이었다. 사내의 모든 개발자는 아키텍처 팀이 만든 디자인 패턴에 따라 클래스 모델을 작성해야만 했다.

그 당시 나는 유명한 GoF(Gang of Four, 『Design Patterns』의 저자 4명을 지칭)의 디자인 패턴과 J2EE Core 패턴을 다루는 데 매우 능숙했고 UML과 래쇼날 로즈*도 알고 있었다. 자바 관련 자격 인증도 몇 가지 갖고 있었다. 나는 아키텍트라 자부할 만한 충분한 기술과 경험이 있다고 판단했고 아키텍트라는 타이틀에 기분이 좋았다.

아키텍트는 비즈니스 분석가와 대화하며 요구사항의 기능적/비기능적 요소들을 이해하고, 개발자가 따라야 할 다이어그램들을 그리는 일을 했다. 생각을 많이 해야 했다. 요구사항과 고객 환경이 어떻게 바뀔지 무당이 점치듯이 추측해야 한다. 다가올 5년 안에 추가될 모든 기능 목록과 상세 내용을 손아귀에 쥐고 있을 수는 없기 때문에 시스템이 정확히 어떤 식으로 커나갈지 예측하는 것은 거의 불가능했다. 그럼에도 불구하고 어떻게 모듈을 만들어야 시스템이 커지더라도 부작용이 적을지 고민해야 했다. 이에 대한 대응책이 추상화를 하고, 요소마다 디자인 패턴을 적용하는 것이었다. 오늘날에는 그런 방식을 오버 엔지니어링이라고 한다. 직설적으로는 어리

---

* 역자주 IBM의 S/W 모델링 도구

석은 짓이라고 말하지만 그 당시에는 아키텍트의 혜안이라고 했다.

　아키텍처 팀에서 몇 개월 정도 지나 팀내 아키텍트들과의 유대 수준이 전에 일하던 개발팀 동료들에 비해 너무나 낮다는 것을 느꼈다. 팀을 옮겼는데도 여전히 이전 개발팀 동료들과 점심을 먹고, 코딩에 대해서 이야기하고 애플리케이션을 어떻게 구현했는지 물어보고 있었다. 전에 비해 업무 시간 외에 코딩하는 일이 훨씬 더 많아졌다는 것도 깨달았다. 업무 시간에는 코딩을 하지 않기 때문에 개인 시간을 들여서라도 어떻게든 부족함을 메워야 했다.

　거의 1년 동안 문서 작업과 다이어그램만 그리다 보니 더는 일을 계속 할 수가 없었다. 상사에게 개발팀으로 돌아가고 싶다고 했다. 그는 놀란 얼굴로 "아키텍트로 일을 잘 하고 있는데 왜? 아키텍처 팀이 얼마나 선망받는 팀인지 모르는가? 얼마나 많은 개발자들이 아키텍트가 되고 싶어하는지 알고 있나?"를 물었다. 물론 알고 있었다. 나 역시 아키텍트를 원했고, 많은 개발자가 아키텍트가 되고 싶어 한다는 것도 모르지 않았다. "네, 알고 있습니다. 저를 대신할 사람을 쉽게 찾으실 수 있을 거라고 생각해요." 일주일 후 나는 다시 개발팀으로 돌아갔고 코딩의 즐거움도 되찾았다.

　돌이켜 보면 다시 개발팀으로 가기로 한 그때의 결정은 매우 어려운 결심이었다. 개발팀으로 돌아가는 것이 잘 하는 결정인지 몇 주에 걸쳐 고민했다. 큰 회사의 아키텍트로서의 장점들, 고참으로서의 인정(새파란 신입 개발자가 아키텍트인 경우는 없다), 권한(개발자들에게 일하는 방식을 지시할 수 있다), 우월감(보통 개발자들에 비해서...), 조직 내에서의 노출(고위급 관리자들을 상대할 일이 많다), 커리어 개발, 더 넓은 업무 범위(큰 그림을 보는 역할)와 같은 것들을 버리는 대신에 개발의 즐거움을 얻는 것이 나에게 정말 좋은 것인지 판단해야 했다. 아키텍트로서의 업무는 전혀 즐겁지 않았다. 매일같이 다이어그램을 그리는 것은 신물이 났고, 장기적인 예측과 계획은 시간 앞에 허망하게 빗나갈 때가 많았다. 나는 개발의 즐거움을 선택하기로 했다. 매일 코드를 작성하는 일은 행복이었다. 그때 이후로, 아침에 눈을 뜰 때마다 오늘 할 일이 하고 싶어 기대되는 일만 하기로 스스로와 약속했다.

이런 결정은 커리어를 완전히, 영원히 바꿔 놓을 수 있다. 아키텍처 팀에 남아서 계속 코딩을 하지 않았다면 나중에 다시 개발자로 돌아가기가 꽤 어려웠을 것이다. 코딩에서 손을 뗀 기간이 길면 길수록 다시 손에 익히기가 어려워진다.

이 사례에서 중요한 것은 아키텍트가 좋은지, 개발자가 좋은지의 문제가 아니다. 사실 아키텍처 팀에서 그 당시 내가 하던 일들이 아키텍트로서 해야 할 제대로 된 일이었다고 생각하지는 않는다. 정리하면 커리어 패스를 정할 때는 내가 열정이 있는 것, 진정 즐겁게 할 수 있는 것을 따라야 한다는 것이다. 아키텍트든, 개발자든, 테스터든, 비즈니스 분석가든, 관리자든 상관없다. 모든 역할이 필요하고 중요하다.

이 장에서는 소프트웨어를 개발할 때 숙련된 고참은 무엇인지, 21세기에 와서 개발자들이 직면한 새로운 현실이 무엇인지 이야기해본다.

고참 개발자

지난 20년 동안 고참 개발자에 대한 개념은 크게 바뀌지 않았다. 어떤 개발자가 고참인지의 여부는 그가 얼마나 많은 지식을 가졌느냐가 아니라 그 업계에 얼마나 오랫동안 몸 담아 왔느냐로 판단되고 있다.

같은 경험을 10년 동안 열 번 반복하는 것과, 10년 동안 매년 서로 다른 경험을 하는 것 사이에는 어마어마한 차이가 있다. 10년 동안, 다른 프로젝트, 다른 기술, 다른 회사에서 일한 것과 10년 동안 같은 회사, 같은 프로젝트, 같은 사람, 같은 기술로만 일한 것은 크게 다르다.

해가 가면서 '고참'이라는 것이 '일시적'이고 '상대적'임을 알게 되었다. 일시적이라는 이유는 기술이 발전함에 따라 고객이 기존과 다른 형태의 시스템과 기술을 요구할 수 있기 때문이다. 나만 해도 15년 동안 클리퍼[†]로 폭포수 모델 개발 방법론을 적용해 개발했지만, 현대의 모바일 애플리케이션 개발과 애자일 방법론에서는 전혀 '고참'이라고 할 수 없다. 즉 업계에 대략 5년 정도 일했다고 해서 고참 배지가 주어지지 않는다. '상대적'이라는 이유는 어떤 기술, 어떤 맥락에서, 누구와 비교해야 하는지 알아야만 고참인지 여부를 결정할 수 있기 때문이다.

고참 개발자, 신참 개발자라는 것은 없다. 큰 규모의 기업 시스템용 자바 애플리케이션 개발에 경험이 많더라도 자바 스크립트로 게임을 만드는 데는 생초보일 수 있다. 애자일 방법론을 채택하고 다수와 협력하여 일하는 방법에는 매우 익숙하더라도, 다단계 구조인 관료적/정치적인 조직에서는 신입사원과 별 다를 바 없을 수 있다.

새로운 현실

좋은 프로그래밍 관례나 기술이 서로 다른 종류의 시스템이나 환경에 공통으로 적용될 수는 있지만, 코딩은 개발자가 해야 하는 많은 일들 중에 하나일 뿐이다. 코딩을 잘 하거나 특정 언어나 프레임워크에 매우 익숙하다고 해서 고참 개발자가 되는 것은 아니다. 이제 개발자들은 다음과 같은 여러

[†] 역자주 dBASE III 개발용 컴파일러

가지를 할 수 있어야 한다.

- 고객과 대화하기
- 테스트/배포 자동화하기
- 전체 비즈니스에 영향을 미칠 기술 선정하기
- 지리적으로 분산된 팀들과 협업하기
- 고객을 도와 필요한 작업을 정의하기
- 우선순위 선정하기
- 진척 상황 보고하기
- 변경사항과 기대일정 관리하기
- 잠재 고객 및 파트너에게 제품 소개하기
- 사전 영업 활동 지원하기
- 개발 일정과 비용 산출하기
- 채용 면접하기
- 아키텍처 설계하기
- 비기능적 요구사항과 계약 조건(SLAS) 검토하기
- 사업 목표 이해하기
- 주어진 여건에서 최적의 결정하기
- 새로운 기술 주시하기
- 더 나은 업무 방식 찾기
- 고객에게 가치 있는 상품이 전달되고 있는지 고민하기

어떤 사람들은 훌륭한 개발자라면 위의 일들을 이미 해왔을 거라고 한다. 물론 그런 개발자들도 있겠지만 대다수는 전혀 그렇지 않다. 과거에는 소프트웨어 프로젝트를 실행할 때 각 담당자가 해야 할 일이 훨씬 구체적이었다. 개발자는 애플리케이션의 디자인이나 아키텍처에 관여하지 않았고, 최종 사용자와 접촉할 일도 드물었으며, 비즈니스 분석가들은 개발자들이 비즈니스는 아예 모른다고 생각했다.

소프트웨어 개발자가 소프트웨어 개발 업무만 하면 되던 시절은 지나갔다. 코딩과 관련된 것이 아니면 개발자와 상관없는 문제라는 태도는 이젠 용납되지 않는다. 기업들은 더 작아지고 기민해지며 조직 계층 구조도 평탄해지고 있다. 한 가지밖에 할 줄 모르는 지엽적인 전문가들은, 이제 자기 전문 분야와 더불어 비즈니스에 관련된 여러 방면에 조예가 있는 사람들로 바뀌고 있다.

20여 년 동안 기술이 발달하여 인터넷, 모바일 디바이스, 클라우드 서비스가 등장했고 모든 것이 바뀌었다. 고객들은 더 많고, 더 빠른 것을 원하며, 기업들은 기존보다 훨씬 과감하고 적극적으로 소프트웨어 제품을 공급하고 있다. 소프트웨어를 빠르게 바꾸면서도 품질 유지가 가능하다면 높은 경쟁 우위를 차지할 수 있다. 소프트웨어를 비즈니스의 핵심 자산으로 둔 회사(아마존, 구글, 트위터, 페이스북 등)가 이러한 경쟁 우위가 있다면 시장에서 메이저 업체로 빨리 성장할 수 있다. 고객들은 절차가 많고 계층 구조가 복잡한 관료적인 서비스 회사에서, 작지만 더 기민한 서비스를 제공하는 회사로 갈아타고 있다. 폭포수 모델을 전통적인 관리 형태와 결합하여 사용하면 오늘날처럼 빠르게 변하는 시장에 더는 대응할 수가 없다. 제품 출시와 피드백 루프를 신속하게 수행하는 린 스타트업(Lean StartUp)모델이 경쟁 방식을 완전히 바꾸어 놓았다.

프로젝트의 크기도 바뀌었다. 오늘날에는 다른 애플리케이션과 연계될 필요가 없는 애플리케이션이 매우 드물다. 무거운 클라이언트 애플리케이션을 각 단말에 배포하고, 대규모의 단일 데이터베이스로 통합되는 클라이언트-서버 모델 프로젝트도 찾아보기 어렵다. 오늘날의 프로젝트들은 여러 가지 기술들을 복합적으로 사용하고 복수의 정합(integration) 포인트를 두어 점진적이고 반복적으로 개발된다. 과거에는 개발된 애플리케이션의 사용자가 회사 내부인이거나 업무적으로 관계가 있는 사람인 경우가 대다수였지만 오늘날에는 전세계 수백만 명의 일반인들이 애플리케이션을 사용하고 있다. 배포된 애플리케이션에 버그가 있으면 기업 이미지에 큰 타격을 주거나 기업의 존폐를 위협할 수도 있다.

소프트웨어 업계는 소프트웨어 개발 방식이 프로페셔널하게 바뀌도록 압력을 받고 있다. 기업들은 이제 시키는 일만 하는 값싼 코더가 아니라 프로페셔널 개발자를 원하고 있는 것이 요즘의 현실이다.

다행히도 산업혁명의 유산(명령과 통제, 깊은 계층 구조, 관리자와 공장 노동자)을 뒤로하고 기민하고 빠르며 협력에 기반을 둔 환경으로 소프트웨어 업계가 진화하고 있다. 소프트웨어 개발자의 권한 영역이 더 넓어지고, 책임은 더 무거워지고 있다. 이러한 변화는 소프트웨어 개발자로서의 커리어에 자부심을 느끼고 개발자로서의 커리어를 계속 발전시키는 원동력이 되었다. 정적인 계획과 엄격하게 정의된 절차에 기반하여 진행된 프로젝트에서도 여러 문제들이 발생하여 이제는 재평가되고 있다. 대신 수평적인 조직 구조와 스스로 동기가 부여된 재능있는 개발자로 구성된 프로젝트가 새로운 표준으로 자리잡고 있다. 기민하고 정교하게 잘 만들어진 소프트웨어에 대한 요구가 그 어느 때보다 높다.

2001년, 소프트웨어 업계에 커다란 혁신이 있었다. 세계 여러 곳에서 애자일 방법론을 채택하여 업무 절차와 조직 구조, 사고 방식을 바꾼 것이다. 업무 절차를 대폭 개선했음에도 여전히 많은 기업들이 개발 역량이 부족하여 어려움을 겪고 있다. 느린 시장 대응, 높은 유지보수 비용, 버그 투성이의 저품질 제품, 역량있는 개발자 부족에 시달리고 있다. 한편 개발자들은 여전히 소프트웨어를 유지보수하고 테스트하고 신규 기능을 추가하는 일을 전쟁처럼 느끼고 있다. 소프트웨어 장인정신이 왜 필요할까? 소프트웨어 장인정신이란 무엇일까? 우리는 프로페셔널 소프트웨어 개발자일까? 왜 애자일만으로는 부족할까?

  이어지는 장들에서 이러한 질문들에 대한 생각들을 풀어 놓을 것이다. 소프트웨어 장인정신이 무엇인지, 프로페셔널 소프트웨어 개발자에게 무엇을 기대하는지에 관해서도 이야기할 것이다. 먼저 애자일이 무엇인지부터 알아보자.

CHAPTER

2

애자일

2001년 2월, 소프트웨어 업계에 영향력이 있는 17명이 유타(Utah)주의 스키 리조트에 모였다. 방대한 문서 작업을 기반으로 하는 소프트웨어 개발 방법론에 어떤 대안이 있을지 토론하기 위한 모임이었다. 제각기 서로 다른 기술, 새로운 소프트웨어 개발 방법론을 실험해오던 사람들이 한데 모였다. 서로의 경험에서 비롯된 현재 시도하고 있는 내용들을 공유하며 더 나은 소프트웨어 프로젝트 수행 방법을 모색했다.

이들 17인의 명단은 켄트 벡Kent Beck, 마이크 비들Mike Beedle, 아리 반 베네컴Arie van Bennekum, 알리스테어 콕번Alistair Cockburn, 워드 커닝햄Ward Cunningham, 마틴 파울러Martin Fowler, 제임스 그레닝James Grenning, 짐 하이스미스Jim Highsmith, 앤드류 헌트Andrew Hunt, 론 제프리스Ron Jeffries, 존 컨Jon Kern, 브라이언 매릭Brian Marick, 로버트 C. 마틴Robert C. Martin, 스티브 멜러Steve Mellor, 켄 슈와버Ken Schwaber, 제프 서덜랜드Jeff Sutherland, 데이브 토마스Dave Thomas였다.

이 모임에서 익스트림 프로그래밍(eXtreme Programmgin: XP), 스크럼, 동적 시스템 개발 모델(Dynamic System Development Model: DSDM), 적응형 소프트웨어 개발, 크리스탈*, 피처-드리븐 개발(FDD), 실용주의 프로그래밍과 같은 방법론과 테크닉들이 발표되었다.

긴 토론 끝에, 애자일 매니페스토가 창안되었고 애자일 연합이 만들어졌다.

애자일은 어떤 단일 개념이 아니다. 애자일은 서로 다른 여러 맥락에 따른 방법론과 테크닉의 조합이다. 소프트웨어 프로젝트는 변화 자체가 기본 속성이다. 애자일은 개발팀과 기업들이 그러한 변화에 적응할 수 있도록 변화와 관련된 위험들을 줄인다. 애자일 원칙과 방법론들을 절차적인 부분과 기술적인 부분의 두 종류로 나눌 수 있다.

2장에서는 애자일 매니페스토와 함께 애자일이 의미하는 바가 무엇인지 알아보고, 조직에서 애자일을 적용하면서 겪는 어려움들을 살펴본다.

절차적인 관점에서의 애자일 원칙

애자일 원칙의 절차적인 부분들은 팀과 조직이 어떻게 구성되고 협업해야 하는지에 대한 것들을 규정한다. 애자일에서는 다음의 사항들을 중점적으로 다룬다.

- 회의 방식
- 구성원 각각의 역할
- 요구사항 파악 방법
- 작업 진척 속도 파악 방법
- 점진적/반복적으로 일할 때 취하는 방식

---

* **역자주** Alistair Cockburn이 주창한 소규모 팀을 위한 개발 방법론

- 진행 상황을 개발팀 밖의 관계자(고객, 영업 등)에게 전달하는 방식
- 비즈니스 피드백 방식

애자일 원칙의 절차적인 부분들은 팀에 정말로 중요한 것, 비즈니스에 가치가 있는 것에 집중한다. 이러한 방법론들을 통해 팀이 올바른 결과물을 만들어 가는지, 즉 **올바른 목표를 향해 진행 중**인지 확인할 수 있다.

기술적인 관점에서의 애자일 원칙

애자일 원칙의 기술적인 부분들은 개발, 확장, 유지보수, 제품을 출시(또는 납품, 서비스 배포)하면서 겪는 어려움들에 대해 특정한 기술적 관례나 기술 자체를 매우 구체적으로 가이드한다. 테스트 주도 개발(TDD), 페어 프로그래밍, 지속적인 통합, 단순한 디자인 원칙 등과 같은 것들이다. 이러한 기술적 원칙들은 소프트웨어의 품질에 집중하여 팀이 결과물을 올바르게 만들어 가는지, 즉 **목표한 것을 올바르게 실행하고 있는지**에 대해 안심할 수 있게 한다.

애자일을 따른다는 것

'애자일을 따른다'는 것은 새로운 환경에 성공적으로 적응하고 있다는 의미다.
— 톰 길브 Tom Gilb

'민첩(Agile)'하다고 해서 애자일을 **실행하고** 있는 것은 아니다.

애자일 방법론들은 모두 빠르고 짧은 피드백 루프에 대한 것이다. 더 빨리, 더 짧게 피드백 루프를 만들수록 더 애자일해진다. 어떤 피드백이 올

때마다 그 피드백에 대응할 기회를 얻고, 그러한 새 정보에 적절한 행동을 취하면 프로젝트가 더 민첩해진다. 피드백 주기가 짧으면 문제를 신속하게 파악할 수 있어 상황 파악도, 적응도 빠르다. 애자일은 문제 자체를 해결해 주지는 않는다. 애자일은 문제를 드러나게 한다. 중간 결과물이나 수정 중인 프로토타입이라도 사용자에게 빨리 보여준다면 피드백을 속히 받을 수 있다. 여기서 **사용자**는 일반적인 의미로 사용되었다. 제품 기획자나 투자자, 혹은 최종 고객일 수도 있다. 이해에 관계된 여러 명에게 피드백을 얻는 것은 상당히 중요하다. 특정 기능의 상용화 가능성을 일찍 알게 된다면 투자에 대한 위험도 줄일 수 있다.

게임 체인저

애자일은 소프트웨어 업계에서 커다란 진보다. 애자일이 생기자마자 다양한 커뮤니티에서 이를 대대적으로 수용했다. 오늘날 소프트웨어 프로젝트들의 개발 환경이 빠르게 변하면서 기업들이 비용 부담이 높아졌다. 애자일은 이러한 어려움을 어느 정도 해소하면서 우리의 사고 방식을 바꾸고 있다. 기존에는 섣부른 과잉 설계(Big Design Up-Front: BDUF)와 방대한 문서 작업, 관료체계에 의존했다면, 애자일에서는 프로젝트 시작 첫 주부터 동작하는 소프트웨어를 만든다. 변화에 피동적으로 대처했던 기존과 달리 애자일에서는 변화 자체를 내재화한다.

애자일은 일하는 방식 자체도 완전히 바꾸어 놓았다. 팀원들의 역할이 계층적, 분업적, 세부적으로 배분되던 과거의 방식은 이제 사라지고 있다. 코드를 잘 작성하는 것이 소프트웨어 프로페셔널이 갖추어야 할 여러 역량 중에 하나일 뿐이라는 인식이 높아졌다. 그저 계획에 맞춰서 지시받은 일만 하는 것이 아니라, 비즈니스와 고객 가치 창출에 개발자들이 직접 참여하는 것도 매우 중요하다고 주장한다. 소프트웨어 프로젝트의 여러 다른 방면에서도 개발팀의 책임이 있다는 인식이 산업계의 판도를 바꾸고 있다. 소프트웨어 프로페셔널들이 진화하도록 유도하는 것이다. 미리 세운(대부분 잘못 정의된) 계획에 따라 그저 기계적으로 코딩만 하는 것이 아니라, 계획, 일정 및 예산 등의 추산, 요구사항 분석, 팀 구성, 분석, 아키텍처, 제품 릴리즈, 우선순위 조정, 시연 그리고 사용자와 프로젝트 이해 관계자에게 정기적으로 피드백을 받는 단계까지 개발자가 수행하기 시작한 것이다.

피플 임파워먼트

소프트웨어 개발팀은 수평적인 계층구조로 바뀌고 있다. 팀장이라든가 칼같이 나뉜 역할같은 것은 없다. 개인마다 업무와 일정을 할당하는 관리자 대신, 이제는 개발자의 의견을 바탕으로 투자자와 제품 오너가 우선순위를 매긴 작업 백로그(해야 할 업무 목록)를 이용한다. 팀 차원에서 우선순위에 따라 다음에 할 일과 누가, 어떻게, 어떤 일정으로 수행할지를 정한다. 이 모든 것은 점진적, 반복적인 절차로 팀 구성원 모두에게 피드백이 가는 환경에서 수행된다.

프로페셔널의 진화

이러한 방식으로 일하려면 소프트웨어 프로페셔널의 진화가 바탕이 되어야 한다. 기업들은 단순히 특정 분야만이 아닌 다방면에 걸친 전문가를 찾고 있다. **코드를 잘 작성하는 것은 소프트웨어 프로페셔널이 가져야 할 최소한의 요건이다.** 그에 더해 오늘날에는 테스트, 분석, 비즈니스에 대한 이해, 커뮤니케이션 능력, 보다 외향적인 성격을 소프트웨어 프로페셔널에게 요구한다.

애자일 매니페스토

다음은 애자일 매니페스토 웹사이트에서 발췌한 내용이다.

> 우리는 스스로 소프트웨어를 개발하고, 다른 사람들이 개발하는 것을 도와주면서 더 나은 소프트웨어 개발 방법들을 찾고 있다. 이 과정에서 우리는 다음과 같은 가치를 중요하게 생각한다.
>
> 절차와 도구보다는 **개성과 화합을**
> 방대한 문서 작업보다는 **동작하는 소프트웨어를**
> 계약 조건에 대한 협상보다는 **고객과의 협력을**
> 계획을 따르는 것을 넘어서서 **변화에 대처하는 것을**
> 더 가치있게 여긴다.
>
> 좌측의 사항도 가치가 있음을 인정하지만 우리는 우측의 사항에 더 높은 가치를 둔다는 것이다.

애자일의 창안자들은 애자일 매니페스토와 함께, 열두 가지의 원칙들도 제시하고 있다.

애자일 매니페스토의 원칙들

열두 가지 원칙들은 다음과 같다.

1. 가치있는 소프트웨어를 일찍, 지속적으로 전달하여 고객을 만족시키는 것을 최우선으로 한다.
2. 개발의 막바지 단계이더라도 고객의 요구사항 변경을 환영한다. 애자일 프로세스들은 변화를 활용하여 고객의 경쟁력을 높이는 데 기여한다.
3. 동작하는 소프트웨어를 몇 주에서 몇 개월 단위로 자주 전달한다. 가능한 한 전달주기를 짧게 한다.
4. 비즈니스 담당자들은 프로젝트 기간 내내 매일 개발자와 함께 일한다.

5   프로젝트는 동기가 부여된 개인들로 구성한다. 그들이 필요로 하는 환경과 지원을 제공하고 프로젝트가 완료될 때까지 믿고 맡긴다.

6   개발팀 내에서 정보를 전달하는 가장 효율적이고 효과적인 방법은 얼굴을 마주보고 대화하는 것이다.

7   프로젝트의 진척도를 가늠하는 가장 기본 요소는 동작하는 소프트웨어다.

8   애자일 프로세스들은 지속 가능한 개발을 이끈다. 투자자, 개발자, 사용자들은 일정한 개발 속도를 계속 수용할 수 있어야 한다.

9   기술적인 탁월함과 좋은 설계에 대한 지속적인 관심은 기민함을 높인다.

10 단순함, 즉 하지 않아도 될 일은 최대한 하지 않아야 한다.

11 최선의 아키텍처, 요구사항, 설계는 스스로 조직화되는 팀에서 나온다.

12 개발팀은 정기적으로 일을 어떻게 하는 것이 더 효과적인지 되돌아보고 그에 맞추어 일하는 방식을 조율하고 바로잡는다.

애자일 격변기

애자일은 소프트웨어 업계의 주요한 혁신 중 하나로, 많은 기업들이 점차 수용하고 있다. 이에 따라 기업들이 애자일을 **쉽게 도입하도록 돕는** 개인들 및 컨설팅 업체, 즉 애자일 코치라는 역할이 생겼다. 애자일 코치는 기업의 당면 문제, 절차, 구성원들을 분석하고 그들이 보다 **빠르게 변할 수 있도록** 돕는다. 기업들은 그들의 어떤 부분이 비효율적인지 가시화하고 이해할 수 있게 된다.

애자일로 전환할 때 스크럼 등 몇 가지 방법론들이 조합된 개발 방법론들을 선택한다. 애자일을 도입하는 첫 걸음으로서는 훌륭하다. 그런데 애자일에서 중요시하는 자기 조직화 팀에 대한 개념을 받아 들이기에는 기업 입장에서는 당혹스러울 것이다. 팀 스스로 백로그(해야 할 업무 목록)를 관리하고, 사용자 스토리를 정의/분할하고, 작업 일정을 추산하고, 우선순위 결정에 참여하고, 개발 진행 루프마다 구현된 기능을 시연하는 등의 업무를 처리할 때 팀에 통제권을 준다는 것은 커다란 발전이다. 커뮤니케이션 역시 개선된다. 팀 구성원들이 서로 간에는 물론 그들의 고객(사내 고객을 포함하여)과도 더 자주 의견을 나누는데 이 또한 기업들 입장에서는 낯선 풍경이다.

사람들이 자주 소통할 수 있는 환경이 제공되면 기업의 문제를 해결하는 것은 물론 팀과 개인의 약점과 강점을 이해하는 데도 도움이 된다. 애자일 프로세스는 팀 구성원이 단합하고 공동의 목표를 갖도록 한다.

애자일 프로세스는 분명 기업에도 득이 된다. 문제를 드러나게 하는 것뿐만 아니라, 피드백 루프 매커니즘을 제공하여 어느 때나 문제에 대응하고 적응할 수 있도록 해준다.

애자일 행오버

많은 애자일 프로젝트들이 여전히 엉망인 코드를 반복하여 만들어내고 있다.

몇 년 동안 기업들과 개발팀들이 **애자일 전환**에 빠져 들어서 기업들이 변하기 시작했다. 스탠딩업 형태의 회의로 바뀌었고(한 시간씩 회의실에 앉아 있는 기업들도 여전히 많다), 프로젝트 관리를 위해 번-다운 차트, 업무주기 백로그, 릴리즈 백로그 등의 새로운 도구가 도입되었다. 유즈 케이스†는 사용자 스토리로 대체되었고 프로젝트 관리자는 스크럼 마스터가 되었다. 안타깝게도 '애자일'이 과거에 일하던 방식의 그저 새로운 이름이 된 듯

---

† 역자주 UML의 use case

싶다. 물론 눈에 보이는 변화들도 있다. 애자일을 도입하기 전후의 사무실 풍경을 비교해보면 완전히 다른 사무실같을 때도 있다. 계획표가 대자보처럼 붙어 있거나 칸막이가 없어지고, 두 명 이상의 개발자가 한 컴퓨터를 쓰기도 하며 여기저기 화이트보드가 배치되어 있다. 벽 전체를 화이트보드로 만들고 색색의 포스트잇으로 도배한 회사도 있다. 많은 기업들이 애자일 전환을 이런 식으로 받아들이고 있다. 화이트보드에 포스트잇이 얼마나 많이 붙어 있느냐가 애자일 전환의 척도, 즉 얼마나 기민해졌느냐를 재는 기준이 되었다. 포스트잇이 많을수록 더 애자일스럽게 일하고 있다고 생각한다. 애자일에 **숙련된** 기업들이 포스트잇을 색상과 크기에 따라 서로 다른 의미를 부여하여 잘 활용하고 있는 것은 사실이다. 여하튼, 이러한 가시적인 변화를 모두가 반긴다. 색색의 포스트잇이 화이트보드에서 옮겨 다니는 것을 (어떤 것은 천천히, 어떤 것은 빨리, 어떤 것은 항상 제자리에) 볼 수 있다. 모두가 자율권이 있다는 생각도 든다. 상사가 동의하기만 하면 어떤 팀 멤버든 자기가 원하는 바를 할 수 있다. 몇 개월 또는 몇 년이 지나 애자일 파티에서 깨어날 즈음 애자일 숙취에 빠져 두통과 어지러움에 시달리는 팀, 혹은 회사가 생기기도 한다.

  이러한 변화에도 불구하고 좋은 소프트웨어를 빠르게 공급하지 못하고 있는 것이 현실이다. 많은 기업, 개발팀들이 애자일 전환 전에도 있던 문제들이 전환 후에도 여전하다. 릴리즈된 제품에 수정사항을 적용하는 데도 너무나 오랜 시간이 소요된다. 여전히 과거의 기술적 부채에 허덕인다. 처음부터 애자일로 시작한 프로젝트임에도 기술적 부채가 쌓인 경우도 있다. 동기부여도 큰 문제다. 품질보증(QA) 담당자가 아직도 개발팀 주위를 돌아다니고 전화를 돌리고 독촉메일을 보낸다. 각 개발 반복 주기마다 별도의 테스트 기간(며칠에서 몇 주)을 갖는 일도 여전히 많다. 애플리케이션을 변경하는 일은 상당히 고통스럽다. 코드 베이스는 엉망진창이어서 진척도를 높이는 데 발목을 잡는다. 버그 목록은 줄어들지를 않는다. 담당자가 아니면 이해할 수가 없어 모두가 수정하기를 꺼리는 코드들도 여기저기 숨어있다. 아직도 디버깅과 로그 파일 분석만이 뭐가 어떻게 돌아가고 있는지 파악할 수 있는 주요 수단이다. 관리자들은 개발한 지 겨우 몇 년밖에 안 된 애플리케이션인데도 기능 추가/수정 비용이 너무 많이 들고 비즈니스를 어렵게 한다는 이유로 통째로 버리고 새로 만드는 카드를 만지작거린다.

애자일 방식으로 개발한 애플리케이션임에도 불구하고 애자일 도입 전과 마찬가지로 설계도 잘못되었고 복잡한 데다가 버그도 많다. 상황이 이렇다면 비즈니스가 절실하게 요구하는 변화들을 제대로 수용할 수 없다. 개발자 입장에서는 절차와 소통 방식이 개선되었지만 실제 기술적인 산출물은 바뀌지 않는다. 심지어 이전의 문제들이 그대로, 똑같이 나타난다. 정체된 개발자 역량, 낮은 수준의 동기부여, 잔뜩 쌓여 있는 기술적 부채, 기술적 전문성 부족, 신뢰할 수 없는 릴리즈 절차, 불안정한 시스템, 늦은 버그 발견, 신뢰할 수 없는 데다가 비싼 테스트, 비효율적인 개발/디버깅/배포 주기, 오래 걸리는 빌드, 난해한 요구사항 등이 여전히 존재한다. 시장에서 문제가 나오면 "도대체 뭐가 잘못된 거지? 그런 제품은 판 적이 없는데?"라고 한탄한다. 애자일을 도입하여 모든 절차를 뒤바꾸는 궁극적인 목적은 소프트웨어에 대한 투자 대비 이득을 키우기 위해서다. 그 목적을 달성하지 못하면 이 노력들은 모두 허사다.

부분적인 전환

애자일 전환 프로젝트에 몇 년 동안 참여했었다. 많은 기업들이 표면적으로는 애자일을 도입하려고 했지만 그 노력은 **애자일스럽지** 못했다. 대부분 그냥 따르기만 하면 갑자기 모든 것이 나아지는 처방전을 바랐다. 오늘날, 애자일이 별 효과가 없다고 이야기하는 기업과 개발팀들이 많다. 애자일로 전환했음에도 이전과 비교해 실제로 크게 나아진 것이 없다고 말한다. 소프트웨어 프로젝트에서 가장 중요한 결과물이 소프트웨어 자체라는 점을 잊은 것 같다.

내가 지켜보았던 거의 대부분의 애자일 전환 프로젝트들은 **부분적**으로만 전환하는 문제를 안고 있었다. 기업들은 컨설턴트나 애자일 코치를 고용하여 개발 **절차**를 바꾸는 데는 도움을 받지만, 더 높은 품질의 소프트웨어를 작성하는 데는 거의 도움이 안 되고 있다. 보통 애자일 전환은 절차에만 집중하고 사람들에 대한 기술적인 훈련에는 관심을 크게 두지 않는다. 즉 개발자의 역량을 키우는 데는 도움이 안 된다. 애자일 코치는 운영 담당, 제품 서비스 담당, QA 담당과 같은 사람들의 역량을 키우는 데 현실적으로 아무것도 하는 것이 없다. 대부분 구성원들의 기술적인 훈련은 완전히 빠져 있다. 여기에는 '개발자들은 이미 훌륭하고 절차만 개선하면 된다'는 프로답지 않은 단편적인 가정이 깔려 있다. 역량이 부족한 애자일 코치들은 고객(기업)이 정말 원하는 것이 스크럼 프레임워크를 **배**우는 것이라고 생각한다. 이미 소프트웨어 개발 역량 자체는 충분하니, 더 나은 절차와 소통 방식 그리고 사람들에 대한 동기부여와 권한이양만 이루어지면 모든 것이 아주 훌륭해질 것이라고 여긴다. "절차만 개선하면 돼. 다른 것들은 괜찮아". 기존의 똑같은 개발자, 똑같은 습관을 가진 사람들이 갑자기 **멋진** 소프트웨어를 만들기 시작할 것이라 믿는다. "코딩은 쉽다. 코딩은 그냥 지엽적인 세부 사항일 뿐이다. 우리는 더 나은 절차만 있으면 된다." 불행하게도 결코 그렇지 않다.

애자일의 배경이 되는 기본 원칙이 잊혀졌다. 기술적 탁월함보다 절차가 더 중요해졌다. 애자일의 모든 절차들에는 기술적 탁월함이 전제되어 있다. 관리자들이나 역량이 부족한 애자일 코치들은 기술적 수준이 개선되어야 함을 자주 무시한다. 애자일 전환은 주로 절차, 동기부여와 권한이양, 관료주의와 낭비의 제거, 우선순위, 업무의 가시화, 그리고 정보의 흐름에 집중한다. 이러한 것들은 실재하는 매우 중요한 문제들로 제대로 개선된다면 기업의 역량이 한층 높아질 수 있다. 이러한 문제들을 그대로 두면 소프트웨어 프로젝트를 성공시키는 것은 불가능하다.

애자일이나 린(lean) 커뮤니티에는 도요타의 사례를 좋아하는 사람들이 많다. 도요타가 절차를 개선해서 낭비(또는 재고)를 줄이고, 중간 제품(WIP)이 넘쳐나는 것을 막는 등 얼마나 훌륭한 성과를 거두었는지 이야기한다. 일부 애자일 코치와 컨설팅 업체들은 정보에 어두운 어리숙한 고객(기업)에게 이러한 도요타의 성공 사례를 팔기도 한다. 자동차를 만드는 것과 소프트웨어를 만드는 것은 다르다. 아직 완성되지 않은 자동차가 도로에서 운행되거나, 이미 팔린 자동차에 문짝을 하나 더 달아 달라고 하거나, 엔진을 앞에서 뒤로 옮겨달라고 공장으로 되돌려 보내는 일은 없다. 하지만 소프트웨어는 그런 일이 비일비재하다.

도요타 사례를 이야기할 때 "생산된 자동차의 품질이 나쁘다면? 시장에서 팔리지 않는다면? 너무 허술해서 한 달에 한 번씩 수리를 해야 한다면?"과 같은 상황은 거의 고려되지 않는다. 도요타가 성공할 수 있었던 중요한 요인은 절차를 개선하는 것뿐만 아니라 자동차의 품질에 이미 충분한 역량과 그를 뒷받침하는 노력이 있었기 때문이다.

고객은 안전을 신뢰할 수 있고 매무새도 멋진 자동차를 구매한다. 자동차를 구매하는 이유는 가격 대비 그만큼의 가치가 있기 때문이다. 도요타 자동차를 살 때에는 자동차의 품질을 고려할뿐이지 공장이 어떤 과정으로 돌아가는지는 별 관심이 없다.

모든 단계마다 피드백이 있다는 전제에서만 절차의 개선으로 제품이 나아진다. 피드백 시스템이 동작하려면 자기가 하는 일에 충분히 주의를 기울이고 뭔가 잘못되고 있거나 더 나은 방법이 있다고 느낄 때 자기 목소리를 내는 재능 있고 프로페셔널한 사람들이 있어야 한다. 절차에만 집중하고 소프트웨어 개발을 공장 라인처럼 취급하면, 그저 시키는 일만 하고 출퇴근하는 공장 노동자와 다를 바 없는 개발자들만 생긴다. 이렇게 되면 비효율적인 피드백 시스템이 되어 전체 프로젝트에 해를 끼친다.

애자일 코치

전문직에는 보통 좋은 프로페셔널과 나쁜 프로페셔널이 있다. 이는 애자일 코치도 마찬가지다. 애자일 선언의 진정한 의미를 이해한 애자일 코치는 절차뿐만 아니라 기술적 탁월함도 강조한다. 대부분의 가이드가 절차에 집중되어 있을지라도 다른 영역의 프로페셔널과 함께 고객의 기술 훈련에도 주의를 기울인다. 반면에 수준 이하의 애자일 코치는 스스로의 기술적 역량이 부족하여 절차적인 면만 강조하고 기술적 측면을 전혀 언급하지 않아 고객을 잘못된 방향으로 이끌기 십상이다.

고참 관리자에게 새로운 절차를 **파는** 것은 쉽지만 많은 노력과 어려움이 수반되는 기술 역량 향상에 투자하도록 설득하기는 꽤 어렵다. 고참 관리자들은 절차 자체는 잘 파악하지만, 실무 개발자들에게 그냥 코딩하는 것 외에 더 큰 역할이 주어질 때 생기는 이득에 대해서는 이해하지 못한다. 개발자들이 작성하는 코드 자체의 품질에 관심을 기울여야 한다는 것도 모른다. 그들은 코드가 동작하기만 하면 그냥 만족할 뿐이다.

기술 배경이 없는 고참 관리자들은 미숙한 애자일 코치에게 현혹되기가 쉽다. 애자일을 도입하고 몇 개월 혹은 몇 년이 지나 뭔가 잘못되면 애자일 코치와 관리자 입장에서는 그냥 실무 개발자 탓만 하면 쉽게 책임을 회피할 수 있다. 물론 실제로 개발자에게 문제가 있을 때도 있다. 여기서의 궁극적인 질문은 '애자일 전환이 개발자의 역량 향상에 얼마나 도움이 되었는가?'임을 기억하자.

새로운 기술적 실행 관례에 대한 거부감

그 반대의 측면도 있다. 고객을 제대로 돕는 매우 훌륭한 애자일 코치나 컨설팅 업체도 있다. 그런데 XP를 도입할 때 일이 헝클어진다. 두 명이 짝을 지어 개발하는 페어 프로그래밍 도입을 제안하면 바로 그 자리에서 거부하는 회사들이 많다. 두 명이 한 코드를 작성하는 것을 완전한 인건비 낭비라고 보기 때문이다. 테스트 코드를 먼저 작성하는 테스트 주도 개발 방법론에 대해서도 거부한다. "QA 팀이 있는데 뭐하러 그렇게 합니까?"라고 되묻는다. "개발자가 테스트까지 하는 것은 시간 낭비입니다. 테스트는 아시아와 인도에 아웃소싱 비용을 내고 따로 진행하고 있습니다.".

개발자 스스로 이러한 방식들을 거부하기도 한다. 이런 개발자들은 두 사람이 짝을 지어 코딩할 때 어떤 효과들이 있는지 잘 모른다. 자신의 부족함을 파트너 개발자에게 보이는 것이 싫을 수도 있다. 테스트 코드를 작성하는 의미도 모를 수 있다. 언젠가 역량이 쌓이고 훌륭한 개발자가 되면 완전 무결한 코드를 작성할 수 있을 테고, 테스트는 초보 개발자들이나 필요한 것이라고 주장할지도 모른다.

자동화한 테스트에 투자하지 않는다면 지속적인 코드 통합(integration)은 크게 의미가 없다. 컴파일이 된다는 것 정도만 확인할 수 있을 뿐이다. 설계를 단순화하고 코드에 공동의 오너십을 갖는 것도 힘들어진다(오류를 빨리 발견할 수 없어서 다른 사람의 코드에 손대기가 부담스러워진다). 관리자들은 보통, 복잡한 설계/아키텍처 패턴을 많이 알고 있고 전체 시스템이 어떻게 돌아가는지 파악하고 있는 이들이 바로 고참 개발자, 경험 많은 개발자라고 생각한다.

고참 관리자가 기술적 실행 관례들의 도입을 거부한다면, 생산되는 코드 자체의 품질에 관심을 기울이는 것이 왜 그토록 중요한지 교육을 통해 아주 강력한 증거를 보여줄 필요가 있다. 실무 개발자 수준에서 거부되고 있다면 마찬가지로 교육이 필요하다. 이러한 교육은 XP에 경험이 많은 개발자가 옆에 붙어서 하나하나 시범을 보이는 방식이 될 때가 많다. 이렇게 해도 납득시킬 수 없다면 새로운 기술과 실행 관례를 배우는 데 열정적이고 마음이 열린 개발자를 채용하는 것을 고려해야 한다.

소프트웨어 프로젝트를 바라보는 편협한 시각

매우 편협한 시각으로 소프트웨어 프로젝트를 진행할 때가 아직도 많다. 고위직 몇 명만 챙기면 소프트웨어 프로젝트를 성공적으로 수행할 수 있다고 보는 기업들도 있다. 요구사항 작성을 위한 비즈니스 전문가, 다이어그램과 문서를 작성하는(코딩은 안 하는) 테크니컬 리더, 프로젝트를 감독하는(아주 세세하게) 관리자를 매우 신경쓴다. 이 중요한 역할들만 고급인력으로 채우고 나면 값싼 개발자들을 고용한다. 고급인력들은 너무 바쁘기 때문에 값싼 개발자들을 고용하는 일은 인사부서나 HR 에이전시에 위임해 버린다. 이렇게 고용된 개발자들은 요구사항과 기술사항이 작성된 한 무더기의 문서를 넘겨 받는다. 이 문서들은 수 개월 전부터 준비됐다. 마법처럼 소프트웨어가 개발되기 시작하고 일년 정도가 흘러 비즈니스 담당자들에게 버그 하나 없는 완벽한 소프트웨어가 전달되어 모두가 만족스럽다. 너무 쉽다. 이렇게만 된다면 얼마나 좋겠는가? 하지만 이런 식으로는 일이 절대 돌아가지 않는다.

과거 경험했던 폭포수 방식 개발 프로젝트들 중에는 최종 테스트 단계의 진행 기간이 개발을 포함한 선행 단계 전체를 합한 것보다 훨씬 더 오래 걸리는 경우들이 있었다. 그러한 프로젝트들은 실제 사용자의 목소리를 들을 수 없고, 비즈니스 담당자와는 칸막이가 쳐 있으며, 빠르고 빈번한 피드백 루프도 없다는 공통점이 있었다. 나는 지금도 그러한 프로젝트에서 느꼈던 스트레스와 분노, 불만의 감정들을 생생히 기억한다. 해외 아웃소싱에서도 대단히 실망스러운 사례들을 보았다. 기업의 의사결정권자들이 이런 식으로 일을 하면서 어떤 다른 결과를 기대하는 건지 이해할 수가 없다. 산더미의 문서들을 얼굴 한번 본 적 없고 어떻게 선발되었는지도, 어떤 역량이 있는지도 모르는 개발자들한테 맡기고서는 모든 요구사항을 충족하는 소프트웨어가 짠 하고 나타날 거라고 정말로 믿는 것인가? 이런 일들을 수년 동안 겪으면서 이런 형태의 개발 모델이 값싼 비용을 치르는 것으로 끝날런지 강한 의문이 생길 수밖에 없었다.

소프트웨어 프로젝트를 이끄는 상급자들이 소프트웨어로부터 너무 떨어져 있다는 것도 문제다. 기술적 배경이 아예 없거나, 마지막으로 코드를 작성했던 것이 언제였는지 기억이 나지 않을 정도로 실무에서 오래 벗어난 사람일 때가 많다. 기술을 이해하지 못하는 사람들이 의사 결정을 하는 것은 프로젝트를 재앙으로 이끄는 지름길이다. 역량 있는 소프트웨어 프로페셔널과의 협력이 없으면 소프트웨어 프로젝트가 성공할 수 없다. 소프트웨어 프로페셔널은 능숙하고 정교하게 소프트웨어를 짜낼 뿐 아니라 비즈니스적인 이슈들에 대해서도, 그것이 어떤 종류의 것이든 선택지를 제안하고 피드백을 주고 건설적인 비판을 함으로써 목적을 달성할 수 있도록 도울 수 있다.

애자일 절차를 포함해서 모든 소프트웨어 절차들은 기술적 탁월함을 기본 배경으로 가정하고 있다. 기술적 탁월함을 갖추지 못한 소프트웨어 프로젝트는 고통과 당황함 일색의 매우 비싼 경험이 되기 쉽다.

나쁜 소식만 있는 것은 아니다

많은 기업들이 애자일을 부분적으로만 받아들이고는 있지만 대부분은 최소한 그 전과 비교해서는 훨씬 나아졌을 것이다. 절차를 개선하고 비즈니스 부서로의 제품 전달 피드백 루프를 단축시키면 현재 어떤 문제들이 있는지 모두 드러난다. 짧은 피드백 루프는 기업이 기민해지기 위한 핵심 요소다. 피드백에 빠르게 반응함으로써 진정으로 민첩해질 수 있다.

앞서 이야기한 내용들이 애자일 절차를 폄하하고 개발된 결과물의 품질만을 강조하기 위한 것은 아니다. 절차와 결과물 둘 다 중요하다는 점을 강조하기 위함이다. 좋은 절차임에도 고객에게 좋은 결과물이 전달되지 않으면 소프트웨어 프로젝트가 성공할 수 없다. 반대로, 최고의 개발자들이 있더라도 그들이 제대로 일할 수 있는 절차가 없다면 마찬가지로 소프트웨어 프로젝트가 성공할 수 없다.

중요한 점은 어떤 문제가 있는지 재빨리 인식하고 대응하는 것이다. 더 나아지는 데 시한은 없다. 늦을수록 좀더 고통스러울 뿐이다.

애자일과 소프트웨어 장인정신

소프트웨어 장인정신에 대한 가장 흔한 오해는 장인정신만 있으면 애자일은 필요 없고, 둘이 상호 배타적이라는 생각이다. 전혀 그렇지 않다. 둘은 상호 보완적이다. 애자일은(현재의 형태에서) 조직과 비즈니스에 새로운 사고방식을 제공한다. 애자일 방법론들은 가치에 따라서 일을 이해하고, 우선순위를 정하고, 관료주의와 낭비를 줄이고, 사람들에게 권한이양과 동기부여를 하고, 피드백 루프를 만들어 준다. 이것은 기업의 반응속도를 높이고 기민하게 하며, 기업이 **올바른 일**을 하도록 돕는 것이다. 소프트웨어 장인정신은 소프트웨어 개발에 있어서의 프로페셔널리즘이다. 소프트웨어 장인정신은 소프트웨어 개발자로서 일을 더 잘하기 위해 가슴에 품는 일종의 이념이다. 소프트웨어 장인정신은 여러 기술적 실행 관례를 활용하고 정교하고 솜씨 있게 짠 코드의 중요성을 강조함과 동시에 코딩을 넘어서 고객의 더 많은 부분을 도울 것을 강조한다. 소프트웨어 장인정신은 개발자와 기업들이 **일을 올바르게 수행**하도록 돕는다.

요약

기업이 경쟁력을 유지하려면 소프트웨어를 빨리 개발하면서도 더 나은 품질을 유지할 수 있어야 한다. 애자일 소프트웨어 개발은 피드백 루프를 짧게 하고 변화와 고객의 요구에 빠르게 대응할 수 있는 기회를 준다. 많은 기업들이 애자일의 절차적인 부분에는 많은 관심을 기울이고 있지만 기술적 실행 관례에 대해서는 완전히 무시하고 있는 것이 현실이다.

애자일 매니페스토에서는 분명하게 '절차와 도구보다는 개성과 화합을' 중요시 함을 선언하고 있지만, 애자일 전환은 온통 절차와 도구로 끝나 버린다. 스크럼을 도입하고, 스탠딩업 미팅을 하고, 백로그 관리툴을 사용하는 것만으로 갑자기 소프트웨어의 품질이 더 좋아지거나 개발자들의 역량이 높아질 수는 없다. 기술적 탁월함의 개선 없이 절차만 개선하는 것은 무의미하다.

완전한 애자일 전환을 위해서는 프로페셔널 소프트웨어 개발자들이 필요하다. 이들은 기술적 실행 관례, 기술적 전문성 그리고 관련 도구들을 마스터하고 있어야 한다. 정기적으로 계속해서 배포되는 소프트웨어에 대해서도 높은 품질을 유지시키며, 완벽하게 테스트되고 쉽게 변경할 수 있는 소프트웨어를 개발할 수 있어야 한다. 완전한 애자일 전환을 위해서는 기업들이 소프트웨어 장인정신을 품어야 한다.

CHAPTER

3

소프트웨어 장인정신

소프트웨어 장인정신에 대해서 이야기하기 전에 소프트웨어 장인정신이 아닌 것들을 먼저 살펴보자.

- 아름다운 코드
- 테스트 주도 개발
- 스스로 조직화된 개발 그룹
- 특정 기술 또는 방법론
- 자격인증
- 종교

도대체 소프트웨어 장인정신이란 무엇인가? 이 장에서는 몇 가지 정의와 근원, 이력을 설명한다. 소프트웨어 장인정신 매니페스토의 상세한 내용과 그 의미를 알아본다.

더 나은 비유

아주 단순하게 보면, 소프트웨어 장인정신은 소프트웨어 엔지니어링보다는 소프트웨어 개발에 더 적합한 비유다. 소프트웨어 장인정신은 소프트웨어를 일종의 공예 작품으로 보아 소프트웨어 개발자를 중세의 대장장이에 비유한다. 도제(연습생)는 숙련된 대장장이 밑에서 일하면서 일을 배운다. 여기저기를 유랑하며 새로운 장인에게 새로운 기술과 도구의 사용법을 익힌다. 그렇게 실력을 키우다 보면 장인의 수준에 오르게 된다. 소프트웨어 장인은 그 이상의 내용이 있지만 우선은 이러한 비유로 생각해보자.

위키피디아에서의 정의

'소프트웨어 장인정신'은 소프트웨어를 개발할 때 개발자 스스로의 코딩 스킬을 강조하는 개념이다. 이러한 개념은 주류 소프트웨어 업계가 개발자의 역량보다는 다른 것들, 즉 예산과 같은 것들을 우선시하는 병폐에 대한 개발자들의 반발로 나타났다.

개인적으로 이러한 정의를 좋아하지 않는다. 굉장히 딱딱할 뿐만 아니라, 소프트웨어 개발자에게 장인정신이 무엇인지 그 핵심 의미를 담아내지 못하고 있다.

좀더 주관적인 정의

소프트웨어 장인정신은 마스터가 되어가는 긴 여정이다. 소프트웨어 장인정신은 소프트웨어 개발자가 스스로가 선택한 커리어에 책임감을 가지고, 지속적으로 새로운 도구와 기술을 익히며 발전하겠다는 마음가짐이다. 소프트웨어 장인정신은 책임감, 프로페셔널리즘, 실용주의 그리고 소프트웨어 개발자로서의 자부심을 의미한다.

짧은 정의

소프트웨어 장인정신은 소프트웨어 개발의 프로페셔널리즘에 대한 것이다.

이 부분이 소프트웨어 장인정신에서 가장 중요한 내용이다. 이 책에서 단 한 가지만 알아야 한다면 이 문장을 기억했으면 한다.

정의 이상의 의미

소프트웨어 장인정신은 어떤 이념이나 마음가짐에 더 가깝다고 생각한다. 그동안 내가 믿었던 모든 것을 지칭하기 위해 부여된 어떤 이름이나 표현이라고 생각한다. 나를 포함하여 많은 개발자들은 소프트웨어 장인정신에서 이야기하는 많은 것들을 이미 실행하고 있다고 말할 것이다. 자신이 하는 일에 주인의식을 가지고 프로페셔널하게 행동하고, 고객이 원하는 것이 무엇이든 달성할 수 있도록 돕는다. 다른 개발자들에게 배우고 자신의 지식을 나누며, 경험이 부족한 개발자들을 멘토링하는 것들이다.

위의 것들에 항상 가치를 두고 있었다면, 소프트웨어 장인이라는 표현이 부담스럽게 느껴질 수도 있지만 당신은 소프트웨어 장인이다. 그동안 만났던 개발자들 중 대다수가 어떤 호칭이 부여되거나 장인으로 비유되는 것을 그렇게 좋아하지는 않았다. 그래도 괜찮다. 여기서 중요한 점은 소프트웨어 프로페셔널로서 챙겨야 할 것들이 있다는 점이다.

공예, 사업, 엔지니어링, 과학 또는 예술

소프트웨어 장인정신 운동을 처음 시작했을 때, 소프트웨어 개발이란 무엇인지에 관한 토론들이 많았다. 초기에는 어떤 예술에 가까운 것으로 표현되었으나, 좀 지나서는 장인의 공예 작품으로 대하는 것을 선호하게 되었다. 이러한 비유에 전혀 동의하지 않는 사람들도 많다. 거기에는 내가 존경하는 사람들도 몇몇 포함되어 있다. 어떤 이들은 소프트웨어 개발을 사업, 혹은 엔지니어링이라고도 한다. 소수지만 과학이라고 하는 사람들도 있다.

개발자들은 소프트웨어 개발이 왜 예술이나 공예, 아니면 사업이나 엔지니어링, 또는 과학이어야 하는지 각기 나름대로의 강한 논리들이 있다. 소프트웨어 개발이 과연 무엇인지 각자의 이야기를 듣다 보면 정도의 차이가 있지만 모두 합당한 이유가 있다.

다른 논쟁으로, 장인정신이라는 이름 자체에 대한 논란이 있다. 어떤 사람들은 장인이라는 이름을 대단히 싫어한다. 가장 혁신적이고 빠르게 변하는 산업을 고리타분한 중세시대의 공예와 비교하는 것은 의미가 없다고 여긴다. 이 입장은 확실히 일리가 있다.

긴 시간 동안 소프트웨어 장인정신이 왜 괜찮은 비유인지, 소프트웨어가 왜 공예품인지 사람들을 설득시키려 꽤 노력했다. 어떤 비유가 적절한지에 대한 논쟁은 실제로 해야 할 다른 토론들에 비하면 별로 중요하지 않은 주제여서 그 비유가 어떻든 상관이 없었다. 개인적으로는 장인(개발자)과 공예품(소프트웨어)이라는 비유가 좋다. 하지만 정말 중요한 것은 비유가 아니라 그 비유가 상징하고, 장려하는 가치와 행동들이다.

소프트웨어 장인정신은 시켜야만 일하는 역량 미달의 노동자가 아니라 소프트웨어 프로페셔널의 수준을 높여, 프로의 모습으로 일하는 소프트웨어를 개발자를 지향한다.

소프트웨어 장인정신의 토론 이력

1992년에 잭 W. 리브스Jack W. Reeves가 소프트웨어 개발이 엔지니어링을 넘어서서 장인의 작품에 가깝다는 이야기를 했다. 소프트웨어 장인에 대한 의미 있는 시작은 1999년에 출간된 앤디 헌트Andy Hunt와 데이브 토마스Dave Thomas의 저서 『실용주의 프로그래머: 수련자에서 마스터로The Pragmatic Programmer: From Journeyman to Master』에서 시작되었다고 생각한다. 2001년에 출간된 피트 맥브린Pete McBreen의 저서 『소프트웨어 장인정신: 새로운 요구상Software Craftsmanship: The New Imperative』에서 몇 년 후 일어난 소프트웨어 장인정신 운동의 발판이 되는 주요 개념들을 소개했다.

2002년 봄, 켄 아우어Ken Auer는 노스캐놀라이나에서 소프트웨어 도제 토론 모임을 주최했다. 소규모 모임으로, 피트 맥브린(『소프트웨어 장인정신』(2001년)의 저자), 론 제프리스Ron Jeffries(XP의 주요 주창자 중 한 명), 로버트 마틴(『클린 코드』 등 저명한 소프트웨어 서적의 저자)등이 참석했다. 그 당시 켄 아우어는 이미 견습생(도제)을 두고 있었다. 이 토론의 결론은 소프트웨어 도제 제도가 활성화되도록 소프트웨어 개발자 커뮤니티를 북돋우자는 것이었다. 이러한 결론이 많은 관심을 받지는 못했지만 로버트 마틴이 세운 컨설팅 회사 오브젝트 멘토의 업무 방향에는 변화가 있었다. 그때부터 오브젝토 멘토 사에서 견습생을 받기 시작했다. 딱히 정규적인 절차는 없었지만 몇몇 사람들이 오브젝토 멘토에서 견습 과정을 수료했다.

2006년 가을, 미가 마틴Micah Martin과 폴 패겔Paul Pagel은 소프트웨어 장인정신을 기본 가치로 하는 컨설팅 회사 에잇스 라이트(8th Light)를 창업했다. 이 회사는 시작 단계부터 소프트웨어 장인을 모토로 선언했고, 견습생을 고용하며 역량이 갖추어진 인재들을 양성했다. 에잇스 라이트 사는 단순한 개발자가 아니라 소프트웨어 장인을 고용하였고 그들의 활동은 외부의 주목을 받았다.

에잇스 라이트 사가 시작되었을 무렵, 데이브 후버Dave Hoover는 옵티바(Obtiva) 사(2011년 그루폰에 인수되었다)에 합류하였다. 에잇스 라이트 사에서 견습생 프로그램을 시작한 지 얼마 후에 옵티바 사에서도 견습생 프로그램을 시작하여 둘은 협력적인 라이벌 관계가 됐다.

시카고에 소프트웨어 장인정신을 모토로 하는 회사가 몇몇 생기긴 하였지만 2001년(피트 맥브린의 『소프트웨어 장인정신』이 출간된 해)부터 2008년 사이에는 그다지 주목할만한 사건이 없었다. 그 당시 애자일은 여러 실행 원칙들, 방법론, 테크닉들로 만들어진 새로운 절차일 뿐이었다. 그 당시에는 소프트웨어 장인정신에 대한 필요성을 크게 인식하지 못했다. 애자일 방법론이나 실행 원칙들 중에서 일부를 조합해서 도입하면 큰 문제들을 해결할 수 있다고 믿는 사람들이 많았다.

2008년 8월, 로버트 마틴은 애자일 2008 콘퍼런스에서 애자일의 다섯 번째 가치로 '쓰레기가 아닌 장인의 작품으로'를 추가하자고 제안했다. 나중에는 용어를 좀더 순화하여 '실행을 넘어선 장인정신으로'로 바꾸었다. 그는 같은 시기에 『클린 코드: 애자일 소프트웨어 장인정신을 위한 핸드북』을, 2011년에는 『클린 코더: 프로페셔널 프로그래머의 행동 강령』을 출간하였다. 이 책들은 소프트웨어 장인정신 커뮤니티에서 가장 영향을 많이 준 서적들이 되었다.

소프트웨어 장인정신 모임

2008년, 애자일 선언이 있은 지 7년이 지난 후, 애자일의 결과가 예상과 다르게 흘러가는 것이 분명해지고 있었다. 애자일의 기술적 파생형인 익스트림 프로그래밍(XP)의 탄생과, 스크럼 등 절차 중심적인 방법론의 상업화 바람이 불면서 애자일의 주창자들은 걱정이 많아졌다.

애자일 커뮤니티에서는 이미 소프트웨어 장인정신에 대해 많은 토론들이 이루어지고 있었다. 미가 마틴과 폴 패겔은 소프트웨어 장인정신을 좀더 확실하게 정의하고 정규화하기 위해서 토론 모임을 주최했다. 이 모임의 주요 목적은 소프트웨어 장인정신이 대중적인 관심을 갖도록 하는 것이었고, 소프트웨어 장인정신에 관심이 있는 이들이 초청되었다.

이 모임은 2008년 12월 13일, 시카고에서 수 킬로미터 떨어진 일리노이즈 리버티빌에서 개최되었다. 엉클 밥Uncle Bob, 브라이언 매릭Brian Marick, 코리 헤인즈Corey Haines, 데이브 후버Dave Hoover, 더그 브래들리Doug Bradbury, 데이비드 체림스키David Chelimsky등 30명 정도가 모여서 6시간 가량 토론이 진행되었다.

이 모임 직후, 인터넷의 구글 그룹을 통해 많은 대화가 오갔다. 영국을 포함해 몇몇 나라들의 사람들이 참여하여 많은 토론을 하였고, 영국, 유럽, 기타 여러 나라들에서 소프트웨어 장인정신에 대한 관심이 퍼져나갔다.

2009년 3월, 긴 논의 끝에 1차 결론을 냈고 소프트웨어 장인 매니페스토의 형태로 참여자들의 서명과 함께 공개되었다.

경계를 지나

2009년 2월 26일, 첫 번째 소프트웨어 장인정신 콘퍼런스가 런던에서 개최되었다. 2009년 5월, 같은 지역에서 애드웰 오샤인아이Adewale Oshineye는 소프트웨어 장인을 장려하기 위한 세미나를 열었다. 엔리케 콤바 라이펜호센Enrique Comba Riepenhausen은 세계 곳곳의 소프트웨어 장인들을 찾아 다니며 '장인'에 대한 그들의 생각과 소프트웨어 장인의 시대정신을 인터뷰해

『방랑기The Wandering Book』를 집필했다. 자신의 사진도 같이 게재하여 인터뷰 내용을 다른 장인들과 메일로 공유하고 웹사이트에도 올렸는데 여행 이후에 원고가 사라졌고 웹사이트도 삭제되었다. 그 책과 관련된 기록들을 블로그 여기저기에서 조금씩 찾을 수 있다.

2009년 10월, 데이브 후버와 애드웰 오샤인아이의 저서 『도제의 형태: 소프트웨어 장인을 장려하기 위한 가이드북Apprenticeship Patterns: Guidance for the Aspiring Software Craftsman』이 출간되었다. 소프트웨어 개발자의 커리어와 마스터가 되기 위한 방법 그리고 프로로서의 열정을 처음으로 다룬 책이다. 미국, 영국에서는 2009년, 독일에서는 2011년부터 매년 소프트웨어 장인정신 콘퍼런스가 열리고 있다.

장인 교환 프로그램

2009년 4월, 에잇스 라이트 사와 옵티바 사는 시카고에서 장인 교환 프로그램을 테스트했다. 시카고 트리뷴 지는 2009년 6월 15일, 이 이벤트의 자세한 내용을 교환 프로그램 중요성과 함께 보도했다. 두 회사는 서로의 기술적 역량을 신뢰하고 있었다. 말도 안 되는 일이라고 이야기하는 많은 사람들과는 달리 두 회사들은 완전히 다른 관점이었다. 교환 프로그램을 기획하고 주도한 코리 헤인즈는 "우리는 서로 경쟁하는 것이 아닙니다. 소프트웨어의 장기적인 생명에는 아랑곳없이 돈만 추구하거나, 빨리 개발하려고만 하는 그런 사람들과 경쟁하려는 것입니다."라고 했다. 옵티바의 타일러 제닝스는 처음에는 양쪽 회사 모두에서 계약관계와 관련하여 염려했지만 모두 흥미진진하게 받아 들인다고 했다. 양측의 개발 관례의 장점을 흡수한, 어디에서도 얻을 수 없는 경험을 기대한다고 덧붙였다. 그래서 경험만 많기보다 옵티바의 방식을 아주 잘 대표할 수 있는 사람을 선발했다.

교환 프로그램에 선발된 개발자들은 보통의 개발자처럼 실제 업무 환경에서 다른 개발자들과 짝을 지어 일했다. 코드를 작성하고, 회의에 참석하고, 교환된 그 회사를 위해 일하는 것처럼(최소한 그 주 동안은) 행동했다. 이를 통해 새로운 개발 절차, 새로운 개발 스타일, 새로운 언어, 새로운 도구 등을 배웠다.

옵티바의 타일러 제닝스는 이렇게 덧붙인다. "내가 알고 있는 모든 기업들은 한 가지를 하면 다른 것도 하고 싶어 합니다. 이러한 교환 프로그램이 기업에게는 직접적으로 큰 도움이 되는 것은 아니지만, 참여한 엔지니어와 커뮤니티 입장에서는 이득이 많습니다." 대화를 하는 동안 다른 회사들에도 이러한 교환 프로그램을 추천할 것인지 묻자 당연히 그렇게 할 것이라고 답했다. "소프트웨어 개발 회사라면 많은 의미가 있습니다. 특히 직접적인 경쟁관계가 아니라면 더욱 그렇습니다. 컨설팅 회사라면 더욱 효과가 좋습니다. 컨설팅 회사는 다른 조직이 가진 지적재산권과 관련된 많은 문제가 없기 때문입니다. 생각이 깊은 개발자, 그러니까 장인을 채용하는 회사라면 정기적으로 교환 프로그램을 시행하는 것이 바람직하다고 봅니다. 어떤 문제를 성공적으로 다루는 데는 서로 다른 방법이 있을 수 있습니다. 경험으로 미루어 볼 때 그룹들은 그들만의 강점이 있습니다. 교환 프로그램으로 두 회사에서 가장 좋은 실행 관례를 배워서 스스로를 개선할 수 있습니다." 라고 덧붙였다.

개인적으로 이러한 교환 프로그램은 소프트웨어 업계에서 매우 큰 발걸음이라 생각한다. 더 나은 제품과 솔루션을 생산할 수 있도록 소프트웨어 개발자를 도움으로써 기업이 더 강해진다.

소프트웨어 장인 커뮤니티

1999년에 시작되어 소프트웨어 장인정신에 대해서 논란들이 많기는 했지만 2008년, 2009년에 와서는 빛을 보기 시작했다. 소프트웨어 장인정신에 관련된 책들이 여러 권 출간되고 콘퍼런스들이 열렸으며 소프트웨어 장인정신이 논의되는 글로벌 메일링 리스트도 늘어났다. 미국, 런던, 유럽에서도 소프트웨어 장인 커뮤니티가 생겼다.

2009년 12월, 유리 라비Uri Lavi는 이스라엘 소프트웨어 장인정신 커뮤니티를 창단했다. 2010년 8월에, 나는 데이빗 그린David Green과 런던 소프트웨어 장인 커뮤니티(LSCC)를 세웠다. 독일에서는 소프트웨어 장인정신/테스팅 콘퍼런스인 SoCraTes 2011이 만들어졌다. 이어서 여러 커뮤니티가 생겼다. 2011년 10월에는 파리 소프트웨어 장인정신 커뮤니티가, 비슷한 시기에 독일의 소프트웨어 상공회의소에서는 6개 지역에서 소프트웨어 장인정신 커뮤니티가 시작됐다. 현재 독일에는 전국적으로 15개가 넘는 커뮤니티가 조직됐다. 그 이후 세계 곳곳에서 많은 커뮤니티가 세워졌다.

LSCC는 2000여 명의 개발자가 참여하는 현재 세계에서 가장 큰 커뮤니티로 매달 네다섯 번의 행사를 진행한다. 매년 소프트웨어 장인 콘퍼런스인 SoCraTes UK를 개최하고 있다. LSCC는 이제 시작하는 롤 커뮤니티로서 커뮤니티의 활성화를 돕고 있다.

소프트웨어 장인정신 매니페스토

2002년에 있었던 소프트웨어 도제 모임의 용두사미와 같은 과정을 경험했기에, 미가 마틴은 소프트웨어 장인정신 모임이 정말 의미 있는 결실을 맺을 수 있기를 원했다. 그래서 모임의 목표가 어떻게든 문서로 작성되어 남겨지길 바랬다. 모임에서 토론한 내용 중 소프트웨어 장인, 수련생(도제)의 정의에 특히 신경을 썼다. 그 문서가 누구를 위해, 어떤 내용이 있어야 하는지, 그런 문서가 애당초 필요하기는 한지 등을 논의했다. 많은 아이디어들을 화이트보드에 기록했다. 좋은 내용이 많았지만 제대로 정리하기에는 내용이 너무 많았다. 작성된 문서는 완성본과는 거리가 멀었지만 미가 마틴은 모임을 마무리할 때 참석자 모두가 화이트보드의 내용에 서명을 하게 했다.

더그 브래들리는 자진해서 모임의 결과를 구글 그룹에 올리고 의견을 구하며 피드백을 많이 받았다. 2009년 2월, 더그 브래들리는 '새로운 좌파(The New Left Side)'라는 제목의 이메일을 공유했다. 그 이메일 스레드를 통해 '소프트웨어 장인정신 매니페스토'로 만들어질 가치들과 실제 문구들이 다듬어졌다. 애자일 매니페스토와의 관계에 대한 토론도 있었다. 이 토론은 소프트웨어 장인정신 매니페스토가 진전되는 데 중요한 역할을 했으며 더그 브래들리의 '새로운 좌파'와 스콧 피스터Scott Pfister에 의한 '다시 보는 우파'를 통해 시작됐다.

이 토론은 '왜 소프트웨어 장인정신 매니페스토인가?'를 중심으로 진행되었다. 코리 헤인즈는 다음과 같은 말로 토론을 열었다. "활발하게 의사 표현을 하는 커뮤니티가 되자. 매니페스토를 공표하고, 그에 따른 원칙들과 구체적인 신념들을 만들어 나간다면, 새롭게 개발자가 되려는 사람들에게 길잡이가 된다. 이 주제에 관심이 있는 사람들이 쉽게 우리를 찾아 소프트웨어 도제제도에 대해 이야기를 나누며 소프트웨어 장인정신 운동에 동참할 수 있을 것이다. 수련 프로그램을 운영하는 기업들을 만날 수도 있을 것이다. 소프트웨어 장인과 도제에 관련된 이슈들을 일찍부터 알게 함으로써, 길을 잃은 사람들을 도울 수도 있을 것이다."

최종 매니페스토를 완성할 때까지 매우 열정적인 토론이 이어졌다. 이 모든 논의들은 소프트웨어 장인정신 구글 그룹에서 다시 읽어 볼 수 있다. 몇 주 뒤, 더그 브래들리는 논의된 내용들을 모두 수렴하여 애자일 매니페스토와 비슷한 구성의 매니페스토를 만들었다. 매니페스토는 훌륭했고 커뮤니티들 전반적으로도 이를 받아 들였다. 시간이 좀더 지나 사람들의 서명이 추가된 '소프트웨어 장인정신 매니페스토'가 공개되었다.

매니페스토

> 소프트웨어 장인을 열망하는 우리는, 스스로의 기술을 연마하고, 다른 사람들이 기술을 배울 수 있도록 도움으로써 프로페셔널 소프트웨어 개발의 수준을 높인다. 이러한 일을 하는 과정에서 우리는 다음과 같은 가치들을 추구한다.
>
> 　동작하는 소프트웨어뿐만 아니라, **정교하고 솜씨 있게 만들어진 작품을**,
> 　변화에 대응하는 것뿐만 아니라, **계속해서 가치를 더하는 것을**,
> 　개별적으로 협력하는 것뿐만 아니라, **프로페셔널 커뮤니티를 조성하는 것을**,
> 　고객과 협업하는 것뿐만 아니라, **생산적인 동반자 관계를**,
>
> 이 왼쪽의 항목들을 추구하는 과정에서, 오른쪽 항목들이 꼭 필요함을 의미한다.

이 매니페스토의 핵심은 부제, '프로페셔널 소프트웨어 개발의 수준을 높인다'에 있다. 이 매니페스토는 경험이 많고 재능있는 개발자들이 겪는 어려움, 추구하는 가치, 열망을 담고 있다. 부실한 관리, 잘못 정의된 절차 그리고 형편없는 코드 때문에 프로젝트가 실패하는 일은 없어야 한다.

개발자들이 이런 문제들을 직접 해결해보면서 업계의 소프트웨어 개발을 바라보는 시각을 변화시키려고 한다. 새롭고 혁신적인 절차를 제안만 하는 것이 아니라, 개발자 스스로가 자신이 하는 일 자체에 얼마나 책임감과 열정이 있는지 보이려는 것이다. 뿐만 아니라 고객들과 함께 일하며 훌륭한 제품, 오래 살아 남는 소프트웨어를 만들면서 고객이 원하는 바를 성취하게끔 도우려 한다.

'동작하는 소프트웨어뿐만 아니라, 정교하며 솜씨 있게 만들어진 작품을'

5년 정도된 애플리케이션을 생각해보자. 별도의 테스트 코드도 없고 그 애플리케이션이 어떻게 동작하는지 아무도 정확히 모른다고 하자. 소스 코드에는 비즈니스 용어는 하나도 없고 기술 용어, 개발 인프라 관련 용어들로 가득하다. 클래스와 메서드는 수백 라인, 최악의 경우 수천 라인의 코드로 되어 있다. 이러한 애플리케이션에 새로운 기능을 추가한다고 생각해보자. 그런데 테스트 코드를 작성하는 것 자체가 엄청난 일이다. 물론 같은 팀의 동료와 같이 할 수도 있지만, 혼자 한다고 가정하자. 이 애플리케이션을 만든 사람들은 모두 떠나 의지할 만한 사람은 이제 막 학교를 졸업하고 겨우 몇 주 전에 채용된 사람뿐이다.

이런 애플리케이션을 상대할 때 가장 큰 문제는 **두려움**이다. 당신이 소심해서가 아니다. 전혀 이해할 수 없는 애플리케이션을 수정했을 때의 영향을 파악하고, 잘못된 수정에 대해서는 책임을 져야 하기 때문이다. 어디가 어떻게 동작하는지 이해하지 못한 상태라서 이 코드의 일부를 수정할 때 어딘가 다른 쪽이 잘못되는 것은 아닐까 불안하다. 수정 자체가 두려운 일이다.

동작하는 소프트웨어라고 해서 잘 만들어진 애플리케이션이라고 할 수 있을까? 좋은 소프트웨어라면 그 애플리케이션이 얼마나 오래되었든 간에 개발자가 쉽게 이해할 수 있어야 한다. 부작용도 알려져 있어야 하고 관리가 가능해야 한다. 높은 커버리지에 신뢰할 수 있는 테스트가 가능해야 하고, 명료하고 단순한 디자인과 비즈니스 용어로 잘 기술된 코드여야 한다. 새로운 기능을 추가 및 수정하는 일이 처음 애플리케이션을 개발할 때와 비슷한 수준의 개발 공수로 완료될 수 있어야 하고 코드 베이스 자체도 최대한 작아야 한다.

소스 코드는 예측가능하고 유지보수될 수 있는 상태여야 한다. 코드를 수정할 때 어떤 일이 일어날지 개발자가 알 수 있어야 하고 수정 자체가 두려운 상황에 처하지 않도록 해야 한다. 변경사항이 있더라도 그 영향이 해당 기능 모듈에만 국소적으로 제한되며 애플리케이션의 다른 부분에 파급효과가 없어야 한다. 몇 분 또는 몇 초 만에 전체 애플리케이션에 대한 자동화 테스트가 구동되어 잘못된 부분이 있는지 파악 가능해야 한다.

애플리케이션이 진화하려면 개발자들이 애플리케이션을 수정하는 일을 부담스러워해서는 안 된다. 테스트 주도 개발, 단순한 디자인, 비즈니스 용어로 표현된 코드는, 코드를 건강하고 잘 만들어진 상태로 유지하는 최선의 방법이다.

'변화에 대응하는 것뿐 아니라, 계속해서 가치를 더하는 것을'

소프트웨어 프로젝트는 상당히 비싸다. 참여한 개발자들이 몇 명인지 헤아려보자. 거기다가 개발자가 아닌 다른 전문가들, 테스터, 제품 서비스, 운영, 비즈니스 분석가, 제품 오너, 프로젝트 관리자와 같은 사람들도 더하자. 판매, 마케팅, 지원 업무를 하는 사람들도 있다. 이들 모두의 인건비가 얼마나 들지 계산해보자. 이걸로 끝이 아니다. 컴퓨터, 가구, 통신료, 사무실 임차료, 영업/마케팅 비용, 고객 서비스 비용, 식비 등의 비용들도 있다. 팀이 서로 다른 지역에 흩어져 있다면 여러 개의 사무실과 출장 비용까지 더해야 한다.

소프트웨어 프로젝트는 많은 투자가 있어야 할 때가 대부분이고 다른 투자와 마찬가지로 기업은 합당한 보상을 기대한다. 기업이 소프트웨어 프로젝트에 비용을 들이는 유일한 이유는 돈을 벌거나, 돈을 아끼거나, 아니면 매출을 지키기 위해서다. 기업의 그러한 목적을 달성시키기 위해 우리가 일하고 있음을 늘 인식해야 한다.

매니페스토의 **계속해서 가치를 더한다**라는 의미는 신규 기능을 추가하거나 버그 수정만을 뜻하지는 않는다. 코드를 깔끔하게 정리하고 구조를 개선하며 확장성을 높이고, 테스트 가능하게 하고, 쉽게 유지보수할 수 있게 하는 것을 포함한다.

소프트웨어가 나이를 먹고 덩치가 점점 커지고 있다면 동시에 우리는 기업의 이익도 늘어나게 해야 한다. 프로젝트에 새로운 기능들을 추가하고 수정하는 속도가 프로젝트 초기와 다를 바 없으면 소프트웨어가 얼마나 오래되었든지 관계없이 시장에 빠르게 대응할 수 있다. 소프트웨어가 오래될수록 고통과 비용이 아닌 그 가치가 커져야 한다.

소프트웨어의 생명을 늘리면서 변화에 빠르게 대응할 수 있도록 유지하는 것이 우리의 주요 목표다. 그렇게 하기 위해서는 좋은 소프트웨어 설계, 자동화된 테스트 기술 그리고 열정적이고 재능있는 개발자들이 핵심적이다.

보이스카웃에는 **캠핑 장소를 처음 발견했을 때보다 더 깨끗하게 남겨두라**는 규율이 있다. 이는 소프트웨어에도 똑같이 적용할 수 있다. 코드도 처음 발견했을 때보다 더 깨끗하게 관리해야 한다(이 비유를 처음 소프트웨어에 적용하고 소개한 것은 로버트 C. 마틴Uncle Bob이다).

애플리케이션의 수명을 오래 유지시키려면 소프트웨어의 품질에 최우선으로 집중해야 한다. 수년에 걸쳐 애플리케이션을 완전히 다시 만들게 되면 투자 대비 효과가 크게 떨어진다. 애플리케이션을 재작성한다는 결정은 보통, 기존 애플리케이션의 유지보수 비용이 감당하기 어려울 정도로 높아지면 하게 될 때가 많다.

> 같은 일을 반복하면서 다른 결과를 기대하는 것은 미친 짓이다.
> —앨버트 아인슈타인Albert Einstein

문제는, 유지보수 비용이 높은 기존 애플리케이션을 개발했던 바로 그 잘못된 방법으로 새로운 애플리케이션을 개발하여, 몇 달 또는 몇 년 후 똑같은 오류를 반복한다는 점이다. 이러한 악순환을 끊고 제대로 된 애플리케이션을 개발하는 것이 우리의 역할이다.

'개별적으로 협력하는 것뿐만 아니라 프로페셔널 커뮤니티를 조성하는 것을'
소프트웨어 장인정신의 중심에는 멘토링과 공유가 있다. 소프트웨어 장인은 항상 열정적으로 자기발전을 추구한다. 이보다 더 큰 임무가 있다. 다음 세대의 장인을 준비시킬 책임이 있다.

업계를 발전시키는 가장 좋은 방법은 새롭게 참여하는 개발자들에게 영감을 주고 멘토링함으로써 우리가 배운 바를 공유하는 것이다. 이러한 일은 도제 제도, 마스터와 수련생 같은 개념들과 관련이 있다. 소프트웨어 장인은 마스터로서 수련생을 멘토링하고 그들의 여정에 도움을 준다. 지식, 아이디어, 성공 그리고 실패까지도 커뮤니티에서 공유하고 토론하여 업계가 한걸음씩 더 나아갈 수 있게 해야 한다.

몇몇 개발자 또는 애자일 코치들이 소프트웨어 장인정신 커뮤니티가 엘리트 개발자들의 자발적인 모임이라고 말하는 이야기를 들어서 상당히 놀랐다. 소프트웨어 장인정신이 엘리트 주의라고 생각한다면 이는 소프트웨어 장인을 오해하는 것이다. 소프트웨어 장인은 항상 다른 사람에게 배우려 하는 겸손한 사람이어야 하고 경험이 적은 개발자와 지식을 공유하기를 주저하지 않는 사람이어야 한다. 나의 경험으로 볼 때, 소프트웨어 장인정신 커뮤니티는 내가 아는 다른 어떤 커뮤니티보다도 개방적이고 친절한 곳이다. 본질적인 속성상, 국적과 언어를 불문하고 다양한 수준의 기술과 경험을 가진 모든 종류의 개발자들을 포용하고 있다.

상대에게 배우는 것은 더 나아지기 위한 최선의 방법이다. 블로그에 글을 올리고, 오픈 소스 프로젝트에 기여하고, 작성한 코드를 공개하고, 지역 커뮤니티에 참여하고, 다른 개발자와 페어 프로그래밍을 하는 것은 업계의 발전을 위해 할 수 있는 방법들이다.

2010년부터 유럽과 미국에 소프트웨어 장인정신 커뮤니티가 설립되어 매달 무료로 행사를 개최하고 있다. 이 커뮤니티들에서는 어떤 개발자든지 경험 수준, 속한 산업, 배경을 불문하고 참여하는 것을 환영한다. 개발자들이 만나 아이디어를 공유하고 함께 코드를 작성하기를 기대한다.

커뮤니티와는 별개로, 앞의 선언문은 업무 환경에 대해서도 의미가 있다. 훌륭한 개발자는 더 뛰어난 개발자와 일하고 싶어 한다. 훌륭한 개발자는 뛰어난 기업에서 일하기를 갈망한다. 서로를 더 성장시킬 만한 사람들과 함께 일하고 지식을 나누며 상대에게 배우는 것, 그저 같은 사무실을 쓰는 동료이기보다 서로에게 영감을 주는 프로페셔널이자 친구를 기대한다.

'고객과 협업하는 것뿐만 아니라, 생산적인 동반자 관계를'

우리는 고용자·피고용자 형태의 관계를 믿지 않는다. 계약서에 뭐라고 되어 있든(정규직이든, 계약직이든, 컨설턴트이든, 공급업체이든, 일용직이든 간에) 형식적인 문서일 뿐이다. 파트너십과 프로페셔널한 행동을 계약 관계보다 상위에 둔다. 당신이 정규직이라면 고용주를 고객처럼 대해야 한다. 계약직이나 컨설턴트여도 마찬가지다. 고용주는 직원들이 계약직이든 컨설턴트거나 관계없이 항상 최상의 서비스를 제공하길 기대한다. 아침에 출근해 칸막이에 파묻혀 고개를 숙인 채 그저 지시받은 사항만 해내는 이는 프로가 아니다.

소프트웨어 장인은 공장 노동자가 아니다. 적극적으로 프로젝트의 성공에 기여해야 한다. 요구사항에 질문하고, 비즈니스를 이해하고, 개선사항을 제안하며, 고객 또는 고용주와 생산적인 동반자 관계를 맺어야 한다. 이는 기존의 전통적인 고용자·피고용자 모델이 아닌 고용자에게 매우 큰 이익을 주는 형태의 모델이다. 동기 부여 수준이 높은 팀은 프로젝트를 성공으로 이끌 확률이 상당히 높다. 열정적이고 재능있는 사람들은 성공을 원하고 항상 문제와 관료주의를 극복할 방법을 찾아낸다.

소프트웨어 장인은 그들의 평판을 쌓아 올리기 위해 성공한 프로젝트들이 필요하다. 고품질의 소프트웨어를 성공적으로 전달하고 고객을 만족시키는 것은 소프트웨어 장인의 커리어에 꼭 필요한 일이다.

코드를 잘 작성하는 것은 꽤 중요하지만 프로젝트를 완성시킬 때 필요한 요소들 중 하나일 뿐이다. 고객을 도와 그들의 업무 절차를 개선하고, 좀 더 실현 가능성이 높은 선택지를 제공해야 한다. 불필요한 관료주의를 없애고, 고객의 비즈니스 도메인을 이해하며 그들이 생산하는 가치와 관련된 요구사항에 질문할 수 있어야 한다. 업무 우선순위를 정하고 계획하는 것을 돕는 일 또한 프로젝트의 성공을 위해 코딩만큼 중요한 일이다. 생산적인 동반자 관계는 어떤 순간이든 고객에게 가치를 제공하는 것을 의미한다.

고객이 속한 산업의 본질이 소프트웨어 개발이 아닌 다른 것인 때가 많다. 이때는 소프트웨어 프로젝트가 성공하도록 돕는 것이 전적으로 우리들이 해야 할 일이다. 그것이 우리가 대가를 받는 이유다. 코드와 관련된 일이 아니면 나의 일이 아니라고 생각하는 개발자는 진정한 소프트웨어 장인이라고 할 수 없다.

생산적 동반자 관계가 될 준비가 안 된 고객

생산적 동반자 관계를 받아들일 준비가 되지 않은 기업들이 있다. 이런 기업들은 소프트웨어 개발을 공장 라인의 한 단계 정도로 보고 프로젝트에서 가장 중요성이 낮은 업무로 여긴다. 소프트웨어 개발자를 공장 라인의 육체 노동자와 동일시하여, 그저 '더 똑똑한 사람들'이 시키는 대로만 하면 되는 것으로 취급하는 기업들도 있다.

이러한 기업들 중 일부는 그들이 찾을 수 있는 가장 값싼 개발자를 고용하는 데 집중한다. 기술적 배경이 없는 관리자가 이러한 값싼 개발자들을 시시콜콜 아주 세세하게 관리한다.

소프트웨어 장인이 이런 마인드의 기업에서 일하려면 매우 고통스럽다. 우리가 도울 수 있도록 고객이 마음을 열어주면 얼마나 많은 도움이 될지 보여줌으로써 상황을 반전시키도록 최선을 다해야 한다.

기업들이 좋은 개발자를 바라듯이, 소프트웨어 장인도 일하기 좋은 기업을 원한다. 도움을 원하지 않는 상대에게 에너지와 건강을 쏟는 것은 아무런 의미가 없다. 고객을 위해 투입할 수 있는 노력에도 분명 한계가 있다. 같이 일할 고객 또는 고용주를 선별하는 능력도 소프트웨어 장인에게 꼭 필요하다. 소프트웨어 장인의 가치나 역량에 관심이 없는 고객을 위해 열심히 일해봤자 공허함만 커질 뿐이다.

소프트웨어 장인이 스스로의 평판을 닦고 커리어를 완성해 나가는 데는 고객을 선별하는 능력이 뒷받침되어야 한다. 파트너십은 본디 쌍방향이다. 양쪽이 모두 동반자 관계로서 참여할 때만 파트너십이 존재한다. 고객과의 관계가 동반자 관계와 거리가 멀고 나의 커리어에 부정적이라고 느낀다면 다른 고객을 찾아봐야 한다.

매니페스토의 문제점

소프트웨어 장인정신 매니페스토와 관련해 몇 가지 비판들이 있다. 가장 큰 비판은, 애자일 매니페스토와 달리 소프트웨어 장인정신 매니페스토의 내용들은 그저 좋기만 한 내용들이라 반대할 이유가 없다는 점이다. 애자일 매니페스토에서는 왼쪽 항목과 오른쪽 항목이 매우 강하게 대비되어 제안하는 바가 무엇인지 선명하게 드러난다. 예를 들어 문서를 남기는 것이 매우 중요하다고 생각하는 사람은 '방대한 문서 작업브다는 동작하는 소프트웨어를'이라는 문장에 동의하기 힘들다. 고정된 가격에 세세한 계약 조건으로 소프트웨어 프로젝트를 진행하는 기업은 '계약 협상보다는 고객과의 협업을'이라는 선언문을 받아들이기 힘들다. 그런데 스프트웨어 장인정신 매니페스토의 선언문은 왼쪽 항목과 오른쪽 항목 사이에 강한 대비가 없다. 오른쪽 항목은 왼쪽이 개선된 내용에 지나지 않는다. '광범위한 문서 작업보다 동작하는 소프트웨어'가 더 중요하다고 생각하는 사람은 '정교하고 솜씨있게 만들어진 소프트웨어'를 반대할 이유가 없다. '협업'이 중요하다고 믿는 기업은 '생산적인 동반자 관계'를 반대할 이유가 없다.

이러한 지적은 분명 합당하다. 애자일의 가치들에 동의하는 사람들이라면 소프트웨어 장인정신 매니페스토에 반대할 사람이 없다고 믿는다. 소프트웨어 장인정신 매니페스토에 반대하는 사람이 없다는 이야기는 반대로 모든 사람이 그것에 찬성한다고도 볼 수도 있다. 그렇다면 으리가 현재 업무 현장에서 매니페스토에 적혀 있는 대로 행동하고 있는지 질문해보아야 한다. 우리가 동의한 것에 합치하도록 실제로 그렇게 행동하고 있는가?

소프트웨어 장인정신 매니페스토를 그저 글자 그대로 해석해서는 안 된다고 본다. 그것이 내포하고 있는 의미를 깊게 살펴보아야 한다.

요약

　소프트웨어 장인정신은 소프트웨어 개발자의 프로페셔널리즘을 말한다. 소프트웨어 장인정신은, 항상 최선을 다하고 고객에게 좋은 서비스를 제공하려는 개발자에 관한 이야기다. 소프트웨어 장인은 고객과 고용자·피고용자 관계가 아닌 생산적인 동반자 관계를 기대한다. 더불어 유능한 프로페셔널이 좋은 평판으로 이어짐을 이해하고, 프로젝트를 성공적으로 꾸준히 이끌어내 고객을 만족시킨다.

　소프트웨어 장인정신은 프로페셔널 개발자들이 수용하고 있는 마음가짐이자 삶의 자세다. 소프트웨어 장인은 소프트웨어와 함께 살고 숨쉰다. 그들은 소프트웨어를 장인의 작품으로 여기며 자신의 기술을 마스터하기 위해 모든 노력을 기울인다.

CHAPTER

4

소프트웨어 장인의 태도

오래 전에 작성했던 코드를 지금에 와서도 고칠 부분이 없어 보인다면, 그것은 그동안 배운 것이 없다는 뜻이다.

소프트웨어 장인이라면 스스로가 만든 것에 애정과 자부심을 가져야 함은 매우 기본이다. 계속해서 더 나은 프로페셔널이 되기 위해 일평생 정진해야 한다. 고객이 바라는 바를 가장 효율적인 방법으로 만족시키는 것이 우리의 목표다. 경험이 적은 소프트웨어 장인과 지식을 나누는 것 또한 우리의 직업 윤리적 의무다.

동료와 같은 시기에 같은 직위로 입사해 1년 정도 함께 일했다. 컨설팅 회사였기에 몇 년 간 서로 다른 프로젝트에서 따로 일하다가 이후 같은 프로젝트에서 일하게 되었다. 그때 동료에게 요즘 일하는 것이 어떤지 물었더니 "나는 정말 이 회사가 싫다. 진절머리 나는 회사다."라는 대답에 적잖이 놀랐다. 나는 당시 정말 즐겁게 일하고 있었기 때문이다. 동료에게 왜 그렇게 생각하냐고 물었더니 그는 이렇게 대답했다. "오랫동안 일했지만 회사에서 책 한 권 사준 적이 없다. 교육 프로그램에 보내준 적도 없고 최신 기술을 배울 수 있는 프로젝트에 참여할 기회도 없었다. 그리고 승진도 시켜주지 않았다. 상당히 오랫동안 새로운 것을 전혀 배우지 못했다." 그는 이렇게 불만을 표현했다.

동료의 말을 어떻게 받아들여야 할지, 뭐라고 대답해야 할지 몰랐다. 나는 같은 기간에 두 번의 승진을 비롯해 좋은 프로젝트에서 일할 기회도 몇 번 있었으며 새로운 것들을 많이 배웠기 때문이다. 몇 초 간의 어색한 침묵 후에 커리어의 주인이 누구라고 생각하느냐고 물었다. 그는 내 질문을 잘 이해하지 못한 듯 했고 나는 다시 한번 물었다. "네 커리어와 프로페셔널로서의 미래는 누구의 책임인가?" 그날의 대화가 있은 지 몇 년이 흘렀지만 아직도 그의 당혹스런 눈빛을 기억한다.

이 장에서는 나의 커리어를 주도적으로 이끄는 방법과 어떻게 해야 시대의 흐름에 뒤떨어지지 않는지를 알아본다. 모르는 것을 발견하는 방법과 그 시간을 어떻게 만들어 낼 수 있을지도 살펴본다.

내 커리어의 주인은 누구인가

내가 일하고 있는 회사에서 책을 사주지 않거나, 교육 프로그램이나 콘퍼런스에 전혀 보내주지 않는다면 어떻게 할 것인가? 우리가 새로운 것을 배우는 방법이 그것밖에 없을까? 이 때문에 그 회사는 나쁜 회사가 되는 것일까?

당신 집에 물이 새서 배관공을 불러야 한다고 생각해보자. 아니면 법률적 문제때문에 변호사를 고용하거나, 몸이 아파서 의사를 만나거나 아픈 이빨 때문에 치과를 찾아간다고 생각해보자. 프로페셔널들을 찾아갈 때는 어떤 문제를 해결하기 위해서다. 그런데 그 프로페셔널이 당신에게 "최신 기술 서적을 사주세요. 교육 프로그램에 보내주세요."라고 요구한다면 당신은 어떤 생각을 할 것인가? 좀더 극단적으로 가정해서, 뭔가 특이한 이유로 책도 사주고 교육 프로그램에도 보내주었다고 하자. 당신이 제공받은 책과 교육 과정을 통해 얻은 지식으로 당신은 고객에게 서비스를 제공했다. 이때 회사에서 당신에게 그 비용을 청구한다면 이것은 합리적인 거래라고 할 수 있을까?

고객을 만족시키기 위한 투자는 스스로 해야 한다. 고객의 만족은 또 다른 고객을 얻기 위한 입소문에도 도움이 된다. 보통 이러한 전문가들은 스스로의 돈과 시간을 들인다. 그러한 투자를 하지 않으면 고객을 만족시키지 못해 평판이 나빠지고 시장에서 퇴출되는 수순을 밟는다.

공장 노동자들은 고용된 회사에서 제공하는 훈련에 의존한다. 공장에서는 직원들이 새로운 기계에 익숙해져서 반복적인 작업을 빨리할 수 있도록 훈련을 시킬 필요가 있다. 하지만 공장 노동자들은 어떤 기계를 사야 하는지, 어떤 식으로 일을 해야 하는지 회사에 말하지는 않는다. 보통 지시받은 대로, 회사가 시키는 대로 일할 뿐이다.

고객은 프로에게 좋은 서비스 및 최선의 방법으로 문제가 해결되기를 기대하며 대가를 지불한다. 고객은 프로페셔널의 교육이 아닌, 그의 지식과 기술에 대한 돈을 지불하는 것이다. 프로페셔널이 명확한 해결책이나 좋은 대안을 제시하면 이는 좋은 평판으로 이어진다.

소프트웨어 프로페셔널로 대우받기를 원한다면 프로처럼 행동해야 한다. 이는 스스로를 발전시키는 데 자신의 돈과 시간을 들여야 한다는 것이다. 나 자신의 커리어의 주체로서 언제, 무엇을 배울지를 스스로 결정해야 한다. 고객, 고용자를 도와줄 수 있는 위치에 있어야 한다. 자신이 일하는 회사가 새 지식을 가르쳐 주길 기대한다면 이는 프로페셔널 소프트웨어 개발자가 아니다. 개발자로 가장한 공장 노동자일 뿐이다.

"그러면 기업들이 직원 교육에 투자를 해서는 안 된다는 말인가?" 이렇게 반문할지도 모르겠다. 당연히 기업이 직원에게 투자하는 일은 바람직하지만 프로라면 그것이 고용주의 책임이나 의무라고 생각해서는 안 된다. 그런 기회가 주어진다면 보너스나 상호 이득이 되는 배려로 받아들여야 한다. 기업이 개발자에게 자기계발을 할 시간을 준다면 개발자들이 더 유능해질 것이고 더 효율적으로 일할 것이다. 열정적인 개발자라면 항상 그러한 배려를 제공하는 기업을 일자리로 선택할 것이다.

우리가 속한 산업은 다른 어떤 산업보다도 더 빠르게 움직인다. 개발 언어, 프레임워크, 실행 관례, 업무 절차가 계속 진화하고 있다. 이러한 변화에 적응하고 계속해서 역량을 증진시키는 것은 소프트웨어 장인으로서 성공적인 커리어를 갖기 위한 열쇠다.

고용자·피고용자 관계

고용자·피고용자 관계는 창조적인 업무에서 잘못된 모델이다. 한쪽에는 고용자와 피고용자가 서로 어떻게 행동해야 하는지 법률적인 책임과 권리를 계약서로 약속한 계약 관계가 있고, 다른 한쪽에는 고객과 프로페셔널의 관계가 있다. 산업혁명기에 매우 인기 있었던 상명하복(上命下服) 형태의 관리 방법은, 논란의 여지가 있지만 대다수의 노동자가 사전에 정해진 고정된 형태의 반복 업무일 때 장점이 있다. 창조적인 노동 형태에서는 잘 동작하지 않는다. 상명하복 관리 방법은 소프트웨어 프로페셔널의 의욕을 크게 꺾어 버리고 기업을 대단히 비효율적으로 만든다. 이러한 형태의 관리를 아직도 유지하고 있는 기업은 재능있는 소프트웨어 프로페셔널을 고용하는 데 어려움을 겪을 테고 이미 보유한 인재들마저 점점 잃어버릴 가능성이 크다. 물론 그 반대의 측면도 있다. 그저 시키는 대로만 일하고 퇴근 시간만 기다리는 개발자는 프로페셔널 개발자가 아니다. 그러한 개발자는 공장 노동자와 다를 바 없다. 프로페셔널로 인정받고 싶다면 프로답게 행동해야 한다. 소프트웨어 프로페셔널은 여러 업무 중에서도 비즈니스에 기여하고, 해결책에 옵션을 제공하고, 우리가 개발하는 소프트웨어의 기술, 품질, 구현에 최상의 서비스를 제공해야 한다.

소프트웨어 장인과 고객의 관계는 그 계약 형태가 어떻든 생산적인 동반자 관계로 보아야 한다. 정규직이든, 계약직이든, 컨설턴트든, 아웃소싱된 회사의 개발자이든 소프트웨어 프로페셔널로서 고객과의 관계를 바라보는 관점과 태도는 달라져서는 안 된다.

끊임없는 자기계발

오늘날 우리는 계속해서 늘어만 가는 정보 속에, 계속해서 줄어만 가는 의미를 목도하는 세상에서 살고있다.

— 장 보드리야르 Jean Baudrillard

사람들이 무언가를 배울 때는 각자 선호하는 방식이 있어서, 학습 방법을 모두 설명하기는 어렵다. 자기계발을 위해 할 수 있는 몇 가지를 추렸다.

독서, 많은 독서

종이 책이든 전자 책이든 나만의 서재를 갖는 일은 중요하다. 생산되는 정보가 너무나 많은 산업 분야라 어떤 책을 읽어야 할지 선택하기가 상당히 힘들다.

- **특정 기술에 대한 서적**: 업무를 위해 어떤 프레임워크나 프로그래밍 언어 또는 특정 소프트웨어의 이용 방법을 급하게 알아야 할 때 꼭 필요하다. 당장의 업무에는 유용하지만 그 가치가 오래가지는 않는다. 기술 서적은 당면한 업무와 관련된 것들에 대해 상세하고 심도 있는 기술 지식을 제공한다. 커리어의 다음 단계를 계획하는 데도 큰 도움이 된다. 현재의 업무에서 다음에 하고 싶은 업무로 옮겨가기 위해 필요한 특정 기술에 대해서도 상세하게 배울 수 있다. 기술 지식은 가치가 상당히 빨리 떨어진다. 새 버전의 기술이 릴리즈되거나, 다른 기술이 인기있으면 이전만큼 쓸모가 없다. 자바, Hibernate, Node.js, Clojure 같은 기술의 책들이 이 범주에 속한다.

- **특정 개념에 대한 서적**: 커리어를 진전시킬 때 필요한 기초를 쌓을 수 있는 책이다. 새로운 개념이나 패러다임 또는 실행 관례들을 소개한다. 당장 활용하기는 어렵고, 제대로 이해하고 습득하는 데 긴 시간이 필요할 때도 있다. 해당 개념을 설명하기 위해 특정 기술이나 프로그래밍 언어가 사용되기는 하지만 그 개념 자체는 광범위하게 적용될 수 있는 일반적인 내용이다. 이러한 종류의 책으로는 테스트 주도 개발(TDD), 도메인 기반 개발, 객체 지향 설계, 함수형 프로그래밍, NoSQL 데이터베이스 모델 같은 것들이 있다. 새로운 개념, 패러다임, 실행 관례를 배우는 것은 특정 기술을 익힐 때보다 훨씬 힘들다. 어떤 경우는 완전히 이해하고 익숙해지는 데 몇 년이 걸리기도 한다. 이러한 개념들을 알아두면 새 기술을 배울 때 학습 시간을 크게 단축시키는 장점이 있다.

- **행동양식에 대한 서적**: 효율적으로 팀에서 일할 수 있게 안내하거나, 일반적인 상황에서 더 나은 프로페셔널이 될 수 있도록 조언한다. 팀 동료나 고객 등 사람들을 어떻게 대하고 일정을 어떤 방식으로 관리하면 되는지 설명한다. 유능한 프로페셔널이 되려면 특정 프로그래밍 언어나 프레임워크, 실행 관례를 아는 것만으로는 부족하다. 소프트웨어 프로젝트 또는 조직에서 코드와 관련 없는 나머지 것들에 대해서도 어떻게 다뤄야 하는지 배워야 한다. 소프트웨어 개발과 관련된 인간적 측면, 프로페셔널리즘을 다루는 책들이 이러한 종류에 속할 수 있다. 예를 들면 애자일 방법론, 소프트웨어 장인정신, 린 소프트웨어 개발, 심리학, 철학, 경영에 대한 책들이 그러하다.

- **혁명적 서적(또는 고전)**: 일하는 방식이나 개인의 가치관을 바꾸는 책이다. 이전과는 전혀 다른 가치나 원칙들을 제시해 다수에게 무시되거나 배척되지만 결국에는 주류 사상으로 자리매김한다. 이러한 책들은 소프트웨어 개발자라면 이미 읽어 보았음직한 것들로 일상적

인 업무 중 대화에서도 그 내용이 흔하게 언급된다. 특정 기술게 대한 책이 이 범위의 책이 되는 경우는 거의 없다. 보통 어떤 개념이나 행동양식을 다룬 책들이 혁명인인 책이 될 때가 대부분이다. 『실용주의 프로그래머』(1999년 앤드류 헌트Andrew Hunt, 데이비드 토마스David Thomas 저), 『The Mythical Man-Month』(1975년 프레드릭 브룩스Frederick Brooks 저), 『디자인 패턴(GoF)』(1994년, 에리히 감마Erich Gamma외 4인 저), 『테스트 주도 개발』(2002년, 켄트 벡Kent Beck 저), 『익스트림 프로그래밍』(1999년, 켄트 벡 저), 『클린 코더』(2011년, 로버트 C. 마틴 저), 『소프트웨어 장인정신』(200˙년, 피트 맥브린 저), 『리펙토링』(1999년, 마틴 파울러Martin Fowler외 5인 저)과 같은 책들이 있다. 이러한 종류의 책들을 완전히 이해하려면 몇 년 이상이 걸리기도 한다.

특정 주제나 기술을 깊이 이해해야 할 때는 책만한 것이 없다. 커리어를 위해서라면 개념이나 행동양식에 대한 책들에 더 관심을 두는 것이 좋다. 특히 혁명적인 서적들부터 읽어보기를 권한다. 단기적, 중기적으로는 특정 기술에 대한 책들을 이용해보자.

읽는 것 자체도 학습 곡선이 있다. 책을 읽고 이해하는 방법은 다양하고, 그 방법에 따라 읽고 배우는 속도에도 차이가 크다. 이에 대한 논의는 이 책의 범위를 벗어나므로, 속독 테크닉에 대한 서적은 따로 찾아보자.

블로그

블로그는 대단히 활성화되어 있다. 블로그를 이용하면 항상 최신 정보를 습득할 수 있다. 그 수가 적기는 하지만 알고 지내는 훌륭한 개발자 몇몇은 블로그만 보기도 한다. 블로그는 실제 경험, 개인적인 발견, 의견, 성공담, 실패담들이 짧게 담겨 있기 때문에 소프트웨어 장인정신이나 애자일 모델에 태생적으로 궁합이 잘 맞다. 경험이 풍부한 프로페셔널의 블로그에서 관심있는 주제에 관한 질 좋은 정보들을 다른 프로페셔널들과 같은 시점에, 무료로 볼 수 있다. '인스타페이퍼'나 '애버노트' 같은 앱을 이용하면 이러한 블로그의 포스팅을 쉽게 따라갈 수 있다.

사전에 충분한 지식이 없는 사람에게는 블로그가 독이 될 수도 있다. 많은 연구 없이 깊이가 없는 글이 올라오는 블로그도 꽤 많기 때문이다. 잡담이나 설익은 아이디어로 가득한 블로그도 부지기수다. 포스팅 내용을 보면 스스로의 개발 이력에 관한 기록도 있고, 실제 프로젝트에서의 경험을 쓰기도 한다. 경험과 관련된 포스팅은 꼭 문제를 멋지게 해결해서 게시했다기보다는, 단순히 문제 상황만을 글로 남길 수도 있다. 전혀 문제가 아닌 내용을 문제로 생각했을 때도 있다. 여하튼 블로그에 어떤 글을 올리든 상관없다. 사실 바로 이점이 블로그가 훌륭한 이유이기도 하다. 블로그를 읽을 때 이러한 특성을 감안한다면 유용한 최신 정보원이 될 수 있다.

꼭 경험 많은 프로페셔널만 블로그를 만들어야 한다고는 생각하지 않는다. 모든 소프트웨어 개발자는 경험 수준과 관계없이 블로그가 있어야 한다고 본다. 경험과 발견을 공유함으로써 훌륭한 프로페셔널 커뮤니티를 이루는 데 도움이 되어야 한다. 글을 올리기에는 아직 역량이 부족하고 딱히 할 이야기가 없다고 생각할 수도 있다. 나만의 고유한 아이디어도 없고, 블로그를 만들어 봤자 아무도 보지 않을 거라는 생각이 들기도 하니까. 우선 블로그는 우리의 배움과 자기계발에 대한 기록의 장으로 두는 게 좋다. 여러 가지 생각이나 아이디어들, 커리어를 둘러싼 세상을 어떤 관점들로 보는지 기록해보자. 다른 사람들이 그 기록에 대해서 어떻게 생각할지 너무 걱정할 필요는 없다. 나 자신을 위한 기록이 가장 우선이다. 유익한 글을 많이 올리는 경험 많은 개발자들도 과거에 같은 주제에 대해 이미 많은 글을 써 보았기 때문에 오늘날 좋은 글이 나올 수 있었던 것이다. 현재 배우는 것이 무엇이든 글로 써서 기록을 남기는 것은 가치가 있다. 매년 수천 명의 새로운 개발자들이 이 산업에 새롭게 참여한다. 그들은 우리가 지금 배우고 있는 것 중 필요한 내용이 많을 것이다. 초심자 입장에서 쓰여진 설익은 기록이 그들에게 큰 도움이 될 수도 있다. 내가 쓴 글이 더 경험 많은 개발자들에게 평가받는 것에 대해서 걱정하지 말자. 그런 일은 일어나지 않는다. 구글로 검색할 때 첫 번째 링크가 도움이 안 되면 그저 아무 생각 없이 바로 다음 링크를 찾아간다. 개발자들은 무료로 공유한 다른 개발자들의 관점과 생각들에 대해 비판에 앞서서 감사하는 마음을 가질 것이고 그래야만 한다.

기술 웹사이트

기술 관련 웹사이트들도 시장의 최신 동향을 알아보기에 좋은 수단이다. 온라인 기술 잡지와 같은 많은 웹사이트들에서 새로운 트렌드나 기술들을 소개하고 있다. 고정 기술 기고가가 있어 매일 새로운 소식을 싣거나, 단순히 좋은 블로그나 큰 포럼들을 편집하여 모아서 보여주는 웹사이트도 있다.

팔로우할 리더 찾기

프로페셔널 분야에는 해당 분야가 진보하는 데 크게 기여하는 리더 그룹이 존재한다. 소프트웨어에도 그러한 리더들이 많다. 특정 기술 분야에 대한 리더들도 있고 좀더 일반적인 개념적, 행동양식적인 부분에 대한 리더들도 있다. 이러한 리더들이 누구인지 알면 유익한 인터넷 정보나 관련 서적을 찾기가 쉬워 효과적이다. 예를 들어 Java나 Ruby를 업무에 사용한다면 해당 기술에 대한 가장 좋은 자료들을 누가 만들어 내고 있는지 알아야 한다. 그 기술을 진보시키고 더 나은 사용 방법들을 개발하고 있는지, 관련 업계를 어떤 사람이 움직이고 있는지 알아 두는 것이 좋다. 애자일, 소프트웨어 장인정신같은 개념을 들었다면 그 배경에 어떤 역사가 있는지, 어떤 사람들이 있고 그들이 어떤 책을 출판하고 무슨 내용의 글을 기고하고 있는지 살펴보자. 영감을 얻은 부분과 생각의 바탕이 어땠는지 그 배경을 이해해야 한다. 그러다 보면 지금 이야기하고 있는 많은 내용들이 사실 수십 년 전부터 다뤄진 사실이라는 것을 알게 된다.

소셜미디어

트위터 사용법을 배우자. 트위터는 정보를 모으는 데 매우 유용하다. 앞에서 언급한 리더들과 그 동료들을 팔로우하면 매우 유익한 최신 정보를 효과적으로 얻게 된다. 트위터를 사용하면 누군가 블로그에 글을 올릴 때마다, 누군가 좋은 자료를 발견하여 공유할 때도 그 링크가 트윗된다. 어떤 때는 온라인 대화방을 팔로우할 수도 있는데, 대화에 참여하여 그 그룹에 속할 수 있는 기회를 얻기도 한다.

끊임없는 훈련

일을 할 때의 방법은 그 실행 결과만큼이나 중요하다. 품질이 좋은 코드를 능숙하게 작성하고 싶다면 높은 품질의 코드를 작성하는 방법을 훈련해야 한다. 훈련 외에 다른 수단은 없다. 훈련을 할 때는 문제의 해결 자체가 아니라 해결에 사용한 테크닉에 집중해야 한다. 급여를 받는 이유는 문제 해결에 사용한 테크닉이 아니라 문제 해결 자체에 대한 대가이지만, 훈련을 할 때는 그 문제를 '어떻게' 해결하는지가 중요하다. 예를 들어 테스트 주도 개발 방법론을 배운다고 하자. 이 방법론은 마스터하기 매우 어렵다. 개발된 것도 없는데 테스트를 먼저 한다는 것은 직관에 반하기 때문에 능숙하게 할 수 있으려면 훈련이 필요하다.

운전을 처음 어떻게 배웠는지 기억을 떠올리자. 언덕길을 오를 때마다 신호등이 빨간색으로 바뀔까봐 조마조마했다. 그때마다 "신호등 앞에서 멈추었다가 다시 출발해야 할 수도 있으니… 기어를 1단으로 넣고, 클러치를 천천히 떼면서, 차가 뒤로 밀리거나 시동이 꺼지지 않게 해야 해."라고 되뇌었다. 처음으로 자동차에 친구를 태웠던 때도 기억한다. "산드로! 라디오 좀 켜봐." 잔뜩 긴장한 상태로 양쪽 백미러를 보면서 핸들을 꽉 잡고 있는 나에게 그 요구는 무리였다. "지금은 안돼!" 친구에게 이렇게 대답할 수밖에 없었다. 자동차도 걱정이 되고 기어 변경은 까다롭고 백미러도 봐야 하고, 다른 자동차들이 너무 가까이 있는 것도 신경이 쓰이고, 차를 똑바로 가도록 핸들을 잘 잡고 있어야 하고, 회전할 때 다른 차선을 침범하지 않아야 하는 등, 라디오를 켜기에는 나의 주의력에 여유가 전혀 없었다. 이제 자동차 운전에 익숙해진 이후를 생각해보자. 익숙해지면 자동차 안에 있다는 사실을 그다지 의식하지 않게 된다. 핸들과 기어, 엑셀, 브레이크 조작이 어떻게 연계되어 자동차를 움직이는지 전혀 의식할 필요가 없다. 이제는 목적지로 제대로 가고 있는지에만 신경 쓴다. 운전을 하는 와중에도 의식적인 노력 없이 라디오를 듣고 노래를 부르며 동승자와 대화도 할 수 있다. 익숙해지면 마치 자동차가 우리 몸의 일부인 것처럼 몸에 배어 자연스러워진다.

실행 관례와 새로운 기술들을 배우는 것도 자동차 운전과 같다. 더 많이 훈련할수록 더 편안해지고 별도의 주의 집중과 의식적인 노력이 없어도 자연스럽게 할 수 있게 된다. 그렇게 되면 그를 이용하여 우리가 달성하려는 목표에만 집중할 수 있다.

훈련할 때는 작성 가능한 최선의 코드를 만드는 데 집중해야 한다. 테스트 하나를 만드는 데 몇 분이 걸리든 몇 시간이 걸리든 관계 없다. 시간은 걱정하지 말고 변수, 메서드, 클래스들의 이름을 가장 이해하기 쉽고 의미를 포괄할 수 있도록 최선을 다해 네이밍한다. 가장 적합한 이름을 부여했다면 소요된 시간이야 어떻든 훌륭한 것이다. 훈련할 때는 그 훈련이 완벽하도록 노력해야 한다. 이렇게 하다 보면 실제 업무 상황에 부딪혔을 때 해결책을 찾는 데만 집중하면서도 테스트 코드 작성이 자연스럽다.

카타

카타는 '품세'라는 뜻으로 일본 무예 훈련에서 나온 용어다. 소프트웨어 카타는 작은 훈련용 코딩들을 의미한다. 이러한 훈련 문제들은 이해하는 데는 몇 분이면 충분하지만 해결하기에는 꽤 복잡하다는 특징이 있다. 보통 한 문제를 푸는데 몇 분에서 몇 시간 정도가 걸리는데 이때 새로운 테크닉과 접근방법을 훈련하는 데 활용할 수 있다. 틱-텍-토 게임 구현이나 볼링 점수 계산같은 것이 카타의 예이다. 이러한 카타들을 이용해 익숙하지 못한 테스트 주도 개발, 다른 개발 언어, 새로운 프레임워크 같은 것들을 연습할 수 있다.

애자일 커뮤니티에서는 카타에 비판적인 시각도 있다. 단순한 작업을 반복하는 바보같은 일이라고 생각하는 이들도 있다. 일정 부분 사실일 수도 있다. 이러한 비판에는 카타라는 어원 자체가 육체적인 반복 활동을 하는 무예 훈련에서 왔다는 데도 배경이 있을 것이다. 코딩 훈련용 카타가 처음 나왔을 때도 아마 같은 의도였을 것이다. 이미 익숙한 테크닉과 도구를 이용해서 카타를 하는 것은 크게 의미가 없다.

훈련을 통해 우리가 익숙하지 못한 새로운 테크닉이나 기술에 능숙해지려고 코딩 카타를 하는 것이다. 이러한 훈련을 여러 번하면 실제 현장에서 훨씬 더 편안하고, 준비가 충분히 되었다는 느낌이 든다. 공연 전에 몇 시간이고, 몇 날이고, 몇 달이고 반복 훈련을 하는 음악가들을 상상해보자. 카타로 이루려는 바가 바로 그러한 것이다.

같은 코딩 카타를 반복하더라도 매번 다른 테크닉, 다른 언어, 다른 기술, 다른 접근 방법을 사용해야 효과를 최대화할 수 있다. 이렇게 함으로써 새로운 것을 시험하고 비교해 볼 수 있다. 사실 일본의 무예 훈련에 대한 정확한 용어는 '게이코'다. 이미 세계적으로 개발자들이 카타라는 용어를 사용하고 있기 때문에 그냥 카타라고 표현한다.

다음의 웹사이트들에서 유익한 코딩 카타들을 다양하게 찾을 수 있다.

- codingkata.org
- codekata.pragprog.com
- kate.softwarecraftsmanship.org

펫 프로젝트

내게 있어 최고의 자가 학습, 자가 훈련 방법은 펫(Pet) 프로젝트다. 펫 프로젝트는 취미생활과도 비슷한 나만의 소프트웨어 프로젝트다. 대신 일정이나 예산 등 압박 요인이 아무 것도 없다. 수익을 낼 필요도 없고 요구사항도 내 마음대로다. 특히 어떤 기술과 방법론을 적용할 것인지는 내키는 대로 정할 수 있다. 내가 바로 사장이다. 회사의 실제 업무 프로젝트에서는 가장 먼저 문제 도메인을 이해하고 그 다음에 기술적인 결정을 내리고 코드를 작성한다. 제품 오너, 사용자, 비즈니스 담당, 마케팅 담당 등 프로젝트에 참여한 모든 이해 관계자들과 대화하면서 비즈니스 아이디어에 기여하게 된다. 건강한 애자일 환경이라면 이러한 대화가 프로젝트 내내 자주 일어난다. 고객이 성취하려는 것과 프로젝트가 다루는 범위를 고려하여 가장 적합한 기술을 선택하여 개발한다. 펫 프로젝트는 완전히 반대로 진행한다. 먼저 무엇을 배울지, 즉 어떤 실행 관례, 실행 원칙, 방법론, 기술을 배울지 정하고 그 다음에 그것을 이용해서 해결할 문제를 찾는다. 미리 시험해 볼 수 있는 펫 프로젝트가 있으면 특정 기술이 어떤 문제를 해결하는 데 적합한지 훨씬 쉽게 파악 가능하다. 펫 프로젝트는 매우 안전한 환경에서 시험하고, 발견하고, 배우고, 즐길 수 있는 기회를 만든다. 실제 프로젝트에 적용할 수 있는 좋은 경험도 얻을 수 있다.

펫 프로젝트는 실제 프로젝트의 몇 가지 측면을 미리 경험할 수 있다는 점에서도 중요하다. 예를 들면 먼저 프로젝트 아이디어가 필요하다. 프로젝트 아이디어를 찾았다면, 기능들을 상세화하고 백로그에 할 일들을 정리하여 준비해야 한다. 백로그를 준비한다는 것은 작업을 분할하고, 그 우선순위를 생각하고, 대략적인 일정을 추산하고, 사용자 스토리를 작성하는 것들을 의미한다. 그 밖에도 여러 가지가 있다. 테스트, 애플리케이션 배포(deploy), 버전 컨트롤, 지속적인 통합(integration), 사용성, 사용자 인터페이스, 코드 베이스, 설계, 데이터베이스와 같은 것들도 필요하다. 애플리케이션을 처음으로 구동해서 시험하는 순간부터, 적용된 기술이나 기능(비즈니스)을 바꾸고 싶을 것이다. 실제 프로젝트에서도 그런 일이 똑같이 일어난다. 이 모든 것들을 펫 프로젝트에서 꼭 해야만 하는 것은 아니지만 원한다면 할 수도 있다. 우리는 펫 프로젝트로 실제 프로젝트의 어떤 측면이든 배울 수 있다. 심지어 프로젝트에 대한 비즈니스 계획까지 작성해도 된다. 사장이자 모든 결정권자이기 때문에 무언가를 배울 수만 있다면 원하는 것은 무엇이든 할 수 있다. 이것이 펫 프로젝트의 핵심이다.

무엇보다도 펫 프로젝트는 재미있어야 한다. 펫 프로젝트를 시작할 때의 가장 흔한 문제는 좋은 프로젝트 감을 찾는 것이다. 다행히도 너무 고민하지 않아도 된다. 펫 프로젝트는 새로운 비즈니스를 시작하는 것이 아니다.

흥미를 가지고 열정적으로 할 수 있는 주제를 찾으면 된다. 여행을 좋아한다면 여행에 대한 웹사이트를 만들면 되고, 달리기를 좋아한다면 얼마나 많이 달렸는지에 대해서 진도를 보여주고 관리해주는 앱을, 일상을 효율적으로 관리하는 데 관심이 많다면 나만의 일정 관리 앱을 만들면 된다. 비슷한 애플리케이션이 이미 수천 개 있어도 상관없다. 항상 뭔가 다르게 하고 싶은 요소를 찾을 수 있다. 열정적으로 관심이 있는 주제를 선택하면 뭔가 개선하고 기능을 추가하는 데 아이디어가 마를 날이 없다는 장점이 있다. 그 일을 하고 만든 결과물을 항상 사용하고 싶을 것이다. 이렇게 되면 실제 프로젝트에 더 가깝게 펫 프로젝트를 수행할 수 있다. 이러한 훈련들이 쌓이면 프로페셔널 커리어 개발에 매우 큰 영향을 끼칠 것이다.

펫 프로젝트에서 흔한 질문은 그것을 실제 비즈니스화 해야 할지의 여부다. 이에 '상황에 따라 다르다'라고 답하겠다. 보통의 경우에는 '아니다'라고 하겠지만 말이다. 비즈니스를 원한다면, 코드를 작성하고 새로운 기술들은 배우는 것은 최우선 순위가 될 수 없다. 대신 코드를 한 줄이라도 작성하기 전에 먼저 린 스타트업 개념에 대한 자료를 찾아보고 익숙해지기를 권한다. 펫 프로젝트를 실제 비즈니스로 전환하기는 상당히 고통스럽고 실망만 가득한 일이 되기 쉽다. 나 역시 그러한 시도를 했다. 자신의 애플리케이션과 코드 베이스에 너무 애착을 가진 나머지, 시장이 실제로 원하는 것을 못 볼 가능성이 정말 높다. 펫 프로젝트를 비즈니스화하고 싶다면 비즈니스 자체에 집중하고, 작성된 코드들을 시장이 원하는 방향이 아니라면 얼마든지 버릴 준비가 되어 있어야 한다. 즉 코드에 대한 애착을 버리고 비즈니스 요구에 맞는 최소한의 것만 남기고 깨끗이 정리할 수 있어야 한다.

오픈 소스

오픈 소스 프로젝트에 기여하는 것도 좋은 훈련 방법이다. 오픈 소스 프로젝트는 대단히 많으므로, 그 중에서 배우고 싶은 내용과 연관 있는 것을 찾는다. 그 다음에 소스 코드를 내려받아, 실행해보고, 테스트 코드가 있다면 읽어본다. 디버깅해보고, 이용해본다. 기여할 부분이 보인다면 작은 것부터 시작하자. 문서에 내용을 추가한다든가, 테스트 코드를 작성한다든가, 버그 목록이나 구현해야 할 기능 목록에서 가장 간단한 것을 선택해 시도하자. 작은 기능을 새로 제안하고 구현해도 좋다.

오픈 소스 프로젝트는 펫 프로젝트와는 많이 다르다. 오픈 소스 프로젝트들은 거의 대부분 특정 목적에만 집중하여 범위가 제한적이다. 예를 들어 객체 관계 맵(Object-Relational Mapper) 프레임워크, 웹 서비스 호출 라이브러리, 트랜잭션 관리, 소셜 네트워크 통합 구독기 등이 있을 수 있다. 상당히 중요하고 유용한 것들이지만 오픈 소스 프로젝트들은 애플리케이션에서 사용할 라이브러리 중 하나일 뿐이다. 항상 전체적인 그림을 생각해야 한다.

오픈 소스 프로젝트에 참여할 때 또 하나 좋은 점은, 훌륭한 개발자들이 어떻게 일하는지 체험할 수 있다는 것이다. 그들이 어떻게 코드를 작성하고 문제를 해결하는지 살펴보는 것은 코드를 잘 만들기 위한 좋은 기회가 된다. 또한 공개적으로 자신의 활동을 알릴 수 있는 기회이기도 하다.

페어 프로그래밍

페어(Pair) 프로그래밍은 기술적인 실행 관례라기보다는 사회적 활동에 더 가깝다. 페어 프로그래밍을 하면 팀의 정신적 에너지가 높아지고 개발자들이 서로 좀더 친밀해질 수 있다. 개발자들에게 코딩할 때 누군가 옆에서 지켜본다고 상상해보라고 하면 불편함이나 두려움을 느끼는 것이 대부분이다. 오래 전에 나 역시 그러했다. 그 불편함과 두려움의 근원이 나의 한계가 드러날 수 있다는 걱정에서 온다는 것을 깨달았다. 이러한 걱정거리가 페어 프로그래밍을 꺼리는 이유라면 극복해야만 한다. 혼자서 배우는 데는 한계가 있다. 물론 개발자들은 상당 수준의 지적 역량이 있기 때문에 혼자 배우고 싶다면 무엇이든 배울 수 있다. 문제는 시간이다. 더불어 스스로에게만 의존하면, 자신만의 좁고 편향된 생각에서 벗어날 방법이 없다.

페어 프로그래밍을 이용하면 새로운 내용을 빨리 배울 수 있다. 처음 보는 프로그래밍 언어, 전에 다루지 않았던 모듈, 테스트 주도 개발과 같은 새로운 실행 관례, 개발툴의 단축키와 같은 사소한 것부터 전혀 다른 형태의 문제 해결 방법론까지 배울 수 있다. 나 자신의 실제 역량을 파악하는 기회도 된다. 개발자들은 보통 자신이 다른 개발자들보다 더 훌륭하고 능력이 있다고 생각하기 쉽다. 다른 개발자들은 엉당인 코드를 작성하지만 나는 아니라고 생각한다. 페어 프로그래밍을 하면 우리가 작성한 코드와 아이디어에 대해 즉각적인 피드백을 받는다. 키보드로 타이밍을 하는 즉시 옆에서 지켜보는 페어 개발자의 검증을 받는다. 페어 개발자는 내가 무엇을 하는 건지 이해하지 못할 수도 있고 변수 네이밍이나 API 사용방식이나 설계에 동의하지 않을 수도 있다. 그럴 때마다 한발 물러서서 내가 내린 결정에 관해 다시 한번 생각할 틈이 생긴다. 다른 사람을 어리석다고 단정짓기 전에 (실제로 그런 경우는 극히 드물다), 나 자신이 그렇게 훌륭하지 않을 수도 있음을 받아들여야 한다. 훌륭한 개발자는 다른 어떤 개발자가 보더라도 이해할 수 있는 코드를 작성한다. 페어 개발자가 나의 작업 내용에 동의하지 않거나 무엇을 하는 건지 이해하지 못하고 있다면 좋은 토론 기회로 삼아야 한다. 새로운 것을 배우거나, 색다른 접근 방법에 눈을 뜨도록 이런 기회를 놓치지 말자. 페어 개발자가 내가 방금한 것이 무엇인지 물어본다면 뭔가 작업한 것에 부족한 점이 있거나 더 나은 방법이 있기 때문일 것이다. 알고 있는 것을 공유하고 우리 주변의 개발자들이 더 나아질 수 있는 기회를 늘 찾고 활용해야 한다. 누군가를 가르치다보면 내 생각을 구조화할 수밖에 없어서 설익은 개념을 제대로 이해하고 가다듬게 된다. 그러고 나면 다른 사람도 이해시킬 수 있다.

같은 팀 동료나 친구와 페어 프로그래밍을 할 수도 있겠지만, 오히려 전혀 모르는 사람과 페어 프로그래밍을 하는 것이 더 좋다. 같은 팀 동료나 친구는 한동안 같이 일을 해왔기에 이미 공통된 이해나 코딩 스타일이 있다. 페어 프로그래밍을 함께 해본 적이 없는 사람에게 완전히 새로운 문제 해결 방식을 접할 가능성이 훨씬 높다. 지역 커뮤니티에서도 페어 프로그래밍을 함께 할 사람을 찾는 것도 좋은 방법이다. 원격으로 페어 프로그래밍 환경을 구축하는 사람들도 점점 늘고 있기 때문에 거리의 제약 없이 페어 프로그래밍을 할 사람을 찾는 것도 가능해졌다. 편리한 원격 페어 프로그래밍 세션을 만들어 주는 도구들도 많이 나와 있다.

페어 프로그래밍을 할 때는 다른 사람의 생각에 마음을 여는 것이 중요하다. 어떤 때는 배우고, 어떤 때는 가르치고, 어떤 때는 두 가지 모두 하기도 한다.

사회 활동: 다른 개발자들과 어울리기

'개별적으로 협력하는 것뿐만 아니라, 프로페셔널 커뮤니티를 조성하는 것을'
소프트웨어 개발자들이 내향적인 모범생이어도 괜찮다는 것은 이제 옛날 이야기다. 아이디어를 주고 받고, 페어 프로그래밍을 하고, 사회적으로 교류할 수 있는 인적 네트워크를 형성하는 것은 성공적인 커리어를 위해 상당히 중요하다. 지역 사용자 그룹이나 기술 커뮤니티에 가입하고 행사들에 참여하면 인적 네트워크를 쉽게 만들 수 있다. 커뮤니티들은 회원 간의 대화와 코딩 활동을 장려하고 여러 행사들을 개최한다. 커뮤니티에 참여하면 커리어에 도움이 된다는 장점 외에도 혼자가 아니라는 정서적 만족감도 얻을 수 있다. 전혀 다른 배경의 사람들도 많이 만날 수 있다. 몸담고 있는 산업도 다르고, 사용하는 기술, 언어, 개발 절차도, 경험의 수준도 다르다. 하지만 열정이라는 요소는 모두 공통으로 가지고 있다. 열정적인 개발자들은 항상 배우려 하고 그들이 아는 것을 공유하려 하기 때문에 그들과 어울리는 것은 대단히 좋은 일이다.

지역 사용자 그룹이나 기술 커뮤니티에 참여하는 것은 무언가를 배우고 아이디어를 나누기에 더할 나위 없이 좋은 방법이다.

의도한 발견

> 나는 아테네에서 가장 똑똑한 사람임에 틀림없다. 왜냐하면 나는 너가 아무것도 모른다는 사실을 알기 때문이다.
> – 소크라테스Socrates

소프트웨어 프로페셔널이 할 수 있는 최대의 실수는 자신이 모르는 것을 모른다고 받아들이지 않는 것이다. 모르고 있다는 것을 인지하지 못한 상태를 '2단계 무지'*라고 한다. 아직 배울 내용이 많음을 인정하는 것은 성숙하다는 증거이고 마스터가 되기 위한 첫걸음이다.

---

* 역자주 필립 G. 아모어의 '무지의 5단계'

개발자 대다수는 긍정적이고 낙관적이다. 일의 작업량을 예측할 때 얼마나 많이 틀리는지를 보면 알 수 있다. 실제로 소요된 작업량과 원래 예측했던 작업량을 비교해보면 거의 대부분 예측보다 훨씬 긴 시간이 걸렸다. 계획대로 안 될 가능성이 매우 높다는 것을 인정해야 한다. 무언가 예상하지 못한, 예상할 수가 없는 문제가 항상 발생한다. 언제, 어디서, 어떻게 그런 일이 있을지 안다는 것은 불가능하다. 이러한 사실을 무시하면 당황하여 문제에 제대로 대응하지 못하게 된다.

이러한 문제를 완벽하게 해결할 수는 없지만 영향을 최소화하도록 노력할 수는 있다. 한 가지 방법은 현재 처한 상황과 관련해 새로운 사실들을 계속 익히도록 스스로를 노출시키는 것이다. 이 부분은 특히 프로젝트 초반, 주요한 기능 모듈들이 아직 만들어지기 전 시점에 매우 중요하다. 이때는 무엇을 해야 하는지 상당 부분 잘 모르는 시기다. 생각 가능한 모든 측면에서 우리가 파악하지 못한 것을 찾아내기 위해 시간을 투자해야 한다. 이러한 투자는 수익률이 대단히 높다.

무지는 상숫값이다. 가장 최근의 프로젝트를 다시 수행한다고 가정해보자. 사람, 요구사항, 조직 조건 등 모든 요소가 같다고 하자. 단, 이미 그 프로젝트를 수행해보았기 때문에 관련된 지식과 문제들을 이미 다 알고 있다는 점만 다르다. 이 상태에서 다시 프로젝트를 수행한다면 시간이 얼마나 걸릴까? 잠시 책을 내려 놓고 일정을 추산해보자. 이러한 질문을 받으면 대부분 원래 걸렸던 시간보다 보통 1/2에서 1/4까지 줄어들 것이라고 대답한다. 나 역시 같은 질문을 받으면 그렇게 대답할 것이다. 무지는 프로젝트에서 가장 큰 단일 장애요소다. 즉 무지의 수준을 최대한 빨리 낮추면 낮출수록 업무 생산성과 효율이 매우 높아진다.

모르는 것을 배우는 기회를 만들기 위해 항상 노력해야 한다. "내가 무엇을 모르는지 알지 못하는데 어떻게 그걸 배울 기회를 만들 수가 있나?"라고 반문할 수도 있다. 아무 동료나 붙잡고 최신 기술 동향을 따라가기 위해 그 동료가 어떤 노력을 하고 있는지 물어보자. 기술 커뮤니티나 사용자 그룹 이벤트에 참석하는 것도 좋다. 다른 사람에게 내가 작성한 코드를 보여주고, 특별히 도움이 필요하지 않더라도 코드에 잘못된 부분은 없는지 검토 요청을 해보자. 지금 수행 중인 프로젝트에서 나와 내 동료들이 아직 시도해보지 않은 부분, 더 알아보지 않은 부분이 무엇인지 찾아보고 그에 관해 토론하거나 시험용 코드를 작성해보자. '무지'라는 장애요소를 제거하는 것은 우선순위에서 높이 두어야 한다. 프로젝트를 더 효율적으로 수행하기 위해 꼭 필요한 일이다. 이렇게 무지에 대항하는 습관을 들이면 프로페셔널로 성장하는 데 큰 도움이 된다.

일과 삶의 균형

앞서서, 우리의 커리어를 위해 업무 외 시간에 학습과 훈련을 게을리하지 않는 것이 얼마나 중요한지 이야기했다. 하지만 우리는 가족과 친구들이 있고 다른 취미 생활도 있다. 나만 해도 아내와 두 아이가 있고 가족들과 함께하는 시간은 정말 소중하고 행복하다. 일과 개인 생활에 균형을 잡는 것은 매우 어렵다. 우리가 깨어 있는 시간의 절반 이상이 일에 투입되고 있기도 하다.

업무 외 개인 시간을 내어 커리어에 투자해야 한다고 하면 항상 "그럴 시간이 없다."라는 대답이 돌아온다. 당신도 그렇게 생각할 수 있다. 어쩌면 그것이 맞다. 그것은 당신이 그렇게 믿기로 결정한 것이고 그에 따라 현실이 되었다. 진실은, 우리는 항상 시간이 있다는 것이다. 시간을 최적화하지 못할 뿐이다. 우리 커리어에는 그다지 중요하지도 않은 다른 일에 시간을 소모하고 있을 가능성이 높다.

책을 잠시 내려두고, 어제를 되돌아보자. 아침에 일어나서 다시 잠에 들기까지 하루를 어떻게 보냈나? 정말로 진지하게 하나하나 떠올리자. 그중 얼만큼의 시간이 낭비였고, 어느 정도의 시간이 생산적이었는지 생각해보자. 생산적인 시간은 보통 뭔가 새로운 것을 배우거나, 우리가 사랑하는 사람과 함께 보낸 시간이다. 쉬는 데 시간을 썼다면 그것 또한 중요하다. 특히 매우 바쁘게 일했던 하루 또는 한 주였다면 더욱 그렇다. 우리의 몸은 재충전해야 하므로 항상 신경써야 한다. 말 그대로 정말 시간이 없는 사람들도 있다. 어느 콘퍼런스에서 만났던 독일 출신 발표자는 아내와 다섯 명의 아이가 있었고, 시간을 매우 스마트하게 계획하는 것만이 업무 외 시간에 자기계발을 할 수 있는 그의 유일한 방법이었다. 어려운 여건임에도 그는 콘퍼런스의 발표자로서 준비할 시간도 만들어 냈다.

시간 만들기

시간이 부족하다는 점을 게으름에 대한 변명으로 이용할 때를 꽤 자주 본다. 사람들은 서로 다르다. 어떤 사람은 큰 도시에 살고, 어떤 사람은 작은 마을에 살고, 어떤 사람은 가족이 있고, 어떤 사람은 혼자서 살고, 어떤 사람은 취미가 있고, 어떤 사람은 운동하기를 좋아하고, 어떤 사람은 젊고 친구들과 어울리기를 좋아하고, 어떤 사람은 나이가 좀더 있고 집에 있는 것을 좋아하고, 어떤 사람은 아침형 인간이고, 어떤 사람은 올빼미형 인간이다. 다음의 조언들은 모두에게 똑같이 적용될 수는 없다. 커리어에 이용할 시간을 확보할 수 있는 방법들 중 몇 가지 예일 뿐이다.

나는 무작정 TV 앞에서 시간을 보내거나, 아무런 목적 없이 웹서핑을 하거나, 기계적으로 친구들의 소셜 네트워크 뉴스피드를 계속해서 보거나, 컴퓨터 게임을 했다. 이렇게 몇 시간 씩 낭비하는 시간을 줄이기로 했다. 그렇다고 그러한 활동을 전혀 안 한다는 것은 아니다. 좀더 절제한다는 의미다. 이러한 활동들이 긴장을 풀고 휴식을 취하는 좋은 방법이기는 하지만 매일 저녁 또는 밤을 새우면서까지 할 이유는 없다.

이렇게 확보한 시간을 카페에서 이용해보자. 인터넷 연결이 되는 직장이나 집 근처의 카페를 찾자. 근처에 없다면 출퇴근 길목에 있어도 좋다. 회사 안에 카페와 비슷한 휴게실이 있더라도 회사 밖으로 나가는 것이 좋다. 회사에서는 자꾸 일에 신경을 쓰거나 동료의 방해를 받기 쉽다. 한 주에 하루 정도는 출근 전에 카페에서 한 두 시간 동안 자기계발을 해보자. 코드를 작성하거나, 기술 문서를 읽거나, 블로그에 글을 올리는 등 새로운 것을 배우고 커리어에 도움이 된다고 생각되는 일들을 하자.

점심 시간도 새로운 것을 배우거나 무언가를 연습할 수 있는 좋은 기회다. 한 주에 두 번 정도 노트북과 샌드위치를 챙겨서 어딘가 조용한 곳으로 가자. 집중할 수만 있다면 이러한 자투리 시간에 얼마나 많은 일을 할 수 있는지 놀랄 것이다.

사는 곳 근처에 사용자 그룹이나 기술 커뮤니티가 있는지 찾아보고 참여해보자. 사용자 그룹은 보통 한 달 주기로 정기적인 모임을 갖는다. 두 달에 한 번 정도는 참석하자. 이러한 모임은 보통 한 시간에서 세 시간 정도 진행되는데, 시간적으로 큰 부담은 되지 않을 것이다. 이러한 모임에 참석하면 짧은 시간에 대단히 많은 것들을 배우게 된다. 발표자에게 배우기도 하고 다른 개발자와 코딩을 함께하면서 배우기도 한다. 반복해서 이야기하지만, 혼자서 학습해서 배울 수 있는 것에는 한계가 있다. 혼자라도 뭐든지 공부하면 배울 수 있을 것 같은 기분이 들겠지만 어디서부터 시작해야 하는지 알 수가 없을 때도 있다. 경험이 많은 사람을 통하면 훨씬 더 빠르게 배울 수 있다는 점도 생각해야 한다.

침대에 평소보다 30분 정도 일찍 들어서 잠들기 전에 독서를 하거나, 블로그를 보거나, 기술 관련 스크린 캐스트[†]들을 보자. 이 방법은 개인적으로 특히 효과가 좋았다. 잠드는 시간이 몇 시든지 간에, 매일 밤마다 몇 페이지씩 책을 읽고 있다.

킨들, 아이패드같은 전자책 리더를 사서 항상 휴대해보자. 틈이 날 때마다, 가령 병원에서 진료를 기다리거나, 지하철을 타거나, 약속 시간보다 일찍 왔을 때 등 자투리 시간을 이용하자.

요즘 대부분은 스마트폰을 가지고 있다. 없다면 하나 장만하길 권한다. 자투리 시간에 스마트폰으로 트위터 등 뉴스 구독기로 최신 뉴스나 기술 동향을 찾아보자. 특별히 시간을 들이지 않고도 손쉽게 최신 정보에 밝아질 수 있다. 스마트폰을 이용하면 환경에 구애받지 않고 한 곳에서 모든 것을 모아 볼 수 있다는 큰 장점이 있다.

집중: 뽀모도로 기법

업무 외 시간을 잘 활용하려면 그 시간에 제대로 집중하는 것이 핵심이다. 시간을 쓰기 전에 그 시간을 어디에 쓸지 미리 정해두는 것이 좋다. 회의를 소집하기 전에 회의 주제를 미리 정해두는 것과 같다. 시간을 어디에 쓸지 너무 엄격하게 정할 필요는 없다. 그 시간을 투자하여 얻고자 하는 바가 무엇인지만 염두에 둘 수 있으면 된다. 주제가 정해지면 거기에만 몰입해서 시간을 사용해야 한다. 이때 뽀모도로 기법을 적용하면 효과적이다.

[†] 역자주 애니메이션이나 스크린 샷으로 만들어진 각종 기술 설명 자료

뽀모도로 기업은 아래와 같이 다섯 단계로 실행된다.

1. 어떤 일을 할지 정한다.
2. 뽀모도로(타이머)를 25분에 맞춘다.
3. 타이머가 끝날 때까지 그 일을 한다.
4. 짧게 쉰다(보통 5분).
5. 매 4회의 '뽀모도로'마다 길게 쉰다(15~30분).

뽀모도로를 할 때는 하려는 일에만 집중하고 나머지는 머릿 속에서 완전히 비워야 한다. 뽀모도로 사이에 있는 휴식시간에는 차를 마시거나, 이메일을 확인하거나 전화를 하거나, 트위터를 보거나 뭐든 하고 싶은 것을 하면 된다. 뽀모도로를 하는 동안에는 절대 방해받아서는 안 된다. 어쩔 수 없이 방해를 받는다면(중요한 전화가 오거나, 누군가 중요한 일로 말을 걸거나 한다면) 뽀모도로를 잠시 멈추는 것이 아니라 종료해야 한다. 새로운 뽀모도로를 처음부터 다시 시작해야 한다. 뽀모도로용 앱들이 많이 있다. 타이머뿐만 아니라 작업을 수행한 이력, 방해받은 이력까지 기록하고 통계를 내준다. 개인적으로는 단순한 것을 선호하지만 마음에 드는 것으로 아무거나 사용하면 된다.

균형

무엇을 하든지 페이스를 유지하는 것이 중요하다. 일과 삶의 균형을 건강하게 유지하기가 어렵기는 하지만 가능하다. 아니다. 업무 외에는 아예 컴퓨터에 손을 대는 것조차 싫은 사람이라면 현재의 커리어를 다시 생각해보는 것이 좋다. 어쩌면 소프트웨어 개발자로서의 삶이 적성에 맞지 않을 가능성이 높다. 업무를 떠나서도 소프트웨어 개발이 취미인 개발자들이 많다. 개인 시간에 소프트웨어 개발을 연습하고 자기계발을 하는 것이 상대적으로 쉽다.

프로페셔널로서의 삶이 건강해야 가족의 삶도 건강해진다. 프로페셔널로서의 삶이 건강하지 못하면, 낮은 소득에 대해서 걱정하고, 업무에 대해서 걱정하고, 직장에서 해고되지는 않을지, 해고되면 다른 좋은 직장을 찾을 수 있을지 걱정 속에 살아야 한다. 이렇게 되면 개인 영역의 삶까지 심각하게 나쁜 영향이 간다. 경쟁력있는 프로페셔널로서 좋은 인적 네트워크를 가지고 시장이 요구하는 기술을 습득하고 있다면 프로페셔널로서의 삶에 대해서 크게 걱정하지 않아도 된다. 그러면 우리의 가족과 친구들에게 더 많은 관심을 기울일 수 있다.

요약

커리어의 주인이 되기는 어려운 일이다. "나는 언제든 괜찮은 급여의 좋은 일자리를 찾을 수 있다."라고 자신있게 말할 수 있으려면 상당한 노력을 기울여야 한다. 소프트웨어 장인으로서 성공적인 커리어를 가지려면 결단력과 열정이 필요하다. 집중하지 못하면 많은 노력들이 낭비된다. 새로운 것을 배우고, 시대에 뒤떨어지지 않게 할 수 있는지 나 자신을 어떻게 훈련시키는 방법을 알아야 한다. 시간을 어떻게 효과적으로 사용할 수 있는지도 파악해야 한다. 배움과 훈련이 멈추는 순간 우리의 커리어도 멈춰버린다. 더 많은 지식과 기술을 가질수록 더 쉽게 커리어를 관리할 수 있다. 언제, 어디서, 누구와 일하고 나의 일에 대한 대가로 얼마를 받을지에 대한 결정권을 가질 수 있다.

시간이 없다는 말은 더 이상 변명이 될 수 없다. 우리는 항상 시간이 있다. 우리는 모두 정확히 같은 만큼의 시간이 주어진다. 차이점은 우리가 그 시간을 어떻게 쓰느냐일 뿐이다.

CHAPTER

5

영웅, 선의 그리고 프로페셔널리즘

1990년대, 작은 소프트웨어 업체에서 2년 정도 근무하다가 다국적 대기업에서 일하게 되었다. 길고 어려운 채용 과정을 통과했기에 날아갈 듯이 기뻤고 꿈의 직장을 얻은 것만 같았다. 그 회사에서 SAP의 ERP와 비슷한 기업용 전사적 자원 관리 시스템(ERP)을 개발하는 일을 담당했다. 정부와 다국적 대기업들이 고객이었다. 내가 속했던 팀은 실력이 뛰어난 사람들로 구성되어 있었고 여러모로 여태 경험하지 못한 매우 큰 규모의 프로젝트를 수행했다. 팀 동료들이 하나같이 나보다 월등하다는 생각이 들어 더럭 겁이 났다. 내 능력을 증명해보여야 한다는 압박감이 들어 그 팀에 속할 자격이 있다는 것을 보여 주고 싶었다. 그 팀은 '아키텍처 팀'으로 시스템의 코어 컴포넌트 및 커뮤니케이션 인프라, 미들웨어, 코드 생성(Natural로 작성된 코드를 델파이로 변환)을 담당했다. 비즈니스 피처와 사용자 인터페이스를 기획하는 비즈니스 팀에 대한 지원 부서 역할이 있었다.

백 명이 넘는 개발자들이 코드 베이스에 작업하고 있었고 프로젝트의 규모가 상당하다는 느낌이 들었다. 사내에서 자체적으로 개발된 언어와 데이터베이스로 상당수의 백엔드 코드가 개발 중이었고, 메인프레임 위에서 구동되었다. 미들웨어는 C++로 작성되었다. 내가 그나마 이해할 수 있는 부분은 델파이로 작성된 클라이언트 코드 중 일부였는데, 그마저도 나의 델파이 응용 기술이 부족하다는 것을 알았다.

그 프로젝트는 내가 합류하기 10년도 더 전에 시작되었다. 메인프레임 기반 시스템을 윈도우로 포팅하는 일에 많은 노동력이 투입되고 있었다. 윈도우로의 포팅은 2년 정도 진행된 상태였다. 웹으로 포팅하는 것에 대한 초기 검토도 진행되고 있었다. 이제 막 델파이를 공부하기 시작한 메인프레임 개발자들이 대부분이어서 팀으로서는 상당히 부담되는 일이었다. 큰 규모의 웹 프로젝트도 처음이어서 개발자들은 하루종일 애플리케이션을 비교하는 일을 했다. 이러한 전환을 자연스럽게 하는 일이 우리의 역할이었고, 모든 압력이 우리 팀에 집중되었다.

프로젝트는 전형적인 폭포수 방식으로 진행되었다. 이 프로젝트에서 일했던 2년 반 동안 나는 고객을 한번도 만난 적이 없다. 나뿐만 아니라 개발자 중에서 고객과 이야기를 해본 사람은 없었을 것이다. 개발 부서가 아닌 몇 사람과 상급 관리자의 일정에 대한 압박만 있었다. 지금 와서 보면 황당하지만 일정 압박을 하는 그 비개발 부서 사람이 도대체 어디서 온, 무엇을 하는 사람들인지 전혀 몰랐다. 실제 정확한 액수는 알지 못했지만 고객과의 계약조건에 일정 초과에 대한 패널티 비용이 어마어마하다는 이야기를 간접적으로 듣고 있었다. 그 때문에 고객이 시스템 설치 대상을 새롭게 추가하거나 소프트웨어의 버전 업그레이드를 요구할 때마다 패닉에 빠졌다.

그 회사는 상파울루에 사무실이 있었지만 100킬로미터 떨어진 지역에 사는 개발자들까지 채용해서 통근 버스를 제공했다. 나는 새벽 5시 반에 오는 통근 버스를 타기 위해 5시 정각에 일어났다. 집에는 보통 저녁 8시에 돌아왔다. 그 당시에는 야근이 흔해 일을 하다가 퇴근 통근 버스를 놓쳐 대중 교통을 이용하면 자정이 훨씬 지나서야 집에 들어왔다.

상황은 점점 악화됐다. 말도 안 되는 일정 속에 이스라엘 정부에 시스템의 특정 모듈도 공급해야 했다. 고객과 시간차가 있었기 때문에 매우 늦은 시간까지 일을 해야 했다. 퇴근할 때 더는 통근 버스를 탈 수 없었다. 별수 없이 운전하여 출퇴근했다. 오갈 때마다 한 시간 반씩 운전을 하고 기름 값과 톨게이트 비를 스스로 부담해야 했다. 회사는 통근 버스를 제공한다는 이유로 출퇴근 비용을 보조해주지 않았다. 두 달 동안 열흘 이상은 24시간 연속으로 일했다. 그럴 때는 집에 돌아가봤자 몇 시간도 안 되어 다시 한 시간 반씩 운전해서 출근해야 해서 그냥 주차장의 차에서 잠을 청하는 편이 더 나았다. 차에서 잠시 눈을 붙이고 36시간 넘게 계속 사무실을 지키는 일도 여러 번 있었다. 차에서 잠깐 눈을 붙이고 있을 때 나에게 업무 관련 질문을 하려고 차문을 두드리는 사람도 있었다. 야근수당은 당연히(?) 없었다. 회사에서는 여러 논의 끝에 회사 근처에 숙소를 마련해주었다.

비즈니스 팀에 있던 친구들이 보기에는 아키텍처 팀은 터무니 없는 일을 하고 있었다. 차에서 잠을 자고, 야근수당도 없이 그렇게 오래 일하는 것은 정상이 아니었다. 친구들은 "도대체 요즘 뭘 하고 있는 건가? 왜 참고 있나?"라고 물었다. 나의 머릿속에는 그런 개념이 없었다. 나는 아직 미혼에 혼자 살고 있었고 일이 좋았다. 무엇보다도 내가 무엇을 해낼 수 있는지 보이고 싶었고, 팀원 모두가 프로젝트를 성공해내길 바랐다. 우리 모두는 영웅이 되고 싶었다. 프로젝트를 통해 많은 것을 배우고 있었고 경험 많은 팀 동료들과 어울리는 것도 좋았다. 특히 고품질의 좋은 코드를 작성하는 일이 즐거웠다. 팀 동료들은 모두 그렇게 생각했다. 모두가 지치고 힘들었지만 마음 깊은 곳에서는 즐기고 있었다.

돌이켜 보면 정말 말도 안 되는 일을 했다는 것을 깨닫는다. 우리는 프로페셔널하지 못했다. 우리가 왜 그 일을 하는지 스스로 묻지 않았다. 고객이 실제로 무엇을 원하는지 이해하려 하지 않았고 다른 대안을 제시하지도 않았다. 고객을 만날 수도 없기는 했지만, 요구사항에 대해서 질문을 하지도, 실행할 수 없다는 이야기도 하지 않았다. 우리는 그냥 주어진 환경을 있는 그대로 두고, 무작정 일을 밀어 붙였다. 그때는 그것이 프로페셔널이라고 생각했다.

마음 깊은 곳에서는 인정과 명예를 원했다. 우리는 프로젝트를 구한 영웅으로, 불가능한 일을 해낸 사람으로 보이고 싶었던 것이다. 결국 그 모든 노력은 헛고생으로 끝났다. 일정은 늦춰졌고 비즈니스 부서의 그 누구도 우리가 얼마나 노력했는지 알아주지 않았다. 우리는 명예를 얻지도 못했고, 그저 값싸게 노예처럼 일하는 개발자들에 불과했다. 요구받은 거의 모든 것들을 힘겹게 완료했지만 그 누구로부터의 설명도 없이 그냥 일정이 늦춰져 버렸다. 우리가 노예처럼 일할 때 영업, 비즈니스 부서 사람들은 항상 정시에 퇴근해 가족과 시간을 보냈다. 우리는 영업팀과 비즈니스 팀을 위해 헌신한다고 생각했지만 당사자들은 실상 아무런 생각도 없었다. 상명하복의 위계 구조에서 이뤄지는 거의 모든 결정들이 우리에게는 보이지 않았다. 우리는 그저 모든 부담을 떠안고 힘들게 일만 하는 공장 노동자에 지나지 않았다. 그 당시에는 그런 것들을 몰랐다. 오히려 그 부담이 좋았다. 우리 팀에는 실력있는 동료들이 가득했고 그들과 함께 일할 수 있다는 것이 기뻤다.

우리는 일을 잘못하고 있었다. 당시 우리가 어떤 취급을 받았는지 떠올리면 가슴이 아프다. 아직도 그러한 일이 비일비재하다는 사실에 더욱 속이 상한다. 우리의 행동이 프로답지 못했음을 지금은 이해한다. 철없던 어린 시절을 떠올리는 것처럼 그때의 일들이 부끄럽고 안쓰럽다. 우리가 무엇을 하고 있는지, 실제 어떤 문제가 있는지 한번도 질문하지 않았다. 대안을 제시하려 노력하지도 않았다. 우리를 공장 노동자처럼, 노예처럼 취급하도록 내버려 두었다. 공장 노동자처럼, 노예처럼 행동했고 그를 즐기기까지 했다. 회사에도 해를 끼쳤다. 우리는 연이은 실수들을 했다. 새벽 3시에 전체 상용 데이터베이스를 삭제하기도 하고 전혀 필요도 없는 것들을 만들기도 했다. 실제 이슈에 대해서 제대로 이해하지도 못했고 더 나은 솔루션을 낼 수 있도록 상황을 바꾸지도 못했다. 개인적인 삶을 버렸을 뿐만 아니라 늦은 야근 후 자동차에서 잠을 자고, 12시간 이상 일하지 않는 사람을 차별하기도 했다. 우리는 전혀 프로답지 못했다. 한번도 '아니오'라고 말하지 않았기 때문이다.

'아니오'라고 말하는 방법 배우기

빠듯한 일정과 상급 관리자로부터의 많은 압박 속에서 상당수의 프로젝트가 진행된다. 이러한 일정들은 비현실적일 때가 대부분이다. 보통 상급 관리자들은 계약 기간 내에 프로젝트를 끝내려는 욕심에 의도적으로 무리하게 일정표를 만들어 개발자들을 밀어 붙인다. 특히 젊은 개발자들은 그러한 무리한 요구에 굴복하고 일정 안에 해보겠다는 약속을 하고 만다. 상급 관리자에 대항하는 것을 두려워하거나, 아니면 그냥 논쟁자체를 피하려 한다. 그 모든 기능들을 주어진 일정 안에 완료한다는 것이 불가능함을 알고 있으면서도 상급 관리자의 요구를 그냥 받아들이고 그대로 실행한다.

이에 따른 결과는 참혹하다. 릴리즈 버전 소프트웨어에 버그가 가득하고 고객은 화를 내며 신뢰는 바닥으로 추락한다. 개인 생활과 사랑하는 가족을 희생하면서 아무리 오랫동안 일을 하더라도 부실한 결과물에 시달릴 수 밖에 없다. 정작 불가능한 것을 알면서도 그렇게 개발자들을 압박한 바로 그 상급 관리자 자신은 집에 일찍 들어가고 주말을 가족들과 즐긴다. 그러고는 모든 책임을 개발자들에게 뒤집어 씌운다. 모든 문제는 개발자들의 능력이 부족해서, 개발자들이 더 열심히 일을 하지 않아서, 개발자들이 약속을 지키지 않아서 라고 한다. "아니, 분명 이날까지 완료한다고 약속해 놓고 왜 못했나? 어떻게 이런 말도 안 되는 버그를 심어 놓았나? 초당 10000 트랜잭션도 처리 못하는 시스템을 지금 쓰라고 만들어 놓은 건가?"라는 식이다.

재앙의 기억

한때 대형 이동 통신사에서 일을 한 적이 있었다. 새로운 모바일 포털 서비스를 선보이려는 마케팅 부서의 기획 아래 그 시스템을 개발하는 일을 했다. 마케팅에서는 3개 국가에서 동시에 서비스를 출시하길 원했고 출시 당일에 접속할 고객의 숫자는 전체의 몇 퍼센트 정도로 매우 적을 것으로 예상했었다. 몇 퍼센트 정도라고 하더라도 전체 고객 수가 3개 국가를 합쳐 2천만 명에 달했기에 첫날 방문자가 수십만 명 정도는 될 것이라고 예측했다. 프로젝트 매니저가 완료 일정을 통보했을 대 아직 몇 개월이 남기는 했지만 그때까지 모든 요구사항을 구현하기는 힘듦을 우리 모두 알고 있었다. 초기 회의에서 프로젝트 매니저에게 요구한 완료 일정을 맞추기 어렵다는 이야기를 했다. 그는 우리에게 선택의 여지는 없고 그 일정대로 맞춰야 하고, 우리가 열심히만 한다면 일정 안에 할 수 있을 거라고 주장했다. 마음이 불편했지만 우리는 최선을 다 해보기로 했다.

한 주 한 주가 지날 때마다 비즈니스 분석 부서에서는 어김없이 새로운 요구사항을 추가했다. 일정은 그대로였다. 우리는 여러 차례 이미 주어진 요구사항들만으로도 일정을 맞추기 어려우니 기능을 추가할 것이 아니라 줄여야 한다고 말했다. 그럴 때마다 이미 마케팅팀에서 3개 국가에서 모든 기능들에 대해서 광고를 시작했다면서, 어떻게든 해야 한다는 식의 대답만 돌아올 뿐 우리 말을 듣기는 커녕 계속 일을 키우기만 했다.

마케팅 팀이 우리와 일정 협의도 없이 먼저 광고부터 집행하면 안 되기 때문에 개발자들이 직접 마케팅 팀과 각 기능들에 대해 논의하게 해달라고 프로젝트 매니저에게 요구했다. 몇 가지 기능들을 좀더 단순화하거나 아예 필요 없게 할 수 있는 아이디어들이 있었다. 하지만 프로젝트 매니저는 자신이 콘택트 포인트이며 마케팅팀에서 요구하는 바를 전부 이해하고 있으니 개발자들이 마케팅 사람들과 이야기하는 것은 무의미하다고 주장했다. 프로젝트 매니저는 "안타깝지만, 협의라는 것은 있을 수 없다. 선택의 여지 없이 모든 것을 구현해야만 한다."라고 이야기했다. 그와 나눈 모든 대화의 결론은 그냥 주어진 상황을 감수하고 최대한 오랜 시간, 일을 많이 하는 것뿐이었다. 그거 말고는 할 수 있는 것이 없었다.

우리는 몇 주 동안 야근과 휴일 근무를 밥먹듯이 했다. 당연하지만 여기서 '우리'라고 함은 프로젝트 매니저를 제외한 개발자들을 뜻한다. 프로젝트 매니저와 비즈니스 부서 사람들은 저녁 6시만 지나면 자리에서 찾아볼 수 없었고 주말에는 출근하지 않는 것은 물론 전화조차도 받지 않았다. 프로젝트를 시작할 때부터 우리는 개발용 인프라가 필요하다고 주장했었다. 실제 상용 서비스 환경과 비슷한 부하 시험용 인프라가 있어야 했다. 하지만 프로젝트 매니저는 우리의 요구를 들어주지 않았고 마케팅에 데모할 비즈니스 기능 구현에 집중하라고만 했다. 상용 서비스 배포가 한 달도 남지 않았을 때 이제는 기능 구현을 멈추고 상용 시스템에서 애플리케이션이 제대로 동작할지 기술적인 사항들을 시험해보자고 했다. 프로젝트 매니저는 우리의 말을 듣지 않고 일단 모든 기능을 어떻게든 구현할 것을 지시했다.

"이번 한 번만 더 열심히 해보자. 이제 마지막이다. 당신들이 결국 해낼 것이라고 믿는다." 우리는 다시 얼굴 한 번 본적 없는 마케팅 담당과 일정을 조율해달라고 요청했지만 그는 여전히 말을 듣지 않았다. 완료일이 가까워지고 있었지만 여전히 너무 많은 일들이 진행 중이었다. 우리는 그저 "어떻게든 해보겠습니다"라는 말만 하고 있었다.

드디어 약속한 완료 날짜가 되었다. 그날은 월요일 아침이었다. 상용 서비스가 전개될 예정 시간의 겨우 몇 시간 전까지도 시스템 배포 작업이 이루어졌다. 전부가 지쳐 모든 것이 끝나기만을 바라는 한편, 우리가 프로젝트를 해냈다는 자랑스러움도 한 켠에 있었다. 우리는 영웅이 될 거라고 기대했다. 새벽에 커피 한 잔으로 휴식을 취하면서 승진과 급여 인상에 대한 이야기를 나눌 정도였다.

시스템이 구동된 지 30분도 안 되어서 애플리케이션이 다운되었다. 시스템이 부하를 감당하지 못했다. 문제가 발생한 후 3시간만에 다시 복구하기는 했지만 다시 몇 시간도 못 버티고 다운되었다. 복구와 다운이 5일 내내 반복되었다. 우리가 그렇게 뒷수습에 애쓰는 동안 여러 사람들이 우리를 지켜보았다. 거기에는 마케팅 부서 사람들도 있었다. 우습게도 마케팅 담당자의 얼굴을 그때서야 처음 보았다. 시스템을 배포하기 전에 테스트는 몇 번 해보지도 못했다. 이러한 압박 속에서 여유있게 테스트 코드를 작성할 사람은 아무도 없다. 매우 작은 팀이었음에도 코드는 엉망이었고 수정을 살짝만 해도 정말 고통스러운 상황이 벌어졌다. 테스트를 한번 하려면 모든 것을 수동으로 다시 돌려보아야 하기에 대단히 어려웠다.

결론부터 말하면 고객들에게 항의가 빗발쳤다. 몇 주가 지나서 모든 기능들이 안정화되었지만, 승진과 급여 인상은 커녕 개발팀원으로서 나쁜 평판만 생겼다. 마케팅 담당이 왜 이런 문제가 생겼는지 프로젝트 매니저에게 물었을 때 그는 개발자들이 할 수 있다고 했고, 개발자들의 노력과 기술 역량을 믿었을 뿐이라고 대답했다. 코드 한 줄 작성한 적이 없으니 프로젝트 매니저의 책임이 아니라는 것이 아주 틀린 말은 아니었다.

문제가 터진 후 연이어 있었던 대책회의에서, 마케팅 담당은 시스템이 부하를 감당하기가 어려움을 알았다면 서비스 오픈 범위를 일부 줄이고 기능 몇 가지는 생략할 수 있었다고 말했다. 마케팅 팀에서 계속해서 추가 기능을 요청했던 것은 개발팀이 감당할 여력이 되고 기능 외적인 요구사항들은 자체적으로 잘 관리하고 있을 걸로 믿었기 때문이라고 했다. 그 이외에 다른 이유는 없었다.

결국 우리 대부분은 거의 동시에 그 회사를 떠났다. 그 회사는 새로운 개발자들을 선별 과정을 거칠 여유도 없이 급하게 채용해야 했다. 이 부분은 회사에 더 큰 문제가 되었다. 새로운 개발자들은 우리가 만든 그 불안정한 시스템의 여러 가지 문제들에 대해 전혀 알 리가 없었다. 애플리케이션의 두 번째 버전은 3개월 일정으로 계획되었고, 예상했던 3개월이 아닌 9개월이 걸렸다는 소식을 들었다.

교훈

이 이야기에서 프로젝트 매니저가 프로페셔널하게 행동하지 않았다는 점은 바로 짚어낼 수 있다. 그는 팀을 챙기지 않았고 그저 자신의 승진을 위해 팀원들을 극악한 노동 환경에 빠뜨렸다. 개발자 입장에서는 모든 것이 매니저의 잘못이며 회사를 나가야 할 사람은 바로 그라고 말할 수 있다. 우리는 프로젝트 매니저에 대항해서 힘을 합쳐 프로젝트 관계자들에게 그가 얼마나 나쁜 행동을 했는지, 프로젝트의 성공을 위해 가장 힘들게 일한 사람이 누구인지 알렸어야 했다고 말할 수 있다. 뭐라고 말하든 자유이긴 하지만, 이미 일을 그르친 후에는 아무런 소용이 없다. 모든 것이 끝난 뒤에 무슨 말을 하든 그저 공허한 푸념일 뿐이다.

우리 개발자들은 그런 상황 전체를 피할 수 있었다. 우리들도 비난을 받아야 한다. 프로젝트 매니저뿐만 아니라 개발자들도 전혀 프로답지 않았다. 이미 불가능하다고 알고 있는 것에 대해 '해보겠다'라고 말하지 말았어야 했다. 어떻게든 모든 기능을 상용 릴리즈에 포함시킬 수 있을 거라고 생각했더라도, 제대로 된 테스트를 거치지 않았을 뿐만 아니라 완성된 시스템이 정상적으로 동작할 거라는 믿음도 없었다. 상사에게 대항할 수 없다는 불편함과 전체 상황 자체에 대한 증오 말고도 그렇게 무책임하게 밀고 나간 또 다른 원인이 우리 마음 속에 있었다. 마음 깊은 곳에서는 스스로가 얼마나 잘났는지 내보이고 싶었던 것이다. 그 일을 제대로 해내는 것이 어렵다는 것을 알았지만, 영웅이 될 수 있을 거라는 작은 가능성에 매달렸다. 성공적인 마케팅 캠페인을 만들어낸 사람들로 인정받을 수 있었다. 스스로 도박을 선택했다.

이러한 상황에서, 시도해보겠다고 하거나 영웅이 되겠다는 생각을 해서는 절대 안 된다. 애초부터 프로젝트 매니저에게 마키팅 담당과 협상하도록 압력을 넣었어야 했다. 프로젝트 매니저가 마케팅 부서의 실제 상황을 개발자들한테 감추고 개발 일정에 여유가 없음을 알면서도 계속해서 신규 기능을 요구하고 있다는 것을, 프로젝트 매니저가 상황을 투명하게 알려주지 않는다는 것을 파악했어야 했다. 회의 때마다 개발 일정에 여유가 없음을 통보하고, 상용 시스템에 대한 부하 점검이 필요함을 이메일 기록으로 남겼어야 했다. 대단히 나쁜 방식이었지만, 프로젝트 매니저의 입장에서는 그의 미션인 '모든 기능들을 일정 안에 개발 완료하여 마케팅에 전달하는 것'을 수행하려 했다. 프로젝트 매니저가 자신의 미션을 수행하려 했듯이, 개발자들도 개발자로서의 미션을 해냈어야 했다. 상용화 수준에 미달되는 저품질의 소프트웨어가 될 수밖에 없다면 주어진 조건들을 거부했어야 했다. 현실적으로 행동했어야 했다. 새 기능을 추가하라는 지시에 개발자와 마케팅 팀이 협의하지 않고서는 기능을 개발할 수 없음을 명확히 했어야 했다. 설령 모든 기능이 구현되더라도 시스템이 다운되면 전혀 의미가 없다는 점도 전달했어야 했다. 우리가 영웅이 될 수 있다는 망상에 사로잡혀 프로페셔널하게 행동하지 못했다. 우리는 '아니오'라고 말할 수 있어야 했다.

프로답게 행동하기

빠듯한 일정과 부딪혀야 하는 상황은 흔히 일어난다. 빡빡한 일정을 다루는 가장 좋은 방법은 필요한 모든 것을 분석하여 가능한 위험과 우려사항을 터놓고 관계자들과 소통하는 것이다. 불명확하거나 불편한 사실들, 걱정되는 사항들을 최대한 이른 시점에 문제제기해야 한다. 가장 중요한 것은, 주어진 일정을 준수할 수 있을지에 대해 어느 정도 자신감을 가지고 있는지 꾸준히 표명해야 한다는 점이다. 자신감을 갖는다는 것은, 모든 기능이 테스트되고, 실제 상용 서비스와 최대한 비슷한 환경에서 충분히 검증된 상태로 소프트웨어가 전달되어야 함을 의미한다.

개발자들이 일정이 너무 짧다고 이야기를 해도 관리자들이 그냥 흘려 들을 때가 많다. 관리자와 개발자 간에 협상이 되어야 하지만 협상 기술이나 제대로 된 근거 자료가 부족해서 개발자들이 압력에 그냥 굴복하고 말 때가 부지기수다. 빠듯한 일정을 따르도록 개발자를 설득하는 데 언변이 비상한 관리자들도 있다. "이 일은 대단히 중요하다. 일정이 어렵다는 것은 잘 알고 있다. 하지만 나는 당신을 믿는다. 우리는 이 일을 해내야만 한다. 해낼 수 있다는 믿음을 갖고 노력한다면 분명히 해낼 수 있다." 개발자들은 논쟁하고 싶지 않아서 또는 긍정적인 태도를 보여주고 싶어서 "최선을 다해 노력하겠다."라고 대답해버린다.

"노력해보겠다."라고 말할 때의 실제 결과는 둘 중 하나다. 하나는 제대로 상황을 이해해서 그렇게 되게 만드는 것이다. 이 경우에는 '노력하겠다.'가 '그렇게 되게 하겠다'와 같은 말이다. 다른 하나는 우리가 평소 열심히 일을 하지 않는다는 것을 암묵적으로 고백하는 것이다. 평소에 에너지를 충전해두고 있기 때문에 급하면 언제든지 일을 빨리 하는 데 쓸 수 있다고 하는 것과 다를 바 없다.

일정 안에 모두 완료하는 것이 거의 불가능한 상황이라는 것을 분명히 알면서도 상사에게 "노력해보겠다."라는 말을 어떻게 할 수가 있나? 노력해본다는 것의 의미가 무엇인가? 열심히만 하면 갑자기 불가능하던 일이 가능해지고 전부 완료할 수 있다는 것인가? 아니면 개인 생활과 가족을 모두 희생하고 야근과 휴일 근무를 밥먹듯이 하겠다는 뜻인가? 그런 뜻이라면 오래 일한다고 달라지는 것이 있나? 그렇지 않다면 평소 일을 대충하고 있다는 고백임과 동시에 거짓말을 하고 있다는 것이 된다.

차드 파울러Chad Fowler는 저서 『열정적인 프로그래머』에서 그저 실망시키지 않기 위해 말하는 '네'는 거짓말에 지나지 않는다고 했다. 그냥 거짓말이 아니라 중독적이고 파괴적인 습관이다. 양의 탈을 쓴 나쁜 습관이다.

'안 된다', '할 수 없다'라는 부정적인 말을 하길 꺼린다. '아니다'라고 말할 때 우리는 무언가 실패한 듯한, 무언가 협조하길 거부한 기분, 좋은 팀원이 되지 못한 듯한 기분이 든다. 우리는 같이 일하는 사람을 실망시키는 것을 가장 싫어한다. 성공하길 원하고 우리의 역량을 후회없이 최대한 발휘하고 싶어한다. 언뜻 보기에는 긍정적인 사고방식같지만, 그 이면에는 대단히 이기적인 욕구가 숨어 있다. '네'라고 말할 때 사람들은 그 말을 믿고 그에 의존해서 계획을 짠다는 것을 반드시 기억해야 한다. 상사는 우리의 말을 믿고 그 상사에게, 다른 팀들에게, 고객에게, 다른 여러 관계자들에게 약속을 한다. 정직하지 못하고 불투명하면 회사 전체에 피해를 입힐 수 있다. 프로페셔널리즘은 나 자신과 팀 동료들 그리고 관리자들과 고객들에게 정직함을 의미한다.

  관리자가 그의 상사 또는 그의 직접적인 고객에게 실제 프로젝트의 상황을 투명하게 밝히지 않는다고 느낄 때가 있다. 개발자들의 우려사항을 다른 관계자들과 공유하지 않고 그냥 모든 것이 괜찮다고만 할 때도 있다. 상황이 정말 나빠질 때는 관리자에게 해당 이슈를 전달할 것을 요구하고 그렇게 하지 않는다면 우리가 직접 그 관리자의 상사가 포함된 미팅을 소집해서 문제 상황을 공유할 것이라고 말해야 한다. 개발자들은 협상 기술을 익혀야 한다. 관리자들이 그들의 임무를 수행하듯이 우리도 임무를 수행해야 한다. 다툼을 피하지 말고 부딪혀서 어려운 결정을 내릴 수 있어야 한다. 우리가 정직하고 투명한 방법을 사용한다면 누군가 부당하게 피해를 입는 일 없이 팀 전체는 물론 회사에도 이득이 될 것이다.

대안 제시

  항상 '아니오'라고만 얘기하는 것은 프로다운 태도가 아니다. 모든 '아니오' 에는 반드시 하나 이상의 대안들이 따라와야 한다. '아니오'라고 대답하기 전에 문제를 분석해서 대안이 있어야 한다. 항상 실용적인 대안을 찾아낼 수 있는 것은 아니다. 그럴 때라도 최소한 브레인스토밍은 해보아야 한다. 불완전한 아이디어가 단초가 되어 다른 사람들이 쓸만한 대안을 만들어내는 데 도움이 되는 경우도 있다. 일정 막바지에는 누가 제안한 해결책이든 따지지 말고 모두가 문제 해결에만 집중해야 한다.

　아무런 대안 없이 그냥 안 된다고만 하면 그 대답을 듣는 사람 입장에서는 뭔가 할 수 있는 여지가 없기 때문에 상황에 별 도움이 안 된다. 이와 관련하여 다음과 같은 일화가 있다. 어떤 상사가 두 젊은 부하 직원에게 오렌지 주스를 사오라고 지시했다. 첫 번째 부하직원은 눈앞에 보이는 가까운 길 모퉁이의 주스 가게에 들러 오렌지 주스가 있는지 물어보고 5분만에 바로 돌아와서 "오렌지 주스가 없다고 합니다."라고 바로 보고했다. 그런데 두 번째 부하직원은 20분이나 늦게 돌아왔다. 상사는 부하직원의 보고도 듣지 않고 "오렌지 주스가 없다는 것을 이미 알고 있다. 뭘 한다고 그렇게 늦었나?"라고 물었다. 그 두 번째 부하직원은 "말씀대로 오렌지 주스는 없다고 합니다. 하지만 파인애플 주스와 사과 주스는 있습니다. 파인애플 주스는 신선한 상태이지만 사과 주스는 병에 보관된 상태입니다. 주변 정보를 더 알아보니 좀 떨어진 곳에 큰 슈퍼마켓이 있다고 합니다. 거기서 오렌지를 사면 주스를 만들 수 있습니다. 파인애플 주스나 사과 주스도 괜찮으시다면 5분 안에 가져다 드릴 수 있습니다. 시간이 걸려도 오렌지 주스를 원하신다면 30분 정도 소요됩니다. 어떤 것을 원하십니까?"

　첫 번째 부하직원은 보고를 빨리 하기는 했지만 상사에게 남는 것이 전혀 없다. 상사는 주변 상황에 대한 정보도 없이 자기 스스로 문제 해결 방법을 찾아야 한다. 반면에 두 번째 부하직원은 상사에게 대안을 제시했고 상사는 그중 하나를 선택할 수 있다. 무엇이든 할 수 있다는 태도는 어디서든 환영받는다. 우리가 '아니오'라고 대답해야 하는 상황에서도 항상 '네'라고 말할 방안을 탐색해야 한다.

　어떤 때는 단지 문제를 어떻게 풀어야 할지 방법을 모를 수도 있다. 이때는 최대한 이른 시점에 그 사실을 정직하게 알려야 한다. 그리고 문제 해결을 위해서 최선의 노력을 다하고 있음을 보여주어야 한다. 무언가 약속은 할 수 없더라도 문제 대응이 어떻게 되고 있는지 진척 상황을 계속 공유해야 한다. 진척 상황을 가능한 자주 공유하는 것이 할 수 있는 최선의 방법이다. 그렇게 하면 모든 새로운 정보가 있을 때마다 팀이 어떻게 대응해야 할지 결정할 기회를 얻게 된다. 새로운 정보가 있으면 팀원들이 뭔가 다른 아이디어를 생각해 내거나 해당 분야를 더 잘 이해할 수 있도록 도움을 줄 수 있다. 이렇게 하면 뭔가 새로운 것을 이야기할 때 팀 전체가 신뢰를 갖고 듣기 마련이다. 아무리 나쁜 상황에서도 우직한 정직함을 보여줄 수 있다면 프로페셔널의 조건 중 하나를 갖춘 것이다.

뜻밖의 실용적인 대안

그리 오래되지 않은 과거에 투자 은행을 위한 프로젝트를 수행한 적이 있다. 그 프로젝트는 정부의 규제 기관에게 거래 정보를 신고하는 것과 관련된 것이었다. 프로젝트의 완료 일정은 규제기관에 의해 강제로 정해졌다. 이 일정은 우리의 고객인 투자 은행에서 어떻게 해줄 수 있는 것이 없었다. 규제 준수 일정을 못 지키면 많은 벌금을 물거나 특정 금융 상품에 대한 거래를 금지 당할 수 있었다. 고객사로서는 평판에 심각한 피해를 입을 수 있는 문제였다.

매우 재능있는 사람들로 구성된 팀이 꾸려졌고 일정을 맞추기 위해 최선의 노력을 다했다. 진행 중에 규제에서 정한 의무 사항을 모두 만족시키는 것이 어렵다는 것을 알았다. 규제 당국으로의 자동 보고 시스템에 모든 종류의 금융 거래를 일정 내에 모두 구현할 수가 없었다.

감당해야 할 위험이 너무 컸기에 비즈니스 부서에서는 야근과 휴일 근무를 포함하여 할 수 있는 모든 것을 하도록 압력을 가했다. 영국의 모든 투자 은행들이 같은 과정을 겪고 있었다. 새로운 규제 정책은 금융가의 뜨거운 이슈였다. 비즈니스 부서에서는 개발 범위나 일정에 대한 협상이 의미가 없음을 반복해서 말하고 있었다. 자동 보고 시스템에 모든 종류의 거래들을 구현해넣든가, 아니면 고객사가 벌금을 내게 하고 우리의 평판에 해를 입든가 둘 중 하나였다.

규제 당국의 요구사항은 특정 조건에 속하는 거래 내역들을 첫 번째 규제 발효 일정에 맞추어서 제출하라는 것이었다. 규제 발효 일정은 여러 단계로 나뉘어져 있었다. 서로 다른 거래 영역과 서로 다른 조건으로 각각의 완료 일정들이 서로 달랐다. 애플리케이션이 계속 커질 것이라는 것을 알고 있었기에 개발 절차와 코딩 표준들을 대충 건너뛰고 일정 완수에만 매달릴 수는 없었다. 첫 번째 일정을 맞추기 위해 코드의 품질을 희생한다면 그 다음 번, 그리고 그 이후의 일정을 지키기가 점점 더 어려워질 것이 뻔했다.

평일 근무 시간에 추가 근무에는 동의했지만 주말 근무는 거부했다. 개발자를 추가로 투입하는 것도 거절했다. 프로젝트 중간에 충원되는 것은 상황을 더 악화시킬 뿐이다. 비즈니스 부서에 매일 진척 상황을 공유했고 일정 안에 모두 완료할 수 없다는 사실을 지속적으로 이야기했다. 비즈니스 부서에서는 우리가 어느 정도 진행됐는지는 현황판을 보기만 해도 쉽게 파악이 가능했다. 더불어 2,3주 간의 초과 근무를 하고 나서 비즈니스 부서에 초과 근무는 더는 할 수 없다고 통보했다.

당연하지만, 일정을 맞추지 못할 경우의 결과에 대해 모두가 극도로 걱정하며 공포에 휩싸였다. 비즈니스 부서의 압력에 굴복하지 않고 우리의 결정을 고수하기는 상당히 어려웠다. 하지만 우리는 그렇게 했다. 코드의 품질 수준을 낮추고 야근과 휴일 근무를 연이어 하게 되면 모두가 지쳐 쓰러지고 프로젝트 전체가 위태로워진다.

유리했던 점은, 애자일 형태로 프로젝트를 진행하고 있었고, 모든 팀이 볼 수 있는 화이트보드에 진척도는 물론 모든 문제점과 병목 요소까지 기록해 두고 있었다는 점이다. 백로그(해야 할 일 목록) 또한 전체 팀에 공유되고 있었다. 일의 진척도와 해야 할 일을 시각적으로 보여 줌으로써 비즈니스 팀이 우리가 처한 상황을 정확하게 이해할 수 있도록 하였고, 아무리 야근과 휴일 근무를 하더라도 일정을 맞출 수 없음을 비즈니스 팀에 납득시키는 데 도움이 되었다.

첫 날부터 '아니오'라고 말하고 비즈니스 팀에 투명하게 공개했을 때 자유를 얻은 기분이었다. 그로인해 다른 실용적인 대안에 눈을 돌릴 수 있었다. 실제로 규제 당국은 거래 보고를 받을 때 두 가지 방법을 허용하고 있다는 것에 주목했다. 첫 번째 방법은 자동화된 방법으로 우리가 만들고 있던 시스템을 통해 프론트 오피스의 모든 거래 메시지를 수집, 분석, 가공, 변환하여 전달하는 방법이고, 두 번째는 쉼표로 나뉘어진 CSV 포맷의 텍스트 파일에 모든 거래 데이터를 담아 사람이 직접 규제 당국의 시스템에 업로드하는 방법이었다. 이 두 번째 방법은 프로젝트를 시작하기 전부터 바로 배제되었다. 왜냐하면 거래 데이터의 규모를 볼 때 사람이 직접 작업한다는 것이 거의 불가능해보였기 때문이다.

첫 번째 방법을 목표로 구현하기 시작했지만 주어진 시간 안에 모든 종류의 거래들을 전부 포함시키기는 어렵다는 것을 알았다. 그래서 두 번째 방법이 대안으로 가능할지 검토하기 시작했다. 프로젝트를 시작할 때는 수동 업로드가 고려대상이 아니었지만 지금은 상황이 달라졌다. 이미 상당수의 거래들을 자동화해 두어서 남아 있는 거래 종류가 그렇게 많지 않았다. 이것을 염두에 두고 거래 내용들을 어떻게 수동으로 처리해서 업로드할지, 이 업무를 위해 인력을 어떻게 할당해야 할지 검토했다. 어쩌면 전일제 직원을 새로 고용해야 할 수도 있었다. 일부 보고를 누락했을 때의 벌금 등의 비용과 전체 시스템이 완성될 때까지만 전담 인력을 배치하여 수동으로 업로드하는 비용을 비교해보았을 때 후자의 방법이 더 나은 대안이었다. 이 결정으로 여기 저기 문제들이 있기는 했지만 규제 당국의 일정에 맞추어 시스템을 오픈할 수 있었다.

우리가 '아니오'라고 하지 않고 우리의 관리자들에게 투명하지 않았다면 어떻게 되었을까? 아마도 영웅이 되기 위해 모든 개인 시간을 쏟아 붓고도 요구사항 몇 가지는 충족시키지 못해 회사에 큰 손실을 입혔을 것이다. '아니오'라고 말함으로써 우리의 생각을 자유롭게 하고 다른 방법들에 집중할 기회를 만들어 대안을 찾아서 적용할 수 있게 되었다.

자동화된 방법과 수동으로 하는 방법을 함께 쓰는 것이 이상적인 상황은 아니지만 규제 당국의 모든 요구사항을 일정 안에 맞추어 시스템을 오픈할 수 있었다. 우리의 업무 관례와 코딩 품질 수준을 유지하면서 미구현 자동화 항목들을 구현할 수 있는 시간을 벌어 주었다. 이 때문에 새롭게 추가된 자동화 절차들을 작은 수정만으로도 완료할 수 있었고 제대로 동작할 것이라는 충분한 확신 속에서 릴리즈가 가능했다.

깨어 있는 관리자

훌륭한 관리자들은 자신이 개발팀의 일부이며 개발자들과 함께 공동의 목표를 위해서 일한다는 것을 이해한다. 관리자와 개발자 사이에 갑과 을의 관계는 없다. 훌륭한 관리자는 현재 프로젝트 상태가 어떠한지 명확하게 이해하고 주어진 일정 동안 무엇을 할 수 있을지 개발자들과 함께 추산 가능해야 한다.

개발자들이 어떤 기능을 개발할 수 없다고 부정적인 이야기를 할 때 관리자들은 고맙게 생각해야 한다. 좋은 소식은 아니지만 그러한 솔직함으로 인해 더 큰 문제를 피할 수 있다. 투명성은 관리자와 팀이 힘난한 상황을 이겨낼 수 있게 한다. 최대한 이른 시점에 붉은 깃발을 세워서 뭔가 잘못되고 있음을 지적하고 팀과 다른 사람들로 하여금 현실적인 다른 대안을 찾아 나설 수 있도록 해야 한다. 그러면 문제 해결을 위해 사람들이 창의적이 될 수 있다. 만약 우리가 "네"라고 약속할 때마다 제때 완료를 했었다면 우리가 "아니오"라고 할 때 관리자들은 우리를 더 많이 믿어 줄 것이다.

현명한 사람은 자신이 모든 것을 알 수는 없음을 안다. 팀으로서 일할 때는 팀 동료들에게 의존해야 한다는 것도 안다. 팀의 전체의 역량은 그 팀 안의 가장 약한 고리에 의해 결정된다. 깨어있는 관리자는 어떤 일이 쉽지 않거나 꽤 오래 걸릴 수 있다는 것을 이해하고 예상한다. 그리고 개발자가 다른 의견을 제시하거나 지시사항에 반대할 때도 긍정적으로 받아 들인다. 왜냐하면 문제를 숨기지 않고 드러내는 태도는 것은 모두가 하나의 팀으로서 공동의 목표를 위해 일하고 있다는 징표이기 때문이다. 조금 더 많은 정보와 몇 가지 추가적인 선택권만으로도 관리자들의 업무에 대한 자신감이 크게 높아진다. 그리고 개발자들이 더 많은 정보를 제공하고 의견을 제시하도록 독려하게 된다.

관리자는 팀의 한 부분이다. 관리자도 팀과 동고동락해야 한다. 팀원 모두가 야근을 한다면 관리자도 야근을 해야 한다. 실무를 하지는 않더라도 피자나 간식거리를 사주면서, 개발자들은 격려하고, 농담으로 분위기를 북돋울 수는 있다. 그렇게 하면 팀원 모두가 같은 배를 탔다는 공동체 의식이 강화되고 프로젝트의 고통과 희열을 함께 느낄 수 있다. 무엇이 되었든 성과를 낼 수 있는 것에 몰입하는 분위기가 조성된다. 좋은 관리자는 외부의 압력으로부터 개발자를 보호하고 팀이 가진 장애요소들을 제거한다. 팀원들이 편안한 마음으로 자신감을 갖고 일할 수 있도록 해준다. 관리자는 화합의 촉매가 되어야 한다. 팀을 건강하고 행복하고 간결되게 하는 것은 관리자의 직무다.

요약

프로답게 행동하고 고객을 만족시킨다는 것이 고객의 요구사항을 모두 받아들이라는 뜻은 아니다. 고객이 무엇을 가장 필요로 하는지, 그것을 얻기 위한 최선의 방법을 도우며 조언하는 것이 우리의 일이다. 프로페셔널은 프로페셔널로서의 윤리의식과 행동수칙이 있다. 좋은 프로페셔널은 고객에게 해가 되는 일이라면 고객이 돈을 지불하고 그것을 원한다고 하더라도 하지 않는다. 고객이 내리는 결정이 소프트웨어 프로젝트에 전체적으로 어떤 파급효과가 있을지 고객 스스로 이해하고 있다고 기대하기는 어렵다. 이 부분을 파악해서 알려주는 것은 우리들의 몫이다. 의도한 대로 동작할 수 없거나, 실행 불가능한 무리한 일정에 대해서 "아니오"라고 답하는 것은 우리의 의무다. 이는 변호사, 회계사, 의사와 같은 다른 프로페셔널들에게 기대하는 바와도 완전히 동일하다. 이들 프로페셔널들에게 무엇을 어떻게 하라고 고객이 하나하나 지시하지는 않는다. 애초에 프르페셔널들은 고객이 그렇게 하도록 내버려두지도 않는다. 고객은 문제를 들고 프로페셔널을 찾아간다. 프로페셔널들이 그들의 경험과 지식을 활용해 그 문제를 다룰 방법들에 어떤 것들이 있고 각각의 장단점은 무엇인지를 알려주길 기대한다. 고객의 결정은 프로페셔널이 제공한 충분한 정보와 이해를 기반으로 이루어져야 한다. 프로페셔널이 생각하기에 올바르지 않은 결정을 고객이 밀어붙이려 한다면 당연하게도 프로페셔널은 그것을 거부한다. 우리도 그래야 한다.

CHAPTER

6

동작하는 소프트웨어

소프트웨어 장인정신 운동을 마음에 들어하지 않는 사람들이 가장 먼저 이야기하는 반론은 잘 작성되고 깨끗한 코드만으로는 프로젝트를 성공시킬 수 없다는 것이다. 당연히 맞는 이야기다. 소프트웨어 프로젝트가 실패하는 원인들은 아주 다양하다. 원인으로는 잘못된 비즈니스 의사 결정, 더 우월한 경쟁자, 잘못된 프로젝트 관리, 높은 비용, 늦은 시장 대응 타이밍, 파트너십 부재, 기술적 한계, 시스템 통합 오류 등 매우 많다. 소프트웨어 프로젝트에는 중요한 일들이 상당히 많아서 그에 비해 덜 중요해 보이는 것들, 예를 들어 코드의 품질에는 조직 차원의 주의를 기울이지 않는 경향이 있다. 심지어 어떤 조직에서는 유능한 관리자, 깊은 계층구조, 마이크로 매니지먼트, 엄격한 절차, 잘(?) 작성된 대량의 문서들이 프로젝트의 성공을 좌우한다고 생각한다. 많은 조직들이 소프트웨어 개발을 공장 라인처럼 취급한다. 그러한 조직에서는 개발자들을 생산 라인 노동자처럼 저급 인력으로 보고 관리자들만 높은 보수를 받고 똑똑하면 된다고 생각한다. 소프트웨어 개발은 저임금 국가에 아웃소싱하면 되고 요구사항들이 잘 정리된 문서와 멋진 다이어그램들만 있으면 고품질의 소프트웨어가 뚝딱하고 나올 것이라고 생각한다. 상명하복식 계층구조와 관리를 중시하고 소프트웨어 개발 자체는 지엽적인 일로 치부한다. 이러한 조직에서 훌륭한 개발자를 끌어들이고 유지할 수 있는 경우는 거의 없다. 그저 그런 개발자들의 손에 전체 비즈니스를 맡기게 된다.

전통적인 관리자들과 비즈니스 컨설턴트들이 절차와 문서의 중요성을 아무리 강조하고 싶어하더라도 소프트웨어 프로젝트에는 소스 코드 그 자체만큼 중요한 것은 없다. 나머지는 모두 부차적이다. 다행스럽게 우리 산업은 그 모든 실수에서 교훈을 얻으면서 진화하고 있다. 점점 더 많은 회사들이 훌륭한 개발자들과의 협력적인 관계 속에서 일을 하는 것이 얼마나 중요한지 깨닫고 있다.

이 장에서는 왜 동작하는 소프트웨어만으로는 부족한지, 나쁜 소프트웨어가 보이지 않는 어떤 문제들을 일으키는지 알아볼 것이다. 더불어 개발자에 대한 태도 변화가 어떻게 레거시 시스템을 다루는 개발자들을 돕고 저품질 소프트웨어의 양산을 막을 수 있는지도 이야기한다.

동작하는 소프트웨어만으로는 부족하다

애자일 매니페스토에서는 광범위한 문서보다 동작하는 소프트웨어를 강조한다. 동작하는 소프트웨어에 대해서 두 가지를 더 언급하고 있다.

3 '동작하는 소프트웨어'를 자주, 몇 주나 2개월 단위로, 가능하면 짧은 주기로 전달한다.
7 '동작하는 소프트웨어'는 진척도를 가늠하는 주된 기준이다.

이것은 훌륭한 원칙들이고 우리 모두 그렇게 해야 한다는 것에 백퍼센트 동의한다. 문제는 시간이 흐르면서 동작하는 소프트웨어에 대한 개념이 '고품질의 동작하는 소프트웨어'로 옮겨가고 있다는 것이다. 그럼에도 불구하고 애자일 프로젝트들이 수준 이하의 코드들이 많아지고 있다. 매일같이 부딪히는 엉망진창인 레거시 코드들도 분명 동작하는 소프트웨어의 범주에는 포함된다. 레거시 애플리케이션에 새로운 기능을 추가할 때마다 시간이 아주 오래 걸린다고 상상해보자. 손을 대는 것조차 무서운 코드도 상상해보자. 코드가 너무 민감하고 여기저기 얽혀 있어서 작은 수정을 하나 할 때마다 많은 테스트를 해야 한다. 그마저도 자동화가 되어 있지 않아 모든 것을 직접 손으로 하나하나 테스트해야 한다. 고객의 상용 시스템에 설치하고 인수 시험을 받아야 한다면 어떻게 될까? 고객에게 양해를 구하고 개발자가 직접 가서 상용 시스템을 상대로 손으로 테스트를 해볼 것인가? 이러한 소프트웨어도 동작하는 소프트웨어이기는 하다.

그러면 '동작하는 소프트웨어'의 의미는 무엇일까? 위에서 이야기한 소프트웨어도 동작하는 소프트웨어일까? 동작하는 소프트웨어로서 충분한 조건을 갖춘 것일까? 뭔가 하나를 수정하면 오랜 기간 빌드와 수동 테스트, 버그 수정을 거쳐야 한다는 것을 용납할 수 있나? 새로운 기능마다 그러한 일을 계속해서 반복해야 한다면? 이런 상황들은 품질에 대한 개념을 완전히 잃어 버렸거나 그냥 주어진 상황을 체념하고 받아들이는 것과 같다.

정원 돌보기

프로그래밍은 집을 짓는다기보다는 정원을 돌보는 것에 더 가깝다.
— 『실용주의 프로그래머』 인용

코드는 기계장치라기보다는 유기물이다. 코드는 정원처럼 지속적인 유지보수가 필요하다. 1년 내내 정원이 아름다우려면 지속적인 돌봄이 필요하다. 토양을 손보고, 잡초를 뽑고, 정기적으로 물을 주고, 죽은 화초를 없애고, 새로운 화초를 심고, 화초들이 건강하게 잘 자라고 보기에 좋도록 가지치기를 해야 한다. 기본적이고 정기적인 유지보수만으로도 정원을 훌륭하게 가꿀 수 있다. 짧은 기간이라도 돌보기를 게을리하면 다시 아름답게 가꾸는 데 훨씬 더 많은 노력을 해야 한다. 오래 방치할수록 다시 보고 즐길 수 있는 상태로 되돌리는 데 더 많은 수고가 필요하다. 코드도 마찬가지다. 정기적으로 살피지 않으면 변화가 있을 때마다, 새 기능을 추가할 때마다 상태가 나빠진다. 잘못된 설계, 테스트 부족, 프로그래밍 언어나 도구의 미숙한 활용도 코드를 더 빨리 썩게 만든다. 점점 다른 파트의 코드들도 오염되고 결국 유지보수에 드는 비용과 노력이 감당할 수 없을 만큼 커져버린다.

보이지 않는 위협

프로젝트를 시작할 때는 모든 것이 훌륭하다. 얽매여야 할 레거시 코드 베이스가 없어 개발자들은 기존 코드를 깨뜨릴 걱정 없이 새로운 기능을 개발할 수 있다. 테스터들도 편하다. 모든 테스트가 새로운 것들이기에 기존의 내용을 회귀 테스트할 필요가 없다. 관리자들에게도 업무 진척도가 빨라 보인다. 새로운 기능들이 금방 만들어진다. 이력서 키워드 검색과 희망 급여 조건만으로 채용된 그저 그런 개발자들로 이루어진 팀이라면, 개발 업무가 공장 라인처럼 취급되는 환경이라면, 시간이 갈수록 상황이 악화된다. 제대로 원인 파악도 안 된 버그들이 생겨나고 기능 구현과 테스트에 걸리는 시간이 점점 더 길어진다. 아주 천천히, 산출물이 나오는 데 지연되기 시작한다. 몇 개월 또는 몇 년에 걸쳐 이렇게 모든 것이 서서히 느려지기 때문에 관리자가 눈치채지 못한다.

같은 작업량의 기능이라도 프로젝트 초기에는 금방 구현할 수 있었던 것이 나쁜 코드들이 쌓인 프로젝트 중후반에는 훨씬 더 오랜 시간을 들여야만 구현이 완료된다. 코드의 품질이 낮아질수록 새로운 기능을 추가하거나 버그를 수정하거나 어떤 기능을 테스트하는 일이 점점 더 어려워진다. 품질이 낮아질수록 애플리케이션의 강건성과 신뢰성이 낮아진다.

코드의 품질에 제대로 신경을 쓸 시간이 없다고 말하는 사람들이 많다. 저품질의 코드 때문에 추가로 발생하는 버그 수정 시간과 테스트 시간은 어디서 갑자기 나타나는지는 알 수 없다. "원래 소프트웨어 프로젝트가 그런 거 아닌가? 처음에는 개발하면서 쌓아 올리지만 테스트와 안정화 단계를 거칠 수밖에 없는 거 아닌가? 모든 소프트웨어 개발이 그렇지 않나?"라고 말하기도 한다.

자신이 만든 소프트웨어에 인질이 되는 상황

기능을 수정하거나 새로 추가할 때 코드 베이스에 너무 많은 시간을 들여야 한다면, 개발자들이 기존 코드에 손을 대는 것을 두려워한다면 지체 없이 대응해야 한다. 소프트웨어가 비즈니스를 방해하고 지연시키기 때문에 이러한 상황은 상당히 위험하다.

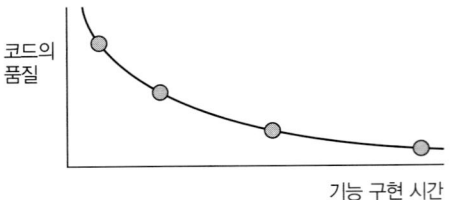

▲ 그림 6-1 코드의 품질과 새로운 기능을 추가하는 데 걸리는 시간의 관계 비즈니스의 기민함과 투자 효율을 높이기 위해서는 다른 무엇보다도 코드의 품질이 가장 중요하다.

나쁜 코드를 다루어야 하는 기업은 경쟁력이 떨어지게 된다. 새로운 기능을 구현하거나 기능을 변경하는 데 드는 비용이 발목을 잡는다. 비즈니스 의사결정에 영향을 끼치는 저품질 코드는 용납될 수가 없다.

가장 큰 문제는 나쁜 코드가 개발자 외에 다른 사람들에게 보이지 않는다는 점이다. 개발자가 아닌 다른 사람이 문제를 인지했을 때는 이미 늦은 상태다. 코드의 품질을 돌보아야 하는 책임은 바로 개발자에게 있다. 개발자가 코드의 문제를 프로젝트 관리자에게 이야기하고 리펙토링할 시간을 요구할 때도 있지만 무시되는 경우가 많다. 이는 관리자가 나쁜 코드의 악영향에 대해 이해가 부족하거나 개발자가 문제 상황을 제대로 설명하지 못한 것이다. 개발자가 별도의 리펙토링 시간을 요구한다는 것은 과거에 이런 저런 이유로 코드를 대충 작성한 부분이 있다는 뜻이기도 하다.

평범한 개발자가 아닌 장인을 고용하라

좋은 코딩과 관련된 서적들과 도구, 테크닉, 방법론 그리고 웹에서 얻을 수 있는 정보들은 매우 많다. 그럼에도 불구하고 허술한 코드를 만들어 내는 함량 미달의 개발자들로 팀을 꾸린다는 것은 있을 수 없는 일이다. 장인은 정원사다. 장인은 꾸준히 코드 베이스를 돌보고 두려움 없이 빠르게 리 팩토링을 한다. 장인은 전체 애플리케이션을 몇 분만에 테스트할 수 있는 자동화 테스트를 구축하고 활용할 줄 안다. 장인에게 시간적인 제약이나 요구사항의 변경이 나쁜 코드를 위한 변명이 될 수는 없다. 장인은 좋은 디자인 원칙들과 테크닉을 전체 애플리케이션의 생애에 걸쳐 적용했을 것이기 때문이다. 장인으로 구성된 역량있는 팀은 프로젝트의 성공과 실패를 가를 수 있다. 우리 업계는 이제서야 코드의 품질이 프로젝트의 성공을 보증하지는 못하더라도 실패의 핵심 요인이 될 수 있다는 것을 배우고 있다.

시간에 대한 잘못된 인식

아침에 일어나면서 "오늘은 하루를 망쳐야겠다. 할 수 있는 한 최악의 코드를 짜서 상사와 팀 전체를 골탕먹이겠어."라고 마음먹는 사람은 없다. 이런 사람이 존재하지 않는다면(사실 이런 사람을 몇몇 겪어보았지만 그것은 또 다른 이야기다) 왜 그많은 애자일 프로젝트들이 실패하고 있을까? 왜 예전부터 같은 문제에 여전히 시달리고 있을까?

기술적 부채에 대한 이야기

오래 전 어떤 개발팀과 일할 때, 개발자 중 한 사람이 완전히 새로운 기능을 구현하고 있었다. 그 기능을 구현할 때 레거시 코드를 손댈 필요가 거의 없었다. 기존 애플리케이션에 그 기능을 연결하는 작은 부분만 작업하면 되었다. 그가 며칠 간 작업한 뒤, 나는 그와 페어 프로그래밍을 하게 되었다. 페어 프로그래밍을 처음 할 때 흔히 그렇듯이 작업 내용에 대한 개괄적인 설명을 해달라고 했다. 그는 지체 없이 코드를 열어 설명하기 시작했다. 설명이 끝나고 몇 가지가 눈에 띄었다. 먼저, 그 코드들이 실제로 해야 할 것들을 제대로 반영하고 있는지 명확하지 않았다. 코드 구현에 사용된 용어들이 비즈니스 용어들과 따로 놀고 있었다. 그 기능을 구현하는 것과 전혀 상관 없는 코드들도 눈에 보였다. 그리고 테스트 코드가 없었다. 이러한 것들에 대해 질문하자 그는 "이미 동작하고 있는 코드예요. 이 코드는 당장은 안 쓰지만 나중에 필요할 수도 있고요" 대답을 만족스럽지 않아하자 그가 다시 말을 이었다. "제안하신 부분을 이렇게 리펙토링해볼게요 단위 테스트 구현도 기술적 부채 백로그에 기록하겠습니다. 하지만 당장은 기능 구현을 끝내야 합니다. 이제 거의 마무리되어 갑니다." 이 무슨 말도 안 되는 이야기인가? 지금 만들고 있는 것은 완전히 새로운 기능이고 레거시와도 관계가 없다. 기술적 부채를 줄이는 것은 기존의 더러운 것을 청소하는 것이다. 이미 깨끗한 상태를 더럽혀서는 안 된다. 즉 어떤 상황이든 추가 코드로 인해 기술적 부채가 더해져서는 안 된다. 하지만 이 개발자는 그렇게 해도 된다고 생각하고 있었다. 아마도 나중에 백로그에서 기술적 부채 항목을 꺼내어 개선할테니 괜찮을 것이라고 생각했다. 이렇게 생각하는 개발자가 이 사람만은 아니었을 것이다. 그 팀은 애자일을 수용했고 경험있는 개발자들로 구성되어 있었지만 어떻게 된 것인지 이러한 행동이 용납되고 있었다. 누군가가 백로그의 기술적 부채 항목을 보고 언젠가 고칠 거라고 생각들을 하지만 그런 일은 절대 일어나지 않는다.

    백로그에 기술적 부채를 더하는 행위는 개발자가 코딩을 하던 당시에 아무런 죄책감 없이 잘못된 코드를 그대로 반영했다는 것밖에는 설명이 안 된다.

우리는 올바른 것을 하길 원한다

개발자들이 의도적으로 나쁜 코드를 작성하지는 않는다. 다만 항상 왜 그렇게 될 수밖에 없었는지 핑곗거리를 찾는다. 오랫동안 소프트웨어 개발을 해오면서 개발자들이 시간에 대해 잘못된 개념을 가진 경우가 많다는 것을 깨달았다. 우리는 항상 업무와 일정의 압박 속에 있다는 생각을 가지고 있다. 언제나 급하게 일해야 한다고 느낀다. 비즈니스 팀이 일정에 관해 압박할 때도 있지만 스스로 쫓기는 경우가 대부분이다. 합리적인 사람들과 애자일 스타일로 일하고 있다면 진행 상황을 투명하게 공유하기 때문에 비즈니스 담당자들이 거꾸로 우리의 계획과 예측에 의존하게 된다. 어떤 일을 하는데 대략적으로 어느 정도의 시간이 필요하다고 이야기하면 비즈니스 담당자들이 있는 그대로 수용하는 것이다. 그런 상황에서조차도 우리는 일을 빨리 해야만 한다는 생각에 휩싸여 모든 일을 서두르기만 한다. 그러고는 일을 제대로 할 수 있는 시간이 없다고 이야기한다.

소프트웨어 개발자의 삶에 있어 압박은 피할 수 없다. 우리는 압박을 받는다고 느낄 때 중심을 잃고 고만고만해진다. 게으른 탓이 아니다. 더 빨리 해야 한다고 느끼기 때문에 그렇게 한다. 비즈니스에서 필요로 하는 기능을 최대한 빨리 끝내는 것이 개발자로서 미덕이라그 느끼고 있다. 상황을 솔직하고 투명하게 밝히고 며칠 더 늦게 안정적인 솔루션을 전달하기보다 버그가 좀 있더라도 일정 안에 전달하는 편이 더 낫다고 느낀다. 빨리 하는 것과 허술한 것은 다르다. 우리의 결정이 어떤 의미이고 어떤 결과를 가져오는지 우리는 잘 이해하지 못할 때가 많다.

시간적 여유가 없는 바쁜 팀

대기업의 어느 팀에 처음 합류했을 때 일이다. 그 팀에는 대단한 압박이 들어오는 중이어서 개발자들은 상황을 감당하기 위해 정말 열심히 일했다. 먼저 개발 환경을 준비하는 데 며칠이 걸렸다. 프로젝트가 너무 복잡했기 때문에 IDE(통합 개발 환경)를 설정하는 것 자체가 일이었다. 자바를 이용하고 있었고 70여 개나 되는 Maven 프로젝트와 모듈들이 서로 얽혀 있었다. 이 모든 것을 나의 Eclipse 환경에 구성하려고 애를 썼고 며칠 뒤에나 로컬 개발 환경을 만들 수 있었다.

그 프로젝트는 무거운 자바 엔터프라이즈 에디션 컨테이너를 사용하고 있었다. 수십 개의 인바운드, 아웃바운드 큐들과 함께 다수의 외부 시스템과의 통합 포인트들이 있었다. 나는 다른 개발자와 페어 프로그래밍을 하면서(페어 프로그래밍은 그 팀에서 아주 낯설어 했지만 내가 고집했다) 어떤 식으로 일을 하는지 파악했다. 먼저 테스트 시스템 중 하나를 구동시켜 큐에 메시지를 넣고는 로그를 살펴본다. 그 다음 그의 로컬 머신에서 코드를 일부 수정하고, 애플리케이션을 패키징하고, 테스트 시스템에 복사한 후, 테스트 시스템에서 애플리케이션을 디플로이하고, 다시 시스템을 구동시키고 큐에 메시지를 넣고 로그를 살펴본다. 무한루프에 빠진 듯 이 작업을 반복했다. 코드의 로직을 조금 수정하고, 로그를 더 추가하고, 테스트 시스템에서 결과를 확인하기를 계속 반복했다. 그에게 왜 로컬 머신에서 테스트 하지 않는지 물었다. 그는 로컬에서 애플리케이션을 구동하는 것이 불가능하다고 이야기했다. 코드에 로그를 넣어서 테스트 시스템에서 돌려보아야만 실제로 어떻게 동작하는지 파악이 가능하다고 했다. 분명 코드를 수정했지만 수신되어야 할 메시지가 나타나지 않았고, 거의 두 시간 동안 코드와 XML 파일을 수정하고 많은 로그(거의 대부분 코드의 특정 부분이 실행되

없는지 표시하는 용도의)를 추가하고 애플리케이션을 돌리고 나서야 무엇이 잘못되었는지 알 수 있었다. 다시 로컬 머신으로 돌아와 몇 줄의 코드를 수정하고, 더 많은 로그를 넣고, 기존 로그를 일부 수정해서 더 많은 정보를 출력하게 하고, 다시 애플리케이션을 빌드하기 시작했다.

그 시점에 이르자 더는 참을 수가 없었다. "이제 문제의 원인이 밝혀졌는데, 해당 부분에 대한 단위 테스트를 만드는 게 바람직하지 않을까요?" 왜 단위 테스트 코드를 애당초 작성하지 않고 반복해서 디버깅하고 있는 건지 따지고 싶었다. 그랬다면 지금과 같은 테스트 시스템과 코드 수정을 왔다갔다 하는 소모적인 작업이 필요 없었을 것이다. 그는 "이 부분은 정말 중요하기 때문에 빨리 끝내야 해서 테스트 코드를 작성할 시간이 없습니다."라고 대답했다. 그러고는 새 버전의 애플리케이션을 테스트 시스템에 다시 디플로이하고 XML 메시지를 인바운드 큐에 넣고 앞서 하던 대로 로그를 보기 시작했다. 한 가지 더 언급하면 그가 테스트 시스템을 사용하는 동안은 다른 사람이 그 시스템을 이용할 수가 없었다.

이러한 작업은 최종적인 문제가 해결될 때까지 이틀 동안 계속되었다. 결국 밝혀진 문제 원인은 코드의 사소한 논리 오류였고 단위 테스트를 했더라면 금방 잡을 수 있는 성격의 것이었다. 게다가 이 문제에 매달리느라 다른 개발자들의 시간까지 갉아먹었다. 이 모든 것이 로컬에서 돌려볼 수 있는 '단위 테스트를 작성할 시간이 없어서' 발생한 일이다.

내겐 없는 여유, 다른 누군가에겐 있는 여유

앞과 같은 상황이 수십만 라인의 코드로 이루어진 애플리케이션에 각각 7~8명으로 구성된 10여 개의 팀이 협업하는 환경에서 발생한다고 생각해 보자. 게다가 각 팀은 5개의 대륙에 흩어져 있다고 하자. 사실 바로 그런 상황이었다. 테스트(블랙박스 테스트)를 위한 시스템이 있기는 했지만 테스트 한 번에 4시간씩 소요되고 그마저도 자주 동작하지 않아서 아무도 그 시스템을 사용하려 하지 않았다. 이런 상황에서 각 개발자가 매일 낭비해야 할 시간이 과연 얼마나 될지 한번 상상해보자. 여기에는 QA팀도 포함해서 생각해야 한다. QA팀은 코드 변경점마다 모든 기능을 수동으로 테스트해야 한다. 기능이 추가될 때마다 시스템이 더 커지고 테스트 시간은 늘어나고 QA 주기는 더욱 늦어진다. 개발자들은 항상 코드를 더한다. 이렇게 더해진 코드들은 작업한 개발자 당사자는 물론 주변 개발자들에게도 디버깅거리를 늘린다. 주변 개발자들은 그 코드의 버그 때문에 자신의 모듈에서 문제가 발생하면 해당 코드가 어떤 영향을 미쳤는지 분석하고 이해해야 한다. 결과적으로 팀 전체적으로 디버깅 시간을 늘리는 것이다. 이렇게 낭비되는 모든 시간들을 생각해보자. 매일, 매주, 매달, 매년. 이 모든 시간 낭비가 개발자들이 단위 테스트를 작성할 '시간이 없기(!!)' 때문에 발생한다.

 QA 전담 팀은 지양해야 할 안티-패턴이다. 테스터는 아무런 문제도 발견할 수 없어야 한다. 테스터가 버그를 발견하는 것은 개발자로서 대단히 수치스러운 일이다. 버그가 나올 때마다 우리가 일을 제대로 안 했다는 증거가 발견되는 것이다. 어떤 버그들은 잘못된 요구사항 때문에 발생하기도 하지만 그때도 뭔가 대처를 취했어야 한다. 비즈니스 분석 담당이나 제품 오너가 문제의 요구사항을 명확히 할 수 있도록 도왔어야 한다. 테스터의 역할은 인간의 예측하기 어려운 행동을 반영하여 개발자들이 예상하지 못한 문제를 찾아내는 데 중요한 가치가 있다. 개발팀이 자동화할 수 있는 것들임에도, 테스터가 테스트 계획을 짜고 수동으로 검사하느라 시간을 낭비하는 일은 있어서는 안 된다.

 비즈니스에서는 항상 원하는 기능을 최대한 빨리 얻기를 기대하고 개발자들은 그 기대에 부응해야만 한다고 생각한다. 사실 그래야 한다. 비즈니스 담당은 시스템을 전체적으로 본다. 우리도 시스템을 전체적으로 볼 수 있어야 한다. 비즈니스 담당은 한꺼번에 모든 것을 본다. 특정 기능에 국한된 시나리오나 코드를 작성하기 위해 사용된 특정 기술에 대해서는 비즈니스 담당이 세세하게 챙기기 어렵다. 우리 업무에서 반복적인 작업을 자동화하여 제거하는 것은 우리가 해야 할 일이다. 1990년대만 해도 디버깅 스킬이 채용 면접의 주요 주제였다. 그때는 코드를 얼마나 잘 디버깅할 수 있느냐가 능력있는 개발자를 구분하는 기준이었다. 지금은 세상이 달라졌다. 디버깅 스킬이 중요하기는 하지만 코드 수준에서 디버깅을 해야 하는 상황 자체가 대단히 당혹스럽고 불편하다. 그런 상황이 발생하면 즉시 문제를 해결해 관련 코드를 리펙토링하고 테스트 코드를 만들어서 다시는 그런 일이 필요하지 않도록 해야 한다.

나는 테스트 주도 개발 방법론에 익숙해지고 레거시 코드에 테스트를 만들어 넣은 이후로는 코드 자체를 디버깅해야 하는 상황이 손에 꼽을 만큼 적었다. 내가 아는 다른 많은 개발자들도 마찬가지였다. 자동화된 테스트를 만들고 활용하는 데 능숙한 개발자라면 코드 디버깅을 해야 하는 상황이 매우 드물다.

단위 테스트 작성은 별개의 업무인가

개발 업무를 작은 단위의 업무들로 나눌 때 '단위 테스트 구현'을 별도의 작업 항목으로 정의하는 개발자들이 많다. 단위 테스트 구현에 정규적인 업무 시간을 따로 할당하려는 의도이다. 절대 그래서는 안 된다.

첫 번째로, 단위 테스트는 우리가 코드를 작성하는 방식에 이미 녹아있는 것이지 별도의 작업이 아니다. 테스트하지 않았다면 코드 작성을 완료했다고 할 수 없다. 단위 테스트는 코드가 제대로 구현되었는지 확인하는 가장 좋은 방법이다. 테스트 주도 개발을 접해보지 못한 보통의 개발자들은 주어진 요구사항에 맞춰 동작할 거라고 '기대만 하는' 상태로 코드를 작성하고는 바로 다음 요구사항의 구현에 들어간다. 즉 제대로 된 테스트 없이 코딩을 마무리한다. 기능 구현이 완료되었다고 할 수 있으려면 반드시 테스트까지 되어야 한다. 단위 테스트를 작성하도록 팀 단위에서의 합의가 있었다면, 기능 구현 완료에는 단위 테스트의 구현 및 테스트 완료까지 포함되어야 한다.

두 번째로, 우리가 공식적인 작업 일정표에 무언가를 올려 놓는다는 것은 제품 오너가 그중 중요하지 않다고 생각하는 것을 삭제할 수 있는 권리를 준다는 것과 같다. 단위 테스트 구현을 별개의 작업으로서 일정표에 올려놓게 되면 거의 대부분 기능 구현 자체와 맞먹는 규모로 시간표를 차지하게 된다. 경험이 부족해서 단위 테스트의 가치를 이해하지 못하는 제품 오너에게는 그 시간이 낭비로 비춰질 수도 있다. 제품 오너 나름의 역할에 충실히 하려는 차원에서, 더 가치 있는 다른 작업을 하고 싶은 욕심이 생길 수도 있다. 자신의 역할에 최선을 다하려는 선한 의도라도 결정의 파급 효과를 제대로 이해하지 못한 채 단위 테스트 구현 작업을 없애버릴 가능성이 높다. 이러한 일이 일어나지 않도록 소프트웨어의 품질에 책임을 지는 것은 우리 개발자들의 몫이다. 종국적으로 제품 오너가 원하는 것은 아무런 문제 없이 의도대로 동작하는 시스템이고 그에 대한 책임은 우리에게 있다. 책임을 다하려면 단위 테스트뿐만 아니라 코드의 동작을 보증하기 위한 다른 복합적인 테스트들도 필요하다면 만들어야 한다. 제품 오너의 입장에서는 소프트웨어가 정상적으로 동작하는 한 개발자들이 세부적으로 어떤 일을 하든지 사실 별 상관이 없다.

시간이 있어 개발자 스스로 자동화 테스트를 구현하지 않으려는 경우도 있다. 이러한 개발자는 테스트하지 않아서 발생할 수 있는 파급 효과를 무시한 채 스스로 "나는 테스트 코드를 작성할 시간이 없다"라고 단정한다. 자신의 작업 시간만 생각하고 전체 프로젝트에 관계된 다른 사람들이 시스템을 테스트하고 디버깅하느라 얼마나 많은 시간을 소모해야 하는지는 생각하지 않는 사람이다. 항상 프로젝트에 다른 사람들도 있다는 사실을 인식하고 전체 프로젝트에 미치는 영향을 감안하여 책임있게 행동해야 한다. 자신이 짠 코드는 어떻게 동작하는지 잘 알고 있고 문제가 없을 터이니 테스트 코드를 따로 안 만들어도 된다고 주장하는 개발자는 대단히 자기 중심적이고 이기적인 사람이다. 소프트웨어 프로젝트는 팀워크다. 특정 개발자 한 사람을 위한 것이 아니다. 특정 개발자에게 쉽고 분명한 것이 팀내 다른 개발자에게는 난해하고 불분명할 수 있다. 시스템이 커짐에 따라 프로젝트에 관계된 모든 사람들이 개인의 작은 이기적 행동들 때문에 피해를 입게 된다.

효율적인 시간 활용

고객들, 고용주들이 관심 있는 사항은 소프트웨어가 그들의 필요를 충족시키느냐이다. 요구사항의 변화 속도만큼이나 소프트웨어의 변화 속도도 빠르기를 희망한다. 이러한 기대를 충족시키는 것이 우리들의 과업이다. 기대를 충족시키기 위해 어떠한 방법을 쓰느냐는 전적으로 우리의 선택에 달려 있다. 고객이나 고용주가 자동화 테스트, 애자일 방법론과 같은 것을 언급할 수도 있지만 결국 관심이 있는 사항은 결국 투자한 만큼 이득이 되돌아오느냐다. 우리는 투자받은 금액과 시간을 자동화를 이용해 최대한 효율적으로 사용해야 한다. 단순 반복 작업에 얼마나 시간을 소모하고 있는지는 쉽게 측정하고 정량화할 수 있다. 필요하다면 언제든지 이 데이터를 우리의 고객에게 보여줄 수 있다. 새로운 기능을 구현하기 전에, 그 기능이 완성된 후 여기저기 충돌 없이 매끄럽게 통합 될 수 있도록 사전 정비 작업을 해두어야 한다. 언제, 어떤 코드든 쉽게 테스트하고 통합할 수 있도록 주변을 잘 정리해야만 한다. 업무를 계획하고 일정을 추산할 때, 좋은 코드뿐만 아니라 좋은 개발 환경을 만드는 데 필요한 것도 함께 고려해 두어야 한다. 고객들에게 단위 테스트나 리펙토링같은 것들을 빼먹어도 되는 선택사항이라고 잘못된 인상을 주게 되면 고객에게 좋은 결과물을 제공하기는 어려워진다. 수동 테스트, 디버깅, 오래 걸리는 빌드, 까다로운 애플리케이션 배포(deploy), 복잡한 프로젝트 개발 환경 설정같은 것에 시간을 덜 빼앗길수록 애플리케이션의 품질에 더 신경을 쓸 수 있고 고객을 행복하게 할 수 있다.

몇 개월 후

앞서 언급했던 팀들은 관리층으로부터의 지원과 투자를 받아 상황을 반전시키는 데 성공하여 조직 내에서 가장 역량있는 팀들이 되었다. 전체 테스트 코드를 완전히 새로 작성하고 신뢰성이 떨어지던 자체 테스트 프레임워크를 오픈 소스 테스트 프레임워크로 바꾼 팀도 있었다. 기존 테스트 슈트는 실행하는데 4시간 가까이 걸리고 제대로 동작하지도 않아서 어떤 시점부터는 아무도 신경을 쓰지 않았다. 하지만 새로운 테스트 슈트는 시스템의 훨씬 많은 부분을 커버하면서도 20분 정도면 실행이 완료되었다.

또 다른 팀은 '원 클릭' 배포에 거의 근접한 성과를 이루었다. 단위 테스트에서 시스템 테스트까지 3천여 개의 테스트 항목이 있는 테스트 슈트를 만들어 테스트 커버리지를 100%에 가깝게 하였을 뿐만 아니라 단 5분이면 테스트를 완료할 수 있게 만들었다.

비즈니스 부서의 입장에서도 이들 팀들의 현저한 제품 개발 역량 향상을 볼 때 충분히 가치가 있는 투자였다.

레거시 코드

> 태도는 큰 차이를 가져올 수 있는 작은 요소다.
>
> — 윈스턴 처칠 Winston Churchill

소프트웨어 장인정신 토론회 중 하나에서, 백지 상태에서 시작하는 그린필드 프로젝트를 선호하는 사람이 있냐는 질문에 거의 모두가 손을 들었다. 반면에 레거시 코드에서 작업해야 하는 프로젝트를 선호하는 사람은 손을 들어 달라고 했을 때는 아무도 없었다.

레거시 없이 백지 상태에서 시작하는 프로젝트는 항상 즐겁다. 자유롭게 기술을 선택하고, 최신의 프레임워크를 사용할 수 있으며 기존 기능을 깨뜨릴 걱정 없이 편하게 코딩할 수 있다. 기존 코드를 이해할 필요 없이 코드를 작성할 수 있다는 것은 대단히 큰 이점이다. 그린필드 프로젝트에서 일하는 것은 아주 즐겁다. 특히 프로젝트 첫날부터 테스트 주도 개발을 수행하는 체계가 잡힌 노련한 팀이라면 더욱 그렇다. 그런 경우 진척 속도가 자연스럽게 빨라진다.

오래 전에 떠나버린 개발자가 남겨놓은 코드 위에서 일하는 상황이라면 개발자가 위축될 수밖에 없다. 아무런 테스트도 없고 문서도 없다면 공황에 빠진다. 하루 하루가 한탄과 푸념으로 채워지고 우울해지기 십상이다. 당혹감에 빠지는 것이 일상이 되고 직장이 싫어지기 시작한다. 더욱 나쁜 일은 직장을 바꾼다고 해도 큰 도움은 안 된다는 것이다. 새로운 직장에서 또 다른 레거시 코드를 만나지 않을 가능성은 극히 낮다. 서로 다른 회사나 프로젝트들에 따라 다른 점은 단지 빠져 있는 구렁텅이의 깊이가 얼마나 깊느냐의 차이뿐이다.

태도의 변화

무언가가 마음에 들지 않는다면 바꾸어라.
그것을 바꿀 수 없다면, 그에 대한 당신의 생각을 바꾸어라.

– 마리 엥겔브레이트Mary Engelbreit

나 역시 레거시 코드에서 일하기는 싫었다. 지난 몇 년 간 몇 가지를 배웠다. 아무리 한탄하고 불평하고 저주해보았자 삶이 쉬워지거나 나아지지 않는다는 점이다. 무언가 나아지길 원한다면 그에 맞는 행동을 취해야 한다.

레거시 코드를 다룰 때는 끙끙 앓으면서 상스런 말을 내뱉는 대신 그것을 이해하고 개선하려 노력해야 한다. 보이스카웃 규칙 '처음 발견했을 때보다 더 깨끗하게'를 지속적으로 적용해야 한다. 레거시 코드를 개선하고 이해도를 높이면 업무에 크게 도움이 된다. 보는 것 자체가 막막하기만 한 코드를 이해하려 든다는 것이 처음에는 무모할 수 있다. 작은 부분씩 집중해서 한 번에 하나씩 이해해 나간다면 조금씩 개선 가능하다. 테스트 코드를 작성하고 메서드와 클래스를 정리하며 변수명을 적합하게 바꾸는 등 점차적으로 코드를 이해하기 쉽고 다루기 편하게 만들어 갈 수 있다.

레거시 코드로 일하는 것은 거대한 직소 퍼즐을 푸는 것과 비슷하다. 모든 퍼즐 조각들을 한꺼번에 펼쳐놓고 맞추려 들면 도통 진도가 나가지 않는다. 각 조각을 그룹으로 나누고 모서리나 경계선부터 시작해야 한다. 조각들을 색상이나 패턴을 기준으로 분리해서 모아두어도 도움이 된다. 몇 가지 작은 그룹들이 만들어지면 큰 형태가 머릿 속에 그려진다. 시작할 때는 한 무더기의 무작위적인 조각 모음이었지만 약간은 정리된 작은 그룹들의 조각 모음으로 만들 수 있다. 각각의 작은 그룹들에 대해서 조금씩 조각을 맞춘다. 즉 점진적으로 기존 코드에 대한 테스트 코드를 작성하면서 코드에 대한 이해도를 높이고 리펙토링을 해나간다.

   몇몇 조각들을 맞추는 데 성공하면 전체 그림의 일부분을 볼 수 있다. 이 단계에서는 뭔가 실질적으로 손에 잡히는 것을 얻을 수 있기 때문에 조금 더 자신감이 생긴다. 코드도 이해되기 시작하고 업무 진척도 빨라진다. 이어 붙인 조각들이 많아질수록 남은 조각들을 이어붙이기가 더 쉬워지고, 전체 직소 퍼즐의 완성 형태가 보이기 시작한다. 레거시 코드를 다루는 것은 직소 퍼즐을 맞추는 것과 너무나도 비슷하다. 개선하는 코드 조각이 하나씩 늘어날 때마다 코드 전체를 개선하고 싶은 욕구가 일어난다. 이러한 성취감은 큰 보상이 된다. 처음에는 그냥 보는 것만으로도 벅차던 코드가 이제는 특별한 노력이 없어도 소설책을 읽듯이 스토리까지 이해된다. 코드의 중요 부분이 안정화되면(테스트 코드로 검증되고, 과도한 종속성이 해소되고, 역할이 제대로 정의되는 등) 사용하고 싶었던 새롭고 멋진 프레임워크를 도입하는 것이 가능할 수도 있다. 라이브러리의 버전을 업그레이드할 수도 있다. 코드가 깨끗하게 정리되고 모듈화된 상태에서는 프레임워크를 도입하여 상당 부분의 코드를 폐기하거나 시스템의 한 부분을 완전히 대체할 수도 있다. 이것이 가능한 이유는 코드가 정리되면서 한 부분의 수정이 나머지 부분에 영향을 미치지 않게 되기 때문이다. 이정도까지 진행되면 그린 필드 프로젝트를 맡고 있는 다른 개발자를 부러워할 필요가 없어진다.

   레거시 코드는 우리가 다른 방식으로 생각하도록 강제한다는 특징이 있다. 그린필드 프로젝트에서는 기능을 개발할 때 테스트를 작성하고 기능을 구현하기 시작한다. 그런데 레거시 코드에서는 얽혀 있는 종속성 때문에 테스트를 하기 위한 클래스 인스턴스 생성조차 벽에 부딪힐 수 있고, 특정 부분의 수정이 예상하지 못한 형태로 애플리케이션의 다른 부분에 영향을 미친다. 이때 우리는 두 가지 관점 중 하나를 선택할 수 있다. 하나는 지금 하고 있는 일을 고통스런 전생의 업보로 보는 것이고 다른 하나는 재미있고 도전적인 문제로 바라 보는 것이다. 우리는 후자를 선택해야 한다. 남이 작성한 코드를 엉망이라고 그냥 말하기는 쉽다. 심지어 비웃을 수도 있다. 하지만 나라면 더 잘 만들 수 있는가? 라고 스스로에게 물어보아야 한다.

고객과 개발자 모두의 만족

코드 리펙토링은 중독될 정도로 정말 재미있을 때가 있다. 즐겁게 일하는 것은 좋지만 항상 우리가 대가를 지불받고 있는 프로페셔널이라는 사실을 잊지 않고 고객이 비즈니스 목적을 달성토록 주의를 기울여야 한다. 회사는 소프트웨어 프로젝트에 돈과 시간을 많이 투자한다. 고객은 투자를 할 때마다 최대의 이익이 있기를 원한다. 우리는 그렇게 될 수 있도록 일을 해야 한다. 소프트웨어를 깨끗하게 할수록 고객은 그 소프트웨어를 통해 더 오랫동안 이익을 얻을 수 있다. 애플리케이션의 수명을 늘린다는 것은 고객의 투자 이익을 극대화한다는 의미다.

백지상태의 그린필드 프로젝트이든 레거시가 가득한 브라운 프로젝트이든 상관하지 않게 될 것이다. 일을 즐길 수 있느냐 없느냐는 우리의 태도에 달려 있다.

요약

몇 주나 몇 개월 이상 유지보수를 해야 하는 소프트웨어라면, 품질을 희생해서라도 빨리 끝낼 수 있다는 것은 어쩌면 환상이라고 생각한다. 많은 기업들이 자신의 소프트웨어에 인질로 잡혀 있다. 소프트웨어가 얼마나 빨리 변경 또는 개선될 수 있느냐에 따라 비즈니스의 민첩성이 드러난다. 소프트웨어의 품질이 좋지 않을수록 변경하기가 더 어려워진다. 기업이 사용하는 소프트웨어의 개선이나 변경이 느릴수록 시장 환경의 변화에 기업이 대응하는 속도도 떨어진다.

회사와 개발자들은 정기적으로 도끼날을 가는 시간이 낭비가 아니라는 사실을 이해해야 한다. 바로 그것이 시간을 절약하고 끊임없이 빨리 움직일 수 있는 최선의 방법이다.

CHAPTER

7

기술적 실행 관례

특정한 기술적 실행 관례가 실제 비즈니스에 가치가 있다면 어떤 부분이 그러할까? 프로젝트 관리자나 제품 오너 입장에서 왜 기술적 실행 관례에 신경을 써야 할까? 개발자는 왜 테스트 주도 개발(TDD)이나 페어 프로그래밍 같은 익스트림 프로그래밍(XP)의 관례들에 관심을 가져야 할까? 그동안 그러한 실행 관례들 없이도 오랫동안 소프트웨어 개발을 잘 해왔다면 왜 지금에 와서야 알아야 할까?

이 장에서는 이 모든 질문들에 대해 이야기를 해본다. 이 장의 내용들은 어떤 기술적 실행 관례를 도입할 때 동료나 팀 관리자를 설득하는 데 도움이 될 것이다. 현재 내가 활용하고 있는 실행 관례가 어떤 가치가 있는지도 돌아볼 수 있을 것이다.

올바른 일 vs 올바른 실행

애자일 방법론의 절차 중심적인 부분들은 우리가 비즈니스 목표에 맞게 가고 있는지 정기적으로 살펴볼 수 있는 피드백 루프를 만들어 준다. 프로젝트 내내 시야를 고정하는 대신, 회사 차원에서(개달팀 수준이 아니라) 하루 단위로 상황을 파악하고 적응할 수 있다. 오래 전에 작성되어 이미 철이 지나버린 다량의 문서와 다이어그램, 계획표와 같은 것에는 의존하지 않는다. 애자일 방법론은 변화와 싸우는 것이 아니라 변화 자체를 내재화한다. 어떤 기업들은 애자일 방법론이 흡족하지 않을 것이다. 그에 맞는 빠른 피드백 루프를 이미 구축하고 있는 상태일 수도 있으므로 문제될 것은 없다.

몇 가지 예외를 제외하고는, 애자일 방법론이 폭포수 모델이나 문서 기반의 다른 방법론보다 더 낫다고 생각한다. 애자일 방법론은 빠르고 짧은 피드백 루프를 제공하여 우리가 '올바른 일(Right Things)'을 실행하고 있는지 점검하도록 도와준다. 이것은 실행 관례와 몇몇 활동들의 조합으로 이루어진다. 작업 진척도를 시각화하고, 즉각적으로 업무를 계획하거나 우선순위를 조정하고, 최소 시장 충족 기능(MMFs: minimum marketable features)에 집중하고, 백로그를 관리하고, 스탠딩업 미팅을 하고, 번-다운 차트를 만들고, 사용자 스토리와 시나리오를 쓰고, 제품 수용 기준을 정하고, '작업 완료'가 무엇인지 정의하고, 크로스펑셔널 팀을 운영하고, 정기적으로 시연을 하는 등 애자일 방법론에서 이야기하는 여러 다른 종류의 것들이 포함된다. 이러한 실행 관례와 활동 사항들을 전부 설명하는 것은 이 책의 범위를 벗어난다.

이러한 실행 관례와 활동들이 애플리케이션의 품질 상태가 어떠한지는 알려주지는 않기 때문에 이 부분에서 문제가 된다. 코드 베이스의 품질 상태가 비즈니스의 발목을 잡을 정도로 나쁘다는 사실을 깨달았을 때는 이미 많이 늦었을 가능성이 높다. 뒤늦게 코드 베이스의 큰 부분을 수정하거나 애플리케이션 전체를 다시 작성하는 비용은 감당할 수 있는 수준을 넘어서기도 한다. 코드가 망가지고 있는지를 비즈니스 담당이 눈치채기는 대단히 어렵다. 반면에 개발자가 그것을 숨기는 것은 너무나 쉽다. 나쁜 코드는 암과도 같다. 처음에는 발견하기 어렵지만 문제로 드러난 이후에는 대응하기가 어렵다. 발견된 시점에 따라서 생명을 연장할 수는 있겠지만 죽음을 피할 수는 없다.

일을 올바르게 제대로 수행하고 있다는 것은 어떻게 알 수 있을까? 코드의 품질과 설계에서는 빠르고 짧은 피드백 루프를 어떻게 만들 수 있을까?

애자일과 소프트웨어 장인정신 간에 중복되는 부분이 있기는 하지만, 소프트웨어 장인정신은 기술적 실행 관례에 집중함으로써 코드의 품질에 대한 빠르고 짧은 피드백 루프를 제공해 애자일을 보완하는 효과가 있다. 기술적 실행 관례들은 우리가 일을 '올바르게' 하고 있는지 알 수 있게 해준다.

상황 논리

소프트웨어 장인정신은 좀더 프로페셔널하고 윤리적인 태도를 북돋우는 것과 더불어 익스트림 프로그래밍(XP)의 실행 관례들을 여러모로 활용하도록 한다. XP 실행 관례에는 테스트 주도 개발(TDD), 페어 프로그래밍, 리팩토링, 단순한 디자인, 지속적인 통합 등이 있다. 이들에 대해서는 이 장의 뒤에서 이야기한다.

왜 XP 실행 관례들을 이용하지 않는지 물으면 많은 개발자들이 제대로 대답하지 못한다. 몇 년 동안 가장 많이 들은 대답은 "당신은 우리 회사를 모릅니다. 같이 일하는 사람들이 어떤지 몰라서 그래요. 이런 것들은 우리 회사에서 제대로 될 수가 없어요. 이런 걸 하도록 상사가 허락하지도 않을 겁니다. 소프트웨어 장인정신의 개념들에 공감하지만 내가 일하고 있는 팀은 그렇지 않습니다. 내가 지금 무슨 말을 하고 있는지 우리 팀에 와서 직접 일을 해보면 이해가 될 겁니다."

그 개발자들의 말이 맞다. 그 개발자가 처한 상황을 모두 알 수는 없기 때문에, 이론적으로 뭔가 결론을 낸다는 것이 무리다. 최소한 세부적으로 무언가 가이드를 한다는 것도 불가능하다. 오랫동안 여러 프로젝트와 여러 회사들에서 일한 경험으로 볼 때, 그 회사에서 어떤 일이 일어나고 있을지 짐작해보는 것은 어렵지 않다. 사실 많은 부분에서 비슷하다. 공통으로 안고 있는 같은 문제들도 많다. 서로 업무 방식이 다르더라도, 소프트웨어 개발 역량 부족, 느린 대응 속도, 관료주의 등과 같은 비슷한 문제로 불안한 상태인 것은 예상 가능하다. 이러한 문제들을 풀기 위해, 기계적으로 따르기만 하면 문제가 해결되는 단순한 처방전같은 해결책을 찾는 회사들이 많다. 예를 들어 스크럼 도입을 그러한 처방전의 하나로 취급하지만 그 이상 나아갈 필요성은 느끼지 못한다. 최소한 개발하는 소프트웨어 자체에 더 관심을 기울여야만 한다는 사실을 깨닫기 전까지는 그렇다.

애자일 방법론을 도입하여 일하는 방식을 바꾸기 전에 우리가 어떤 상황에 놓여 있는지 파악하는 것은 대단히 중요하다. 좀더 적합한 해결책을 적용하기 위해서 현재의 상황을 반드시 고려해야 한다. 업무 절차가 바뀌면 역할과 책임 그리고 정보의 흐름에 영향을 줄 수 있기 때문에 현재 처한 상황에 대한 이해가 바탕이 되어야 한다.

항상 개별적인 상황 논리로만 보아야만 할까? 고객 만족에 신경을 쓰지 않는 회사가 정말 있을까? 투자 대비 이익을 기대하지 않는 회사가 있을까? 요구사항을 만족시키지 못하는 소프트웨어에 비용을 지불하려는 회사가 있을까? 투자한 소프트웨어가 다섯 달이 아니라 5년 동안 계속 개발 중이기만 해도 만족할 회사가 있을까? 개별적인 상황은 다를 수 있다. 하지만 개별적인 상황 논리와 독립적인 것들이 많이 있다.

익스트림 프로그래밍의 역사

1996년, 켄트 벡Kent Beck은 XP의 기원이 된 여러 가지 실행 관례들의 묶음을 발표한다. 켄트 벡은 이후 크라이슬러 사의 급여 지급 시스템(Chrysler Comprehensive Compensation payroll system, 이하 C3) 프로젝트의 리더로 일하면서 그가 제안했던 실행 관례들을 일부 수정했다. 그중 어떤 부분들은 워드 커닝햄Ward Cunningham*과 함께 1980년대에 공동으로 작업했던 것들이었다.

C3 프로젝트는 수백억 원 규모의 프로젝트였고 고급 개발자들을 필요로 했다. 켄트 벡은 론 제프리스Ron Jeffries를 프로젝트에 영입하여 함께 개발하며 자신의 방법론들을 가다듬는 것을 돕도록 했다. 론 제프리스는 C3팀이 그 방법론들을 습관처럼 수행하도록 코치했다. C3 팀에는 마틴 파울러Martin Fowler, 체트 헨드릭슨Chet Hendrickson, 돈 웰스Don Wells와 같은 유명한 애자일 지지자들이 여럿 있었다. 그들은 지속적인 통합과 단위 테스트에 많은 집중을 함으로써 프로젝트가 제 궤도를 벗어나지 않게 관리할 수 있었다.

C3 프로젝트는 색다른 실행 관례를 사용하여 결과가 성공적이었고 이후 특이한 사례로 구분되었다. C3에 참여했던 돈 웰스가 포드 사로 옮겨가 동일한 실행 관례를 적용하여 다시 한번 성공하자 단순한 특이 사례로 보기가 어려워졌다. 돈 웰스는 단위 테스트와 지속적인 통합 외에도 공동 오너십이

---

* 역자주 위키 개념의 창시자

라는 개념을 XP 실행 관례에 추가하였다. XP 실행 관례의 도입 이후, 양산 제품에서의 버그가 1/3로 줄어들었다. 그와 함께 단위 테스트 슈트의 커버리지도 높아지고 디버깅 시간은 제로에 근접했으며 생산성은 10배까지 증대했다. 대규모 프로젝트에서 XP 실행 관례가 다시 성공을 거두자 도입을 진지하게 고려할 현실적인 접근 방법으로 주목을 받았다.

2001년 애자일 서밋 이후로 XP는 애자일 방법론의 하나로 보고 있지만, 애자일 전환을 수용한 회사들 중에서 XP의 실행 관례를 활용하는 경우는 매우 드물다. 많은 애자일 코치와 컨설팅 회사들은 애자일의 절차적인 관례가 XP 실행 관례보다 더 중요하다고 판단했다. 진실은 XP 실행 관례를 가르칠 만큼 충분한 역량이 있는 애자일 코치와 컨설팅 회사가 매우 드물다는 것이 문제다.

XP 실행 관례는 애자일 전환 과정 중에 자연스럽게 얻어지므로 절차에만 집중한다고 이야기한다. 나는 그에 동의하지 않는다. 그동안 봤던 애자일 전환의 후유증과 실패 사례들을 볼 때 XP 실행 관례가 저절로 적용되기는커녕 완전히 무시되었기 때문이다. 왜 그럴까? XP 실행 관례는 팔기가 어려워서일까? XP 실행 관례의 가치를 설명하기가 어려워서일까? 아니면 단순히 스크럼 같은 절차를 납득시키는 것이 더 쉽기 때문일까? 이런 것들은 전혀 중요하지 않다. 중요한 것은 소프트웨어 장인정신을 심는 것이다.

실행 관례와 가치

XP 실행 관례들은 소프트웨어의 품질, 즉 일을 올바르게 수행하는 관점에서 피드백 루프를 단축시킬 수 있는 여러 방법들을 제공한다. XP 실행 관례들은 단순히 도입한다고 해서 일이 갑자기 저절로 되지는 않는다. 어떤 실행 관례를 도입(또는 팀에 강제적으로 적용)한다고 해서 프로젝트의 성공을 보증하지 않는다. 사람은 우리가 원하는 대로 행동하도록 프로그램할 수 있는 기계가 아니다. 단순히 준수할 실행 관례를 공표했다고 해서 기대하는 결과가 나오지 않는다. 실행 관례는 우리가 매일 같이 습관처럼 해야 하는 것이다. 테스트 주도 개발(TDD)을 한다면 그것을 하거나 하지 않거나 둘 중 하나다. 지속적인 통합도 하거나 하지 않거나 둘 중 하나다. 어떤 사람들은 "우리는 어떤 때는 TDD를 한다."라고 말한다. 부분적인 것은 도움이 되지 않는다. XP 실행 관례로부터 성과를 얻으려면 진심으로 받아들이고 내재화해야 한다. 실행 관례를 꾸준히 실행하지 않고 부분적으로 하다가 안 한다면 그것이 실제 효과가 있는지는 알 수가 없다. 어떤 실행 관례들이 정말 효과가 있는지 없는지 알기 위해서는 그에 대한 명확한 전략을 정의해야 한다.

실행 관례가 효율적이려면 반드시 모든 팀 구성원들에 의해서 그 가치가 납득되어야 한다. 예를 들어 모든 팀 구성원들은 원활한 정보 소통, 빠른 피드백, 빠른 결과물 생성, 실수 예방, 고객 만족, 최선을 다하지 못하거나 배우지 못하는 것에 대한 부끄러움을 느낄 줄 아는 것, 이러한 것들에 가치를 느껴야 한다.

어떤 가치를 중요시한다고 말하는 것만으로는 부족하다. 우리는 그 사람이 말하는 가치와 행동이 일치하는지 봐야 한다. XP 실행 관례가 실천되고 있는지는, 가치를 실현하고 있는지 알아볼 수 있는 척도다. 실행 관례와 가치는 서로 다른 영역이다. XP 실행 관례들은 소프트웨어 프로젝트에 대한 것인 반면, 가치는 우리 삶 자체에 대한 것이다.

소프트웨어 장인정신은 다른 많은 애자일 방법론들과 마찬가지로 온통 고객에서 가치를 전달하기 위한 내용으로 채워져 있다. 좀더 짧은 시간 안에, 비즈니스적 우선순위가 매겨진 기능들로, 비즈니스적 가치로 측정되는 진척도로 고객에게 가치를 전달한다. 안타깝게도 상급 관리자들에게 스크럼의 가치를 납득시키기는 쉽지만 페어 프로그래밍이나 TDD의 가치를 이해시키기는 어렵다. "그런 것들이 비즈니스적으로 어떤 가치가 있나?" "그런 기술적 관례가 우리에게 주는 가치를 어떻게 측정할 수 있나?"라고 되묻는다.

소프트웨어 장인정신 모임에서 "어떻게 하면 팀(또는 관리자, 회사)에 TDD나 페어 프로그래밍같은 것들을 도입하도록 설득할 수 있는가?"라는 질문을 자주 듣는다. 기술적 실행 관례들 그 자체를 직접적으로 팔려고 드는 것은 아무런 의미가 없다. 그렇게 해서는 상대방을 납득시킬 수 없다. 실행 관례의 도입 자체를 관리자나 팀 구성원들에게 설득하려 하지 말고 현재 일하는 방식과 비교해서 그것이 가져올 이익에 집중을 해야 한다. 빠른 피드백 루프, 요구사항과 비용에 대한 더 나은 이해, 지식 공유, 줄어드는 버그, 전체적으로 자동화되고 릴리즈가 빨라지는 일들이 기술적 실행 관례를 도입함으로써 얻을 수 있는 가치들이다.

실행 관례를 통한 가치 창출

다시 주제로 돌아가보자. 상황 논리가 항상 의미가 있을까? 프로젝트가 성공할 확률을 높이기 위해 우리가 할 수 있는 일은 없을까? 어떤 실행 관례들이 빠르고 짧은 피드백 루프를 제공해 줄 수 있을까? [그림 7-1]의 원 안쪽에 있는 실행 관례들을 살펴보자. 이러한 것들이 상황에 종속적일까? 이러한 실행 관례를 활용하는 데 관리자들의 승인이 필요할까?

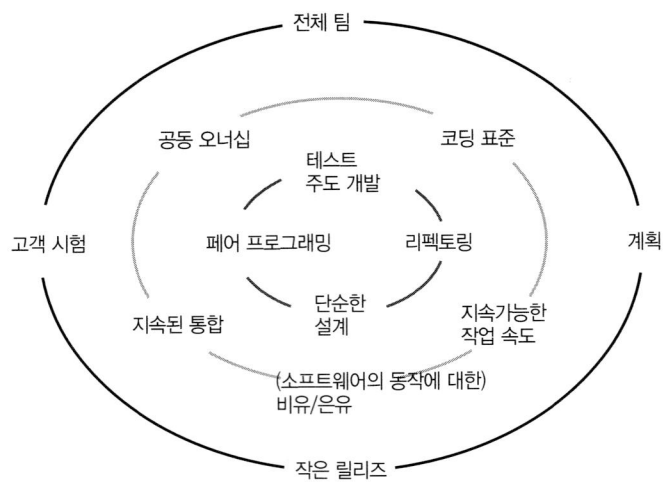

▲ 그림 7-1 XP 실행 관례 | 출처: www.xprogramming.com/what-is-extreme-programming/ 허락 하에 사용함

XP 실행 관례에 대해서 몇 가지 이야기하기는 했지만 모든 실행 관례들을 다루는 것은 이 책의 범위를 벗어난다. XP 실행 관례에 대해서는 켄트 벡의 저서 『익스트림 프로그래밍 소개Extreme Progamming Explained』를 찾아보길 바란다. 여기서는 몇 가지 실행 관례만 예로 살펴보고 그것들이 비즈니스 적으로 어떤 가치를 가져다 주는지 이해해보자.

자동화된 테스트

자동화된 테스트는 클릭 한번으로 전체 시스템을 단 몇 분만에 검증할 수 있게 해준다. 자동화된 테스트가 있으면 코드를 수정한 지 몇 분만에 안심하고 상용 릴리즈에 반영할 수 있다. QA 검증을 피할 수 있다면 비즈니스에서 최소 며칠에서 몇 주의 시간을 벌 수 있다.

코드가 올바른지 알려주는 피드백 루프가 몇 분에서 몇 주로 줄어 들면 실수를 거의 즉시 고칠 수 있다. 피드백이 빠르면 문제가 많은 코드 위에 계속해서 코드를 더해서, 버그를 양산하고 그 뒷수습에 드는 시간을 줄일수 있다.

QA를 통한 정규적인 전체 시스템 테스트는 수동으로 수행되기 때문에 시스템이 커질수록 테스트 단계가 더 길어진다. 이는 테스트 담당자가 더 많이 필요하다는 뜻도 된다. 양산에 적용될 코드를 작성하기 전에 테스트 코드를 먼저 작성하면 시스템이 커지더라도 빠른 작업 속도를 유지할 수 있다. 새로운 기능을 추가할 때 다른 부분들이 망가질 두려움을 덜 수 있기 때문이다. 전체 시스템에 대한 테스트가 몇 분만에 이루어져 필요할 때마다 얼마든지 테스트를 할 수 있고 기나긴 QA 테스트 단계를 기다리거나 여러 사람이 관여할 필요가 없다. 자동화된 테스트는 실제 측정 가능한 비즈니스적 가치를 가져다 준다.

테스트 먼저

테스트 코드를 먼저 작성하면 여러 가지 장점이 있다. 아이디어를 생각해내는 데도 도움이 되고 한 번에 하나씩만 집중할 수 있다. 모듈, 클래스, 함수를 구체적으로 정의하도록 강제하여 일을 점진적으로 진행할 수 있다. 코드 작성 완료 후 실제 환경에서 기대한 대로 동작할 것이라고 강하게 확신할 수 있다. 테스트 코드가 준비되어 있으면 각 테스트 작업들은 몇 msec(단위 테스트)에서 몇 초(상위 수준 테스트)정도 소요되어 피드백 루프가 상당히 빨라진다. 테스트 코드는 잘 정리된 요구사항의 역할도 하기 때문에 딱 필요한 만큼만 코딩하도록 유도하여 불필요하게 복잡해지거나 오버 엔지니어링을 하는 것을 줄여준다. 이러한 것들이 바로 비즈니스적인 가치다.

테스트 주도 개발

테스트 주도 개발(TDD)은 테스트 코드를 먼저 작성한다는 것의 진화된 버전이다. 가장 흔한 오해가 TDD를 단위 테스트와 동일하게 생각하는 것이다. TDD는 테스트 단위가 어느 정도로 작아야 하는지 강제하지 않는다. 자동화 테스트의 종류는 대단히 많다. 그 정의만 해도 수십 가지다. 그러한 정의들은 서로 중복되기도 상충되기도 한다. 여기서는 그 부분은 제쳐 두고 TDD가 가져오는 가치에 대해서만 살펴본다.

TDD의 이름 자체에 '테스트'가 들어 있기는 있지만 사실 TDD는 설계에 대한 실행 관례다. 테스트가 코딩 방향을 주도하면 복잡한 코드를 작성하는 것 자체가 어려워진다. 그 첫 번째 이유는 정확히 요구사항만큼만 만족시키는, 즉 테스트로 규정된 부분만 작성하게 되기 때문이다. 첫 설계 단계에서는 요구사항을 확대 해석하고 미래에 있을지 모를 부가 조건들이 추가되기 쉬워 설계가 커지고 복잡해지는(BDUF: Big Design Up Front) 경향이 있다. TDD는 그렇게 되지 않도록 막아 준다. 두 번째는 코드가 복잡하고 방대하면 테스트 자체가 어렵기 때문이다. 테스트 대상 코드가 잘못된 설계와 과도한 복잡도를 가지고 있으면 새로운 테스트 코드를 작성하기가 점점 어려워진다. 이렇게 테스트 자체가 어려우면 설계를 재검토하고 코드를 더 단순하게 리팩토링하는 긍정적인 원인이 된다.

TDD에 의해서 주어지는 피드백은 정규적인 설계 리뷰 미팅보다 훨씬 빠르고 객관적이다. 새로운 기능이나 수정 방향이 테스트로 드라이빙되면 기존 코드의 유지보수 용이성에 대해 거의 즉시 피드백을 받게 된다. 설계 리뷰는 물론 좋은 것이지만 TDD와 비교하면 두 가지 면에서 단점이 있다. 첫 번째는 설계 리뷰가 너무 잦으면 무엇이라도 기여하고픈 참여자의 욕구로 인해 객관성을 잃고 오버 엔지니어링이 되기 쉽다. 설계 리뷰 미팅은 주제가 구체적으로 잘 정의되었을 때 효과가 있다. 예를 들면 변경하기 힘든 모듈의 성능 문제, 새로운 정부 규제 사항 지원, 회사의 전자상거래 시스템 통합과 같은 것들이다. 설계 리뷰는 반드시 큰 변화가 시작되기 전에 있어야 하고, 큰 모듈의 작업 진행 중에 몇 차례 정도가 적당하다. 설계 리뷰 미팅을 자주 하는 것은 바람직하지 않다. 변경 사항이 너무 크다면 더 작은 단위, 점진적인 단계로 나누어서 다루어야 한다. 반면에 TDD는 코드 한 줄마다 유용하게 활용되어 문제가 발생하는 즉시 피드백을 준다. TDD와 설계 리뷰 미팅이 서로 배타적인 것은 아니다. 둘 다 필요하다. 하지만 각각이 제공하는 가치와 피드백 루프의 주기가 다름을 이해하고 있어야 한다.

TDD는 코드의 설계, 단순성, 유지보수 용이성에 대해 피드백이 빠르다. 또한 코드에 대한 살아 움직이는 문서 역할을 한다. 더불어 긍정적인 부가 효과로 회귀 테스트 역할도 해준다. 이러한 것들이 TDD가 주는 비즈니스적인 가치다.

지속가능한 통합

팀(또는 부서) 하나는 보통 4명에서 10명의 개발자로 이루어진다. 큰 프로젝트에서는 여러 팀이 서로 다른 국가와 시간대에 흩어져 있는 경우도 있다. 아무리 작은 팀이라도 서너명으로는 구성된다. 어떻게 하면 서로의 발을 밟지 않고 일을 할 수 있을까? 각 팀이 완전히 서로 다른 기능들을 개발 중일 때 어떤 코드를 추가할 때 모든 기능이 통합된 애플리케이션에서 문제를 일으키지 않을지 어떻게 알 수 있을까? 우리 중 누군가가 애플리케이션의 다른 부분에 예상치 못한 부작용을 일으켰다면 그것을 어떻게 알 수 있을까?

한 가지는 전담 QA 팀을 통해서 시스템이 여전히 제대로 동작하는 변경점마다, 통합 때마다 테스트하는 것이다. 테스터는 수동으로 사전에 정해진 테스트 시나리오를 구동하고 결과를 리포트한다. 며칠에서 몇 주 후에는 시스템에 버그가 있는지의 여부를 알 수 있다. 이것이 피드백 루프가 된다.

지속적인 통합은 TDD와 함께 수행되어 이러한 피드백 루프를 단 몇 분으로 줄일 수 있다. 개발자가 코드를 올릴 때마다 전체 테스트 슈트가 실행되고 테스트가 실패하면 이메일이 모든 팀에 전달된다.

이러한 실행 관례는 '일단 멈추고 버그부터 수정한다'는 태도가 필요하다. 팀원들은 어떤 일을 하고 있었던지 간에 하던 일을 멈추고 마지막 변경점에서 문제 부분을 수정하는 데 집중해야 한다. 시스템이 항상 배포 가능한 상태로 유지되고 버그가 누적되지 않는다는 점에서 효율이 높다는 장점이 있다.

지속적인 통합과 TDD를 함께 할 경우 QA 팀의 부담이 크게 줄어들거나 아예 팀 자체가 필요 없어질 수 있다. 가장 훌륭한 테스터는 자동화된 테스트를 개발하여 개발자를 돕고 비즈니스 분석가와 제품 오너가 사용자 시나리오에 따른 제품의 적합 기준을 정의하는 데 도움을 주는 사람이다. 훌륭한 테스터는 자동화하기 어려운 임의의 사용자 시나리오에 집중하여 개발자를 돕는다.

페어 프로그래밍

코드의 품질을 보증하기 위해 코드 리뷰를 많은 팀들에서 흔히 적용하고 있다. 코드 리뷰는 시스템에 대한 지식과 유용한 코딩 스킬을 팀 전체에 전하는 데도 좋다. 문제는, 설계 리뷰의 경우와 마찬가지로 얼마나 자주 하느냐다.

  10명의 개발자가 있고, 일주일에 한 번씩 코드 리뷰를 한다고 생각해보자. 리뷰해야 할 코드량은 많고 의견을 말하고 싶은 개발자들도 많아서 몇 시간이 훌쩍 넘어간다. 리뷰 대상 코드는 작지만 중요한 부분이 선정된다. 코드에 이견이 없으면(모든 개발자들이 각자의 의견이 있어서 이런 일은 드물다) 쉽게 다음으로 넘어갈 수 있다. 하지만 코드가 나쁘면 어떨까? 상당한 리팩토링이 필요하다면? 이미 그 코드는 일주일 전에 반영되었고 그 코드의 구조에 의존하는 다른 코드들이 이미 쌓여 있을 수 있다. 그 모든 것을 되돌리고 수정해야 할까? 물론 그렇게 하는 것이 바람직하겠지만 얼마나 많은 시간이 낭비되어야 하는가?

  위의 경우 피드백 루프의 주기가 일주일이다. 어떤 팀은 2주에 한 번씩 코드 리뷰를 하고 어떤 팀은 아예 하지도 않는다. 코드 리뷰를 아예 하지 않는 팀은 버그를 가득 안은 코드가 문제를 일으킨 몇 달 뒤에나, 손을 쓸 수도 없는 상태에서 피드백을 받을 것이다.

  페어 프로그래밍을 하면 코드가 작성되자마자 그 품질에 대해 피드백을 받을 수 있다(보통 '4개의 눈'으로 검증한다고 말한다). 개발자가 테스트를 작성하거나 변수 이름을 짓는 순간 다른 개발자가 즉시 "이 부분은 이해가 안 됩니다. 어떤 의미죠? 변수명을 notLoggedIn이 아니라 guest로 바꾸면 어떨까요? 이 메서드는 하나가 너무 많은 일을 합니다. 몇 가지 private 메서드로 분할하면 어떨까요?"라고 말하며 유지보수 용이성과 명료성에 대해서 피드백을 한다.

  같은 페어끼리 너무 오래 있으면 효과가 적다. 하루 이틀 단위로 주기적으로 페어를 바꾸는 것이 좋다. 그렇게 하면 전체 시스템에 대한 이해도나 개발자의 스킬이 팀 차원에서 누적되어 올라간다. 더불어 코딩 표준을 정의하고 유지하는 데도 도움이 된다. 이러한 것들이 바로 가치다. 즉각적인 피드백 루프가 만들어진다.

리펙토링

보이스카웃의 '캠핑 장소를 처음 발견했을 때보다 더 깨끗하게 남겨두라'는 규칙은 소프트웨어 장인이 코드를 바라볼 때도 마찬가지로 적용된다.

개발자들은 이해하기 어려운 코드를 만났을 때 그것을 개선해보려 하기보다는 그대로 내버려둔다. 괜히 수정했다가 코드를 망가뜨릴 수 있기 때문이다. 그래서 작은 워크 어라운드들과 중복 코드들을 만들면서 작업한다. 엉망인 코드가 많을수록 엉망인 코드가 늘어나는 속도도 빨라진다. 이것은 '깨진 유리창 법칙'으로도 알려져 있다. 지저분하고 엉망인 애플리케이션은 개발자들을 느리게 만들고 그로 인해 비즈니스도 느려진다.

지속적으로 코드를 리펙토링하면 이러한 위험이 줄어든다. 개발자들 코드에 손을 댈 때마다 지속적으로 코드를 가다듬는다. 프로젝트의 시작 단계부터 이러한 실행 관례를 받아들여 수행한다면 코드가 점진적으로 상태가 향상되어 리펙토링에 너무 많은 시간을 들이는 일이 없어진다.

레거시 애플리케이션을 대상으로 일을 할 때, 전체 시스템을 한꺼번에 새로 작성하고 싶은 욕구를 조심해야 한다. 이럴 때는 수정되는 부분에 한정해서 리펙토링을 집중하는 것이 더 나은 접근 방법이다.

실용주의적인 관념 없이 리펙토링하는 것은 대단히 위험하다. 프로페셔널로서 행동한다는 것은 트레이드오프를 이해한다는 것이다. 전체 시스템을 더 좋게 만들 수는 있겠지만 그럴 필요 자체가 없을 수 있다. 몇 년 동안 바뀐 적이 없는 부분을 리펙토링하는 것은 의미가 없다. 애당초 코드를 수정할 필요가 없다면, 리펙토링해야 할 이유도 없다. 리펙토링은 더 자주 변경되는 부분을 대상으로 시작해야 한다. 보이스카웃 규칙은 모든 것이 아니라 해당 부분을 이해하여 변경할 필요가 있을 때, 적용해야 한다.

유지보수가 쉬운 깨끗한 코드는 개발 속도를 높이고 버그가 만들어질 가능성을 낮춘다. 이것이 리펙토링의 비즈니스적인 가치다.

책임감

이와 같이 각 실행 관례들의 가치를 설명함에도 불구하고 여전히 많은 사람들이 받아들이기를 거부한다. "그런 것들은 다른 데서 그렇게 하고 있다는 사례에 지나지 않는다. 그중 많은 것들이 필요없다. 실행 관례들 없이도 좋은 소프트웨어를 쉽게 개발할 수 있다"라는 말들이 여전히 반복해서 들리고 있다.

그것이 사실일 수도 있다 하더라도, 대단히 모호한 주장이다. 구글에서 실패한 소프트웨어 프로젝트 비율을 검색해보면 얼마나 많은 프로젝트들이 이런 저런 형태로 실패했는지 여러 보고 자료와 통계를 찾아볼 수 있다. 출처에 따라 다르지만 실패 비율이 30%에서 70%에 이른다.

개발자이든 프로젝트 매니저이든, 비즈니스 담당이든, 이러한 실행 관례를 원하지 않는다고 하면 귀담아 들어야 한다. 기분 나쁘게 생각하거나 그 사람의 지식 부족을 의심할 이유는 전혀 없다. 우리는 그런 사람들과의 대화에서 배워야 한다. 하지만 앞선 섹션에서 설명된 가치들을 이야기 한 후 다음과 같이 되물어야 한다. "이러한 가치와 최소한 동등한 수준의 가치를 만들어 내기 위해 당신은(혹은 우리는) 무엇을 하고 있습니까? 이러한 실행 관례보다 더 나은 방법이 있습니까?"

우리의 의사 결정에 책임감을 가져야 한다. 여기에는 실행 관례를 도입하지 않는 결정도 포함된다. 이것은 개발자만의 이야기가 아니다. 관리자들 역시 팀이 특정 실행 관례를 따르지 못하도록 할 때 그에 대한 책임감이 있어야 한다. 우리는 이러한 결정들을 기록하고 문제가 있을 때 에스컬레이션해야 한다.

실용주의

기술, 방법론, 실행 관례들은 계속 개발되고 진화 중이다. 어떤 일이든 항상 더 좋은 수행 방법이 있다. 이 장에서 실행 관례 몇 가지를 설명하기는 했지만 그것들이 유일한 실행 관례들이거나 모든 상황에 적합한 것은 아니다. 오늘날 훌륭한 것으로 취급되던 것이라도 인정했더라도 미래에는 그렇지 않을 수 있다. 어쩌면 수 년 뒤에는 소프트웨어 장인정신에서 장려하는 실행 관례 목록이 완전히 다를 수도 있다.

실용주의는 소프트웨어 장인이 가져야 하는 최선의 역량 중 하나다. 누군가가 이야기했기 때문에, 또는 그 실행 관례 도입을 위한 도입을 해서는 안 된다. 우리는 지속적으로 일하는 더 나은 방법을 찾고 고객을 만족시켜야 한다. 그 결론이 TDD를 도입하는 것이라면 그렇게 해야 한다. 언제든지 TDD보다 더 나은 가치와 더 빠른 피드백 루프를 줄 수 있는 다른 것이 있다면 그것을 TDD 대신 도입해야 한다.

무언가를 절대적인 진리로 바라보는 것은 바람직하지 않다. 항상 우리가 무엇을 하고 있고 그것을 왜 하고 있는지 질문해야 한다. 지금 하는 방법보다 더 나은 다른 방법이 없는가? 우리가 선택한 실행 관례가 우리 프로젝트에 적합한가? 그 실행 관례의 가치는 무엇인가? 무언가 다른 것을 시도해

볼 시점인가?

  어떤 실행 관례가 다른 실행 관례보다 더 나은지 알아보는 가장 좋은 방법은 프로젝트에 어떤 가치를 주는지, 피드백 루프가 얼마나 긴지 비교해 보는 것이다. 나머지는 상관이 없다. 만약 검토 중인 실행 관례가 우리에게 어떤 가치를 주는지 판단되지 않는다면 도입을 보류해야 할 수 있다. 만약 비교 중인 두 실행 관례가 비슷한 가치를 준다면 팀에서 좀더 편하게 받아들일 수 있는 것을 선택하면 된다. 기억해야 할 것은 꼭 이렇게 해야만 한다라는 법은 없다는 점이다. 어떤 실행 관례를 도입했다고 해서 영원히 사용해야 하는 것은 아니다. 많은 애자일 원칙들이 이야기하고 있듯이 항상 점검하고 적응해야 한다. 특정 실행 관례가 더 이상 우리에게 가치를 주지 못한다면 그 실행 관례를 버려야 한다. 소프트웨어 장인으로서, 우리의 일에 항상 최선의 기술, 도구, 절차, 방법론 그리고 실행 관례를 선택할 수 있도록 개방적인 사고 방식을 가져야 한다.

요약

  많은 개발자들이 그들의 관리자나 동료 개발자들에게 새로운 기술적 실행 관례를 수용하도록 설득하는 데 어려움을 겪고 있다. 그 이유는 그 실행 관례의 도입이 프로젝트에 어떤 가치가 있는지 설명하는 데 실패하기 때문이다. 기술적 실행 관례를 따르는 것은 노력과 비용이 수반된다. 새로운 실행 관례에 팀이 익숙해지는 데는 학습 곡선이 필요하다. 처음에는 당황하고 불편해 작업이 느려질 가능성이 높다.

  직접적으로 TDD나 연속된 통합, 리펙토링, 페어 프로그래밍 같은 것을 도입하자고 이야기하는 대신 "만약 우리가 클릭 한번으로 몇 초나 몇 분 만에 전체 애플리케이션이 정상 동작하는지 확인할 수 있다면 어떻겠는가? 그러면 QA 시간을 1주일에서 단 몇 분으로 줄일 수 있다. 그러면 하루에도 몇 번씩 QA 테스트를 할 수도 있다. 만약 다른 개발자에 의해 수정된 사항이 다른 쪽 기능과 서로 충돌하여 문제를 일으키지 않는지 즉시 알 수 있다면 어떻겠는가? 그러면 엄청난 시간을 절약할 수 있다. 이러한 것들이 된다면 애플리케이션을 양산 배포하는 데 시간이 얼마나 걸릴까? 수정사항이 있을 때마다 몇 분만에 반영할 수 있고 하루에도 몇 번씩 가능하면 어떻겠는가? 만약 양산 배포된 애플리케이션에서 버그가 발견되더라도, 버그를 수정하고 새로 배포하는 일이 얼마나 빨라질까? 팀 구성원들의 업무 스킬에도 큰 편차가 있다. 이것을 어떻게 다룰 것인가? 담당 모듈 밖의 요소들, 구성 방식이나 배포, 사용된 프레임워크 등에 대해서는 어떻게 이해도를 높일 수 있을까? 특정 파트를 특정 팀 구성원에만 의존하는 것을 어떻게 해소할 수 있을까?"

실행 관례에 대한 도입을 이야기하기 전에, 먼저 우리가 이루려는 것이 무엇인지 논의해야 한다. 소프트웨어 개발/납품 절차 중에서 어떤 부분을 얼마만큼 개선하길 원하는가? 이러한 것이 정의되고 나면 그것을 달성하기 위해 어떤 실행 관례를 도입할지 말할 수 있다.

CHAPTER 8

길고 긴 여정

사람들은 무엇인가를 잘 하고 싶어한다. 그 동기는 사람마다 다르겠지만 무언가에 통달한다는 일은 대단히 즐겁다는 것만은 같다. 아무도 알아주는 사람이 없더라도 스스로 자랑스럽다. 숙달할 수 있을 정도로 어떤 것에 집중하고 결단하기는 꽤 어려운 일이다. 우리 중 극히 일부만이 마스터가 되기 위한 어렵고 힘든 긴 여정을 감내해낸다.

이 장에서는 커리어와 동기에 대해 이야기를 해본다. 우리는 정말 커리어를 제대로 돌보고 있는가? 어디로 가고 있는지, 어디로 가고 싶은지 진정으로 알고 있는가? 우리의 일을 투자로 바라보아야 하는가? 그렇다면 그 투자에 대한 보상은 무엇이어야 할까?

브라질 어느 십대 소년의 이야기

브라질 시골, 평범한 집안의 십대 소년이었던 당시의 나는 런던에서 사는 것이 꿈이었다. 왜 그런 것이 꿈이었는지는 전혀 설명할 수가 없다. 그저 런던을 상상하기만 해도 무언가 나를 들뜨게 하는 것이 있었다. 부모님은 나의 이런 꿈에 대해서 길게 대화하는 것을 피했다. 왜냐하면 그렇게 될 가능성이 거의 제로에 가까웠기 때문이다. 우리 가족은 항상 재정적인 어려움을 겪고 있었고 좋은 교육을 받거나 큰 도시에서 살 수 있는 여건이 되지 않았다. 내가 살고 있던 작은 마을에서는 프로페셔널로서 커리어를 닦을 수 있는 회사들을 볼 기회가 없었다. 게다가 나는 영어를 할 줄도 몰랐고 유럽인 여권도 없었다. 설령 영국으로 간다고 한들 구직자로서 경쟁력도 없었다. 세계 유수 대학을 졸업한 인재들 사이에서 나의 이력서는 보잘것없었다.

그럼에도 불구하고 나는 결심했다. 고등학교를 졸업할 때 진로를 정했다. 좋은 대학에 갈 수 있는 여유는 없었기에 선택지는 제한적이었다. 이런 저런 제한적인 환경과 내가 열정을 가진 것들을 고려할 때 영국으로 갈 수 있는 최선의 선택은 소프트웨어 엔지니어였다. 십대 시절, 변변찮은 게임을 만든답시고 위해 흑백 텔레비전에 연결된 작은 컴퓨터로 수천 라인의 BASIC 코드를 작성하면서 밤을 지새웠다. 모두 문자 기반의 게임들이었고 모든 것이 사각형이었다. 공조차도 사각형으로 표시되었다. 그 당시에는 컴퓨터 게임들이 그런 식으로 생겼었다. 나는 컴퓨터 공학을 공부하기로 결심했다. 아직 갈 길이 멀었지만 소프트웨어 개발자는 런던으로 가는 꿈을 이룰 수 있는, 선택 가능한 거의 유일한 커리어임을 알고 있었다.

소프트웨어 개발자로 몇 년을 일한 후 드디어 매우 비싼 이탈리아 시민권 신청 절차를 밟을 수 있었다. 부모님은 두 분 다 이탈리아 출신 가계도를 가지고 계셨다. 큰 비용을 들여 이탈리아의 오래된 친인척에 대한 문서를 찾고 포르투갈어로 번역하여 브라질의 법률문서로 만들었다. 보통의 브라질 소시민으로서는 상당히 큰 금전적 투자였다. 하지만 내 꿈을 위해서는 유럽인 여권이 필요했다.

　2000년, 이탈리아 시민권 획득 절차가 진행 중일 때 영국으로 여행을 갔다. 그때가 스물 셋, 생애 첫 해외여행이었다. 나의 미션은 내가 생각하던 그런 곳이 런던과 영국이 맞는지 확인하는 것이었다. 추가로, 영국의 인력 시장에서 경쟁력이 있으려면 어떤 것을 해야 하는지 알아보는 것이었다. 여행을 떠나기 전 LinkedIn과 비슷한 예전의 비즈니스 SNS를 통해 몇몇 개발자들과 접촉했었고, 30일 남짓 여행을 다니며 그 개발자들과 만나 대화를 나눌 수 있었다. 브라질에서는 몇 년 간 델파이 개발을 했지만, 영국에서는 델파이가 거의 존재감조차 없다는 사실을 알게 되었다. 대화를 나눈 개발자들의 조언과 구직 사이트의 내용들을 보았을 때 Java가 유망주였다. 나의 영어 실력이 런던에서 소프트웨어 개발자로 일하기에는 턱없이 부족하다는 것도 깨달았다. 길을 묻거나 맥도날드에서 햄버거를 주문할 수준은 되었지만 다른 개발자와 이야기를 나누거나 소프트웨어 프로젝트에 대해 토론하거나, 구직을 위해 인터뷰를 할 수 있는 수준에는 부족했다. 전화로 대화하는 것은 아예 엄두도 못 낼 정도였다. 전화로는 누구와 얘기하든 전혀 이해할 수가 없었다.

　영국에서 들뜬 시간을 보내고 브라질로 돌아오니 내가 무엇을 해야 할지 보이기 시작했다. 당시의 직장을 그만두고 Java를 배울 수 있는 다른 직장을 찾았고, 개인 영어 교사를 고용하여 저녁 시간에 영어 공부를 했다. 석사 과정에도 지원했다. 나의 학력에 조금 자신이 없었기 때문에 Java 관련 자격 인증도 몇 가지 따기로 했다. 그런 자격 인증이 실력을 증명해주는 것은 아니었지만 최소한 런던의 회사들 입장에서 낯익은 내용을 이력서에 추가할 수는 있었다.

　나의 커리어가 내게 얼마나 중요한지 깨달았다. 나는 그냥 영국으로 옮겨

갈 준비를 하는 것이 아니었다. 내가 살고 싶어하는 곳이 어디인지를 떠나서 나만의 기준과 포부에 따라 성공적인 커리어를 준비하는 과정이었다. 편안하고 익숙한 상태에서 벗어나 나를 발전시키고 배울 수 있는 기회를 지속적으로 찾아야만 한다는 것을 깨달았다. 나의 인생이고 나의 커리어이고, 내가 주인이어야 했다.

이후 4년 동안, 항상 영국의 일자리를 주시하고 나 자신을 갈고 닦았다. 2004년 1월, 이탈리아 시민권이 발급되었다는 편지를 받았다. 몇 달 후, 유럽인 여권을 손에 쥐고 런던의 회사에 다니는 개발자들을 접촉했고 런던으로 이주했다. 그리고 2주 뒤, 런던에서 첫 직장을 잡았다.

10여 년 동안의 여정이 이제 끝을 맞았다. 드디어 런던에 살면서 개발자로 일하게 되었다. 나는 꿈을 이루었고 완전히 새로운 세상의 기회들을 받아들일 준비가 되어 있었다. 무언가 좀더 근원적인 변화도 있었다. 런던에 도착했을 때 나는 더 이상 런던을 꿈꾸던 십대 소년이 아니었다. 나는 스물일곱의, 이제 겨우 시작임을 알고 있는 프로페셔널 소프트웨어 개발자였다. 마스터가 되기 위한 긴 여정이 이제 겨우 시작이며 갈 길이 멀다는 것, 새롭고 흥분되는 일들이 기다리고 있다는 것을 깨닫고 있었다.

결단과 집중

요기 베라Yogi Berra*는 '어디로 가고 있는지 모르고 있다면, 결국 가고 싶지 않은 곳으로 간다.'라는 말을 남겼다. 소프트웨어 장인으로서 스스로의 커리어를 가치있게 여기고 아끼고 보살펴야 한다. 커리어가 개인의 삶 전체에 이어지는 긴 여정이며 각자의 선택에 따라 마스터가 될 수 있음을 이해

---

* 역자주 뉴욕 양키스 출신 저명 스포츠인

해야 한다.

어디로 가기를 원하는지 커리어의 방향을 정하는 것이 중요하다. 이것은 장기적인 목표이고 중간에 많은 것이 바뀔 수 있다. 커리어를 몇 년짜리 프로젝트라 여기고 어떻게 관리할지 생각해보자. 프로젝트의 비전과 종국적인 목표를 이해했다면 가장 중요한 요구사항은 전달받은 것이다. 그것을 작은 단위로 나누고 점진적인 반복 작업으로 만든다. 작은 작업 단계마다 프로젝트의 목표를 재평가하고 필요한 경우에는 수정해야 한다. 우리의 커리어도 마찬가지다.

어디로 가야 할지 모른다면

어디로 가고 싶은지 나조차도 모를 수 있다. 사실 우리의 커리어 방향을 정의한다는 것은 대단히 어려운 일이다. 딱 한번 결정하고 나면 그 이후로는 아무 생각없이 내달리기만 하면 되는 그런 것이 아니다. 우리는 지속적으로 그 결정을 재평가하고 다시 목표를 세워야 한다. 이때 단지 나의 열정만 고려하는 것이 아니라 개인적인 삶, 프로페셔널한 삶 속에 나타나는 모든 사건들을 고려해야 한다.

어디로 가고 싶은지 커리어의 방향을 확신할 수 없을 때는 모든 문들을 열어보기 시작해야 한다. 우리에게 기회가 나타날 수 있는 상황들을 만들어낼 필요가 있다. 다른 세상으로부터 고립되어 집안이나 사무실에만 웅크려 있기만 하는데 제발로 찾아와 노크를 하고 기회를 가져다 줄 사람은 없다. 좋은 기회를 제공해줄 수 있는 사람들이 나를 모른다면, 내가 어떤 사람이고 무엇을 하는지, 특히 얼마나 재능이 있는지 모른다면 그 사람이 나에게 기회를 제안할 턱이 없다. 밖으로 나가서 교류를 해야 한다. 세상이 나에게 접근할 수 있어야 한다. 다른 사람들이 나에게 다가오고 나와 이야기하는 것이 불편하지 않아야 한다. 커리어의 다음 여정을 어디로 해야 할지 모를 때 다른 사람 다른 회사들에서 나에게 선택지를 제안할 수 있는 환경을 만들어야 한다. 몇 개의 문이 열리고 선택지가 생기면 다음 여정의 목적지를 결정하기에 좋은 조건을 가질 수 있다.

다음은 기회를 만들어 내기 위해 할 수 있는 몇 가지 활동들이다.

- 익숙하고 편한 것에서 벗어나 새로운 것을 공부하고 기술적 지식을 확장한다. 예를 들어 새로운 프로그래밍 언어나 기술들을 배운다.
- 지역 커뮤니티에 정기적으로 출석하거나 행사에 참여한다.
- 다른 개발자, 비즈니스맨과 교류한다.
- 새롭게 배운 것, 지금 하고 있는 것들에 대해 블로깅한다.
- 오픈 소스 프로젝트에 참여한다.
- 프로젝트를 만들고 공개한다.
- 콘퍼런스에 참석한다.
- 콘퍼런스에서 연사로 나선다.

이러한 활동들을 하면 기존에 고려해보지 못한 새로운 기회에 노출되는 상황이 생긴다. 커리어의 다음 여정을 어디로 할지 결정할 때도 도움이 된다.

투자로서의 일터

훌륭한 커리어가 소프트웨어 개발에서 어떠한 것인지는 개인에 따라 크게 다르다. 각자 다른 꿈과 열망이 있고 완전히 다른 상황에 있지만 커리어에 대한 열망을 실현하려 노력한다는 점에 있어서는 매우 비슷하다. 거쳐 가는 모든 직장, 프로젝트들 하나 하나를 투자로 인식하는 것이 가장 중요하다. 직장은 단순히 돈을 버는 곳이 아니라 큰 목표를 향해 다가가는 단계 중 하나다. 소프트웨어 장인은 거치는 자리마다 끊임없이 지식과 열정과 몰입 그리고 프로페셔널로서의 태도를 키워나간다. 따라서 다른 형태의 투자로서 우리가 기대하는 보상이 어떠한 것인지 명확히 할 필요가 있다. 투자가 계속되는 동안 정기적으로 투자의 성과를 평가해야 한다.

몇 달 간의 인터뷰와 협상을 거쳐 어느 투자 은행에서 일하게 되었다. 나를 알고 있는 많은 개발자들이 내가 투자 은행에서 일하게 된 것에 대해 적지 않게 놀랐다. 사실 나 역시 투자 은행과 인연을 맺게 되리라고는 생각하지 못했다. 투자 은행은 보수적인 분위기일 것이라고 생각했다. 애자일이나 소프트웨어 장인정신 원칙같은 것들에 적대적이고, 관료주의와 계층 구조가 깊어 일하기에는 꽤 답답한 곳일 거라고 짐작했다. 이 투자 은행은 애자일과 더불어, 좋은 기술적 실행 관례들을 도입해서 뛰어난 팀을 새로 만들고자 했다. 더불어 그 팀이 기존의 다른 팀들에 자극제가 되기를 원했다. 나는 대규모 프로젝트에 대한 경험을 쌓고 싶었던 참이었고, 때마침 그 회사는 내가 경험해보지 못했던 해외 여러 곳에 흩어진 다국적 팀으로 개발되는 대규모 프로젝트를 수행하고 있었다. 관련 경력이 없는 나같은 사람에게는 보통 기회가 잘 주어지지 않는 금융 분야에 대한 경력을 쌓을 수도 있었다. 내가 좋아하는 소프트웨어 개발 실행 관례들과 테크닉들이 그러한 환경에서 어느 정도 효과가 있을지도 보고 싶었다. 스스로를 낯선 환경에 노출시켜서 새로운 것을 배우고, 일을 수행하는 다른 방법들을 알게 되는 것도 기대가 됐다. 이러한 것들이 그 회사에서 내가 얻고자 했던 투자 이익이었다.

당부의 말

일에서 투자 이익을 얻는다는 개념을 이기적이고 프로페셔널하지 않은 이력서 채우기로 오해해서는 안 된다. 업무에 대한 기여는 생각하지 않고 개인적인 이유로 이력서에 채워 넣을 기술과 방법론들을 쫓아 다니는 것은 비윤리적이다. 소프트웨어 장인이라면 프로페셔널로서 자신의 고객을 생각해야 한다.

지식은 일에서 얻을 수 있는 가장 흔한 투자 이익이다. 개발자들은 그들이 배우고 싶은 것을 따라서 일을 선택한다. 그 일을 떠날 때는 생각하는 커리어 방향과 맞지 않아서일 때도 있지만 배울 것이 더는 없기 때문에도 그렇게 한다.

개인적인 삶도 커리어 결정에 중요한 역할을 한다. 어떤 때는 그냥 돈이 조금 더 필요할 뿐일 때도 있다. 그렇다고 해서 전혀 문제될 것은 없다. 조금 더 많은 돈을 통해 크게 나아질 수 있는 경제 상황이라면 금전적 보상이 좋은 조건으로 커리어를 쫓는 것이 나쁠 이유가 없다. 어떤 때는 그저 좀더 안정적인 직장이 절실할 때도 있다. 가족을 새롭게 꾸리거나 자녀가 생기거나 할 때 특히 그렇다. 어떤 때는 그냥 일에 지쳐서 여행만 다니고 싶을 수도 있고, 어떤 때는 사랑하는 가족과 함께하고 개인적인 기술을 연마할 여유가 있는 야근과 휴일 근무가 적은 직장이 필요할 수도 있다.

커리어에서 옳고 그른 것은 없다. 지식은 영원하고 돈과 안정은 영원할 수 없다는 것만은 마음에 새기고 있어야 한다. 어떤 이유에서든 직장을 떠날 때 남는 것은 오로지 지식과 경험뿐이다. 항상 배우고 더 나은 소프트웨어 장인이 되는 것에 집중한다면, 단순히 돈만 쫓을 때보다 좋은 직장을 얻기가 오히려 더 수월하다.

자율성, 통달, 목적의식

다니엘 핑크Daniel Pink의 저서 『원동력: 동기부여에 대한 놀라운 진실Drive: The Surprising Truth about What Motivates』에서 돈은 충족되어야 할 기본 조건이고, 지식 노동자를 움직이는 것은 자율성, 통달, 목적의식 이렇게 세 가지라고 이야기하고 있다.

- **자율성**: 우리가 무엇을, 어떻게, 언제할지 통제할 수 있는 상태를 뜻한다. 제대로 된 애자일 개발 환경이라면 이러한 것들이 보장되어야 한다.
- **통달**: 더 나은 프로페셔널, 더 나은 인간이 되기 위해 계속 배우고 진화하는 것을 뜻한다.
- **목적의식**: 지금 하고 있는 일이 중요하고 무언가를 더 나아지게 하고 있다고 느끼는 것을 뜻한다. 아무런 이해없이 시키는 대로 일하는 것의 반대 개념이다.

돈은 기본적으로 충족되어야 하는 조건이라는 것이 매우 중요하다. 기본적인 생활 요건이 만족되지 않는 상황에서는 일에 집중하기가 상당히 어렵다. 저임금으로 싸게 부려지고 있다고 느끼면 항상 씁쓸한 느낌으로 일하게 된다. 회사를 좋아하더라도 결국은 정당하게 대우받고 있는지 의문을 품을 수밖에 없다.

소프트웨어 장인은 항상 자율성, 통달, 목적의식을 따라 일할 곳을 선택한다. 이러한 것들은 소프트웨어 장인으로서 성공적인 커리어를 오랫동안 지속하기 위해 핵심적이다. 돈만을 쫓아 일할 곳을 선택하면 커리어가 중단되기 쉽고, 제 궤도로 돌려놓기가 거의 불가능하다.

나에게 자율성과 통달은 협상 불가능한 마지노선이다. 둘 중 하나라도 확보할 수 없다면 나는 일을 맡지 않을 것이다. 이미 맡은 일에서 둘 중 하나가 박탈된다면 나는 그 일을 떠날 것이다.

목적의식의 의미는 명확하지 않을 수도 있다. 목적의식은 프로젝트가 끝나거나 중간 마일스톤을 지날 때 뭔가 더 나아졌다는 것을 알았을 때 느끼는 일종의 성취감이다. 목적의식은 우리를 행복하게 해주고 더 나은 세상을 위해 우리가 기여했다는 느낌을 준다. 그런데 이 기능을 왜 개발하는지 이 기술을 왜 사용하는지 질문도 할 수 없고, 실제 고객이 무엇을 원하는지도 전혀 모른 채 그냥 시키는 대로만 일해야 한다고 하자. 이런 상황에서는 아무도 알아주지 않는 무의미한 노력을 하고 있다는 느낌을 받을 수밖에 없다. 그런 느낌을 받으면서 오랫동안 힘든 일을 견뎌내기는 어렵다.

회사 안에서의 커리어

신중하게 선택한 곳이라면, 새로운 직장에서 새로운 일을 시작하는 것은 아주 신나는 일이다. 나는 매번 새 직장에 출근할 때마다 그곳에서 오랫동안 훌륭한 커리어를 닦을 수 있으리라 기대했다. 밖에서는 모든 회사들이 훌륭해 보였지만 이런 저런 이유로 실망하고 다른 직장을 찾아 떠나게 되었다.

적지만 예외도 있다. 내가 일했던 회사들 중 한두 곳 정도는 정말 훌륭했다. 몇 년이 지난 후 내가 원하는 커리어 패스와 그 회사에서 나에게 줄 수 있는 기회가 조금씩 어긋났다.

커리어는 특정 직업이나 회사보다 훨씬 중요하지만 회사 안에서의 커리어가 개인으로서 추구하는 커리어와 동일할 수는 없다. 우리의 커리어는 매우 긴 계단이고 특정 직업이나 직장은 한 계단에 지나지 않는다. 어떤 계단은 더 낮고 길고, 어떤 계단은 더 높고 짧을 수 있다. 어떤 계단을 밟느냐는 새로운 직장을 얻기 전에 숙제를 얼마나 잘 해놓았느냐에 달려 있다. 어떤 때는 개인적인 상황이나 커리어 방향 변화에 영향을 받기도 한다.

일반적인 대규모 조직에서 커리어를 유지하려 할 때 잘못된 방향으로 가는 것을 많이 보았다. 그 회사를 위해 최선의 것이 무엇인지에 집중하는 대신에, 승진과 보너스에 필요한 것들에만 집중한다. 프로페셔널이 되기 위해 노력하는 대신 주어진 규칙과 질서를 지키는 데 에너지를 쏟는다. 사내 정치 게임을 위해서 스스로의 가치는 제쳐둔다. 자신의 승진에 영향력이 있는 사람들과 다툼을 피하기 위해 정직한 의견을 말하지 않고 회사에 해가 되더라도 승진에 도움이 되는 일이라면 기꺼이 한다. 회사 안에서 잘못된 일에 집중하고 있는 동안 업계는 계속해서 진화한다. 어느 날 문득 높은 직위에 있다하더라도 다른 회사에서는 좋은 조건으로 갈 수 없는 퇴물이 되어 다니는 회사에만 목을 매는 붙박이 신세가 된다. 할 수 있는 것이라고는 그저 경기가 나빠지거나, 회사가 어려워지지 않기를 기도하는 것뿐이다.

이러한 행동을 하게 되는 조직이라면 관리자 층이 관료주의와 무능함으로 가득한 상태일 것이다. 이러한 조직의 관리자들은 그들보다 더 역량 있는 부하직원들이 수행하는 정교한 업무를 제대로 이해하지 못한다. 이러한 현상을 '피터의 원리'†라고 한다. '자신의 무능력이 드러날 때까지 승진하려는 경향'으로도 표현된다. 다르게 말하면 어떤 사람들은 정치 게임, 권한 남용, 책임 전가와 비난, 부정직하고 프로페셔널하지 않은 태도를 통해 감당할 능력이 전혀 없는 자리까지 승진한다.

기술이 퇴보한 사람들은 현재의 급여 수준과 생활 안정을 유지할 수 있는 다른 직장을 찾을 수 없어 근심하게 된다. 직설적으로 말하면 역량이 부족한 사람들만이 일자리 걱정을 한다. 소프트웨어 장인은 직업을 잃는 것에 대해 걱정하지 않는다. 소프트웨어 장인은 자신의 커리어 방향과 일치하는 경우에만 회사 안의 커리어를 수용한다. 소프트웨어 장인은 그들의 커리

† 역자주 1965년 Laurence J. Peter가 쓴 『The Peter Principle』

어가 긴 여정이며, 어떤 종착지에 도달하는 것보다 그 여정 자체가 훨씬 더 중요함을 알고 있다.

요약

일에 대한 보상을 받는 프로페셔널이라면 고객에게 가치를 제공할 의무가 있다. 그런데 일에는 금전적 보상보다 더 큰 의미가 있다. 일은 단지 돈을 벌기 위해 참아야 할 고통이 아니다. 일을 선택할 때는 자율성, 통달, 목적의식을 쫓아야 한다. 장인이라면 일을 선택할 때 이 세 가지를 반드시 고려해야 한다. 그러한 조건을 만족시켜줄 일 또는 직장을 찾는 것이 쉽지는 않지만 분명히 존재한다. 우리가 그러한 일을 맡을 준비가 덜 된 것일 수도 있다.

역량이 더 높아질수록, 스스로에게 기쁨을 주는 일을 찾기가 쉬워진다. 좋은 일감을 얻을 수 있는 위치에 도달하려면 커리어의 개발 과정 중에 많은 집중과 결단력이 필요하다. 성공적인 커리어는 공짜로 오지 않는다. 스스로 만들어 나가야 한다. 특정 회사 안에서의 커리어보다 개인으로서 우리 자신의 커리어가 항상 우선해야 한다. 물론 회사 안에서의 커리어가 개인의 커리어와 일치한다면 대단한 행운이지만 회사가 개인의 커리어를 통제하는 경우가 대부분이다. 일을 신중히 선택하고 고객들을 만족시켜 나가면, 소프트웨어 장인으로서 매우 성공적이고 즐거운 커리어를 만들 수 있다.

Part 2

완전한 전환

CHAPTER

9

인재 채용

새로운 인재를 채용할 때 현재의 문제를 더 키우지 않아야 한다는 것을 우선으로 고려해야 한다. 현재 업무가 제대로 진행이 안 되고 잘못된 행동들을 하고 있는 기존 개발자들이 문제라면, 그와 똑같이 행동할 사람을 또 채용하는 일이 없도록 해야 한다. 지속적으로 배우고 혁신하고 효율적인 실행 관례를 도입하고, 프로젝트의 성과와 코드의 품질에 주의를 기울이고, 문제를 풀기 위해 스스로 협력하고, 무엇이든 더 나은 방법을 추구한다면 이러한 훌륭한 개발자들과 비교해 기준에 미달되는 개발자를 채용하는 것도 어리석은 일이다. 너무나 당연해 보이는 일이지만 인사부서의 채용 담당자에게는 그렇지 않은 일이기도 하다. 모든 회사들이 최고의 인재를 원한다고 표방하지만 최고의 인재가 실제로 어떤 의미인지는 잘 모르는 경우가 허다하다. 회사들의 실제 채용 공고를 살펴보면 이러한 문제가 쉽게 드러난다.

이 장에서는 소프트웨어 장인을 어떻게 조직에 끌어들이고, 적극적인 채용 활동을 어떻게 할 수 있는지 알아본다. 채용 공고를 잘 작성하는 방법과 더불어 채용 공고에서 필요 없는 부분에 대해서도 알아본다.

전형적인 채용 공고

다음은 회사의 이름만 수정하여 실은 실제 채용 공고다. 금융 IT 업계에서는 아래와 같은 공고를 흔하게 볼 수 있다.

**대형 은행의 외환 IT 시스템 개발을 담당할 자바 개발자를 모집합니다.
장기 계약직으로 일하게 되며 아래와 같은 기술과 경험이 있어야 합니다.**

- 자바 프로그래밍 경력(5년 이상)–(멀티스레딩, 병렬처리 구현 경험 필수)
- 스프링 프레임워크 경험(스프링 integration, batch job, MVC, IcC)
- 금융권 IT 업무 경험(2년 이상)
- low latency, high frequency 트레이딩 시스템 개발(외환 거래)
- FX 호가(동시, 선물, 파생)
- 프론트 오피스 위험 관리, FX 가격 결정
- 전산 전공(석박사 우대)
- 솔라리스, 리눅스, RMDS, 29 West, Kx/Q, SQL(오라클), Coherence
- 우대 경력: C#, C++, MQ 메시징, 애자일 방법론, 분산/복제 캐시, Sybase, DB2

대우 수준은 아래와 같습니다.

- 80~90k 파운드(원화: 1억 2천~1억 5천), 급여 외 보너스 최대 30%
  년간 26~30일 유급 휴가, 가족을 포함한 의료보험 제공, 퇴직금 제공
  기타 복리후생 제공

상기 요구 경력에 합치하고 대우 수준에 관심이 있는 개발자께서는 바로 지원바랍니다.

개인적인 경험과 지인들을 통해 접하는 업계 이야기를 종합하면 이러한 채용 공고를 낸 회사는 자바 개발자만 필요한 것이 아닐 거라고 확신한다. 이러한 회사는 프로젝트 그 자체와 함께 절차, 문화에 훨씬 큰 문제가 있고 실제로 풀려는 문제도 그러한 것들일 가능성이 높다. 안타깝게도 이 회사는 그러한 문제들을 어떻게 풀어야 하는지 단서조차 못 잡고 있고 그에 적합한 사람을 채용하는 방법도 모른다.

투자 은행들의 채용 공고는 틀에 박은 듯이 다들 비슷하다. 한 은행에서

시스템을 엉망으로 개발하고 떠난 개발자가 또 다른 은행에서 쉽게 일자리를 구할 수 있다는 이야기도 된다. 이러한 개발자는 더 많은 돈만을 쫓고, 일하는 방법을 개선하거나 자기계발에는 공을 들이지 않는다. 이 공고에서는 전산관련 학위, 보유 기술 목록(그 기술을 정말 잘 활용할 능력이 있는지는 알 수가 없다) 그리고 투자 은행에서의 업무 경력을 요구하고 있다. 이 목록에 합치만 되면 더 대우가 좋은 은행으로 얼마든지 옮겨 다닐 수 있다. 그 와중에 은행에서는 더 역량 있는 사람이 필요하다고 성화다. 모든 것을 더 나아지도록 변화시킬 수 있는 사람, 더 품질 좋은 소프트웨어를 효율적으로 만들어 내고 비용을 낮출 수 있는 사람을 원한다. 하지만 더 나은 사람을 고용하기 위해서는 채용 방식을 바꾸어야 한다는 것을 모른다. 훌륭한 개발자를 유인하려면 먼저 채용 공고의 직무 요건을 바로잡아야 한다. 앞의 채용 공고 직무 요건들은 잠재적으로 실력있는 개발자 다수를 제외시킨다. 투자 은행에서 근무한 적이 있고, 전산학 학위가 있으면서 나열된 모든 기술들을 경험해본 사람으로 한정시키면 그 중에서 소프트웨어 개발자로서 유능한 사람의 숫자가 얼마 남지 않는다.

　이러한 사례는 투자 은행에만 국한된 것은 아니다. 이런 식의 채용 공고 문제를 안은 회사들이 많다. 낮은 사기, 많은 기술적 부채, 열정과 혁신의 부족과 같은 문제들을 해결하려는 회사에게 이러한 채용 공고의 자격 요건들이 얼마나 도움이 될까? 종국적인 목적이 소프트웨어 개발/납품 역량을 개선하고, 일하는 방식을 바꾸어 문화를 혁신하는 것이라면 앞과 같은 채용 공고는 아무런 의미가 없다. 이 채용 공고의 요구 조건 목록은 엉뚱한 것에 집중하고 있고 회사의 가치와 후보자에게 기대되는 태도에 대해서는 아무 것도 말하지 않는다. 회사에서 내보내고 싶은 사람과 같은 부류의 사람을 또 채용하게 될 수도 있다.

채용 과정은 길고 소모적이라는 고정 관념도 있다. 적합한 지원자가 없어서 겨우 한 사람을 채용하기 위해 10명에서 30명까지 인터뷰해야 한다고 불평한다. 지원자의 '적합성'의 문제가 아니다. 면접관들은 본인이 후보자 면접에 얼마나 미숙한지 알지 못할 때가 많다. 정확히 어떤 사람을 찾는지, 어떻게 찾을 수 있는지도 잘 모르는 경우가 흔하다. 회사와 면접관들이 훌륭한 개발자를 잘 선별해서 채용할 능력이 있었다면 지금 사내에 있는 개발자들에 대해 불평하는 상황 자체가 없어야 한다. 문화가 바뀌어야 한다는 아우성도 없어야 했다.

큰 조직에서 일하던 시절, 다른 국가에 있는 다른 부서의 팀들로 정기적인 출장을 갔었다. 나의 역할은 해당 지역의 개발자들과 함께 일하고, 기술 토론을 하고, 페어 프로그래밍을 하고, 좀더 효율적인 실행 관례를 도입할 수 있도록 돕는 것이었다. 출장에서 돌아오면 고위 관리자들과 그 해외 조직에서의 경험에 대해 이야기를 나누었다. 고위 관리자는 보통 해당 해외 조직의 책임자일 때가 많았고 가장 흔한 질문이 "어느 정도 형편 없는가?"였다. 그리고 내가 미처 대답하기도 전에 "개발자들 역량이 충분한 것 같지가 않다. 뭔가 하나 시키면 언제 끝날지 알 수가 없다. 도대체 뭘 하고 있는지 모르겠다. 누가 가장 문제인지 말해 달라. 조치를 취하겠다."라고 부연을 한다. 나는 일반적인 상황에 대해서는 설명을 했지만 한번도 특정 개발자의 이름을 말한 적은 없다. 해고할 개발자의 이름을 받아 내기 위해 나를 몰아세우고 윽박지른 관리자도 있었다. "나는 이름을 댈 수 없다. 당신이 나를 출장보낸 이유는 그 개발자들을 돕게 하기 위함이었지 그 개발자들을 해고하기 위한 것이 아니었다. 나는 그들을 더 나아지게 하기 위해 이 자리에 있다. 나는 그 개발자들과 며칠 동안 함께 시간을 보냈고 그들의 신뢰를 얻었다. 나 역시 개발자로 그들과 가까워졌고 그들도 나와 가까워졌다. 그들을 배신할 수 없다. 당신이 가진 불만들은 그 개발자들의 문제가 아니다. 그 개발자들은 어느 날 갑자기 회사 문을 박차고 들어와서 여기서 일하겠다고 한 사람들이 아니다. 그들은 채용 과정을 거쳤다. 이력서를 보내고 당신의 선별 과정을 거쳤다. 당신의 문제는 미숙한 개발자들이 아니다. 당신의 문제는 채용 과정이고 그것에 권한과 책임이 있는 사람이 문제다. 바뀔 것은 채용 절차이고, 해고될 사람은 그것에 책임있는 사람이다."라고 답할 수밖에 없다.

어떤 조직의 문화와 정체성은 CEO가 보낸 이메일이 아니라 회사의 구성원이 결정한다. 인사부서나 회사 밖의 HR 에이전시에 채용을 맡기고 내버려 둔다는 것은 개발팀의 문화와 정체성에 별 관심없는 사람의 손에 개발팀의 새로운 구성원에 대한 선별권을 넘긴다는 의미다.

인터뷰할 시간이 없다는 변명

면접관들이 가장 많이 하는 실수는 너무 바빠서 인터뷰를 제대로 할 시간이 없다는 것이다. 흔히들 "다른 업무들이 있기 때문에 면접에 많은 시간을 쏟을 수가 없다"라고 이야기한다.

우리는 가족이나 연인보다 회사 동료들과 훨씬 많은 시간을 보낸다. 신뢰할 수 있고 좋은 관계를 맺을 수 있는 사람을 동료로 두는 것은 대단히 중요하다. 면접에 투자할 시간이 없다는 것은 훌륭한 팀을 구성하는 것을 소홀히 한다는 것과 같다.

대다수의 비즈니스들이 소프트웨어에 크게 의존하기 때문에 비즈니스의 성공과 실패는 소프트웨어를 개발한 개발자의 영향을 많이 받는다. 결과적으로 비즈니스가 죽지 않고 숨을 쉴 수 있도록 기계를 움직이고 유지보수하는 것은 바로 개발자들이다.

훌륭한 개발자를 채용하는 것이 핵심 요소이기 때문에 면접관의 자질이 대단히 중요하다. 지원자들은 항상 주관적으로 평가될 수밖에 없다. 좋은 개발자인지 나쁜 개발자인지가 면접관 개인의 기술적 역량, 가치 기준, 편견에 따라 정해진다. 계층 구조와 통제에 가치를 두는 사람은 자기보다 더 나은 사람, 심지어 자신과 비슷한 수준의 사람조차 배척한다. 반면에 항상 배우기를 원하고 더 나은 일하는 방법을 찾는 사람은 자신보다 훌륭한 사람과 함께 일하기를 원하고 최소한 자신과 비슷한 역량의 사람이라도 채용되기를 희망한다.

면접 시간도 문제지만 전체 채용 절차에 소요되는 시간도 문제다. 지원자를 모집하는 데서부터 이력서 선별, 면접, 실제 채용되기까지 짧으면 몇 주에서 길면 몇 개월까지 걸린다. 이 기간 동안 딱히 다를 것 없는 이력서들을 검토하고 부적합한 지원자들을 면접하느라 많은 시간을 낭비한다.

기간을 정해 놓고 채용을 하거나, 정규적인 공채 절차를 거치는 것은 해법이 아니다. 부적합한 지원자를 면접하는 데 낭비되는 시간은 반드시 대응이 필요하다. 왜냐하면 4~5명을 뽑기 위해 100명을 면접하는 것은 현실적으로 무리다. 외부의 HR 에이전시에 채용을 맡기는 것은 더 위험한 노릇이다. 유일한 대안은 지원자를 선별하는 기준을 더욱 상세화하는 것이다.

틀에 박힌 직무 요건

채용 공고에 직무 요건 목록을 기술하는 방식은 피해야 할 관례다. 로 애들러Lou Adler는 이와 관련한 주제를 시리즈로 다루고 있다(참조: www.

tlnt.com). 로 애들러는 기술과 경험을 나열하는 전통적인 직무 요건이 "재능에도 반하고, 다양성에도 반하며, 성공적인 채용과의 상관관계도 최악이다"라고 말하고 있다.

다음은 왜 그런지에 대한 몇 가지 이유다.

- **절대적인 숫자**: 숫자는 임의적이고 오해하기 쉬우며 변덕스럽다. 5년 간의 자바 경력 또는 얼마 이상의 대학 학점은 후보자를 제대로 선별하는 데 별 도움이 안 된다. 5년 간 경험했다는 것은 1년의 똑같은 경험을 5번 반복하는 것과는 다르다. 채용된 후에 새롭게 배우는 것 없이 같은 기술만으로 오랫동안 일하는 개발자들이 많다. 대학 학점 또한 아무런 의미가 없다. 대다수의 학생들이 졸업 직후에는 프로페셔널 소프트웨어 개발자가 될 준비가 안 되어 있다. 필요한 기술은 일을 통해서 또는 자발적인 자기계발을 통해서 배울 수 있지 학점이나 자격증을 통해서 얻는 것이 아니다.
- **키워드 매칭**: 채용 담당자들은 특정 기술이나 플랫폼에 대한 약어들을 선호하지 않는다. 채용 담당자는 해당 업무의 본질적인 부분을 잘 모르기 때문에 선무당에게 굿을 맡기는 결과가 된다.
- **기술 목록의 나열**: 불필요하게 너무 많은 기술 목록을 나열하면 재능 있고 정직한 개발자가 스스로 지원을 포기하게 만들 수 있다. 보통 더 나은 개발자를 선별하려는 욕심에 필요한 기술뿐만 아니라 희망 기술까지 더해지기 일쑤다. 좋은 개발자를 선별하기는 커녕 후보군만 줄일 뿐이다. 나열된 기술이나 경험 목록이 실제 그 업무를 잘하기 위한 것과 전혀 관계 없는 경우도 있다.
- **잘못된 기업 문화 설명**: 채용 공고에 기업의 가치와 기대되는 태도, 책임을 잘못 설명하는 경우가 많다. 보통 그 누구도 부정할 수 없는 아주 당연한 가치들을 나열한다. 팀워크, 긍정적 태도, 배움에 대한 열정, 지혜로움과 같은 단어들을 나열하지 않도록 한다. 이러한 것들 중 어느 하나라도 자신이 해당하지 않는다고 스스로를 배제할 지원자는 없다.
- **잘못된 요구 항목**: 더 훌륭한 개발자를 유인하기 위해서는 기술, 경력 년수, 일한 산업군, 출신학교, 학점 이런 것들 보다 그 직무에서 무엇을 책임져야 하는지 설명하는 것이 훨씬 낫다. 해가 갈수록 화려한 기술 항목(그냥 종이 위의 글자에 지나지 않는), 학점, 학위, 업무 경력으

로 채워진 이력서가 넘쳐나고 있다. 그 내용들과 실제 역량은 전혀 일치하지 않는 것이 현실이다.

- **잘못된 선별 조건**: 직무 요건들은 최고의 인재를 끌어들이는 것이 아니라 최악의 인재를 걸러내기 위한 목적으로 설계되어 있다. 최고의 개발자들은 경험 년수에 기반한 채용 공고에는 지원하지 않는다. 최고의 개발자들은 대단히 신중하게 일을 찾는다. 특정 기술의 사용 유무보다 회사의 문화, 업무에서의 책임, 프로젝트의 종류를 훨씬 더 중요하게 여긴다. 수준 이하의 개발자를 걸러내기 위한 직무 요건 내용들이 최고의 개발자들을 배척하는 부작용을 만들 수 있다.

- **승진 요건과의 불일치**: 승진심사 때, 특정 프레임워크의 API를 알고 있다거나 자바 경력이 몇 년 이상이라서 승진하지는 않는다. 대신 그가 이룬 성과와 리더십, 팀워크와 같은 다른 중요한 이유들 때문에 승진을 한다. 채용 공고의 직무 요건이 이러한 승진 요건과 합치되는 부분이 없다면 그 직무 요건으로 필터링된 사람들이 회사 안에서 좋은 성과를 낼 것으로 기대하는 자체가 앞뒤가 안 맞는 일이다.

이 밖에도, 채용 공고의 전형적인 직무 요건이 왜 나쁜지 이유들이 더 많지만 앞의 이유들만으로도 충분한 설명이 될 것이다.

참고 정보로 필요한 직무 요건

채용 공고에 직무 요건 목록을 나열하는 것은 지양한다. 직무 요건을 꼭 작성해야 한다면 태도와 책임, 프로젝트 종류, 사용 기술(요구 조건이 아니라 참고 정보로서) 그리고 가치관과 회사의 문화에 집중된 내용으로 채워져야 한다.

두 개의 채용 공고를 비교해보자. 하나는 금융 회사의 아주 흔한 채용 공고이고 다른 하나는 7digital 웹사이트의 것이다.

〈채용 공고 1〉

금융 소프트웨어 자바(J2SE/J2EE) 개발자 채용

당사는 성공적으로 성장 중인 금융 소프트웨어 전문 업체로, SQL에 경험이 있는 정규직 자바(J2SE 또는 J2EE) 개발자를 채용합니다. 기술에 대한 열정과 함께 금융 서비스 분야에 더 많은 경험과 배움을 얻고자 하는 개발자를 환영합니다.
- 급여 수준: 50,000 ~ 60,000 파운드(원화 8000만 원~1억 원), 보너스 별도

직무 요건

지원자는 자바 코어에 능숙해야 하며 상용 환경에서 아래와 같은 기술과 경험을 필수로 보유하고 있어야 합니다.
- 5년 이상의 자바 개발 경험(J2SE 또는 J2EE)
- 3년 이상의 SQL 활용 경험(더불어 SQL 서버와 오라클에 대한 기본적인 이해 필요)
- 웹 기술 경험(HTML 5, CSS 3, jQuery, Spring MVC 등)
- 객체지향 분석 및 설계 경험
- 소프트웨어 개발 생애 주기 전반에 대한 경험
- 동료 개발자 및 비즈니스 분석가와 전문적인 내용에 대한 원활한 커뮤니케이션 능력

필수 요건은 아니지만 다음의 기술과 경험들을 보유한 지원자를 우대합니다.
- 고성능 분산 시스템 개발(Java 기반)
- 실시간 및 배치 시스템 경험
- 분산 시스템 기술 경험(Oracle Coherence등)
- Spring, Hibernate 활용 경험
- 애자일 개발 환경 경험(TDD, JUnit 등)

자바 개발자의 역할은 시스템 아키텍트, 자바 팀 리더, 그리고 다른 개발팀의 사람들과 긴밀히 협력하여 상위 수준 설계, 코드 구현, 성능 개선을 하는 것입니다.
본 직무를 통해 뱅킹과 투자 관리 업무 분야에 대한 기술적 경험뿐만 아니라 관련 비즈니스에 대해서도 폭넓게 경험을 쌓을 수 있는 기회가 주어집니다.

이 채용 공고는 일반 개발자들을 대상으로 한 공개 채용 요건이다. 이 채용 공고에서는 급여 수준을 제시하고 있고 요구사항도 매우 구체적이다. 이 자리를 지원하는 사람이라면 거의 비슷한 배경을 가지고 있을 것이다. SQL을 사용할 줄 아는 자바 개발자, 5년 이상의 J2SE 또는 J2EE 경력, 3년 이

상의 SQL 사용 경력, 이러한 것들은 이 회사가 고참 개발자의 기준을 개발자가 가진 지식이 아니라 특정 기술을 얼마나 오래 사용했었는가를 판단한다는 것을 알 수 있다. 새로운 JEE 대신 오래된 J2EE라는 용어를 사용하고 있다는 것이 눈에 띈다. 이 회사는 구 버전의 자바 엔터프라이즈 에디션을 쓴다는 뜻일까? 아니면 오래된 채용 공고를 그냥 'copy & paste'해서 재활용하다 보니 그렇게 된 것일까? 어느 쪽이건 간에 바람직하지 않다.

우대 요건에 '애자일 개발 환경 경험(TDD, JUnit 등)'이 있는데 마치 애자일이 TDD나 JUnit과 같은 것처럼 취급하고 있다. 'JUnit 등'이라고 표현한 부분은 이 회사가 애자일이나 익스트림 프로그래밍에 대해 진지한 입장은 아니라는 강한 의심이 생긴다. 애자일은 여러 가지 직무 요건들 중 하나일 뿐이다.

'시스템 아키텍트, 자바 팀 리더, …긴밀히 협력하여'라는 부분은 자기 조직화되는 팀이 아닌 계층 구조임을 암시한다.

시작과 마지막 부분에서는 '금융 서비스, 뱅킹, 투자 관리 및 관련 비즈니스를 배우고 경험을 쌓을 기회가 있다'는 것을 강조하고 있다. 은행 업계에서 일해 본 경험을 바탕으로 비즈니스를 더 배워서 관리자가 되는 커리어 개발 기회를 얻을 수 있다는 의미임을 알 수 있다.

마지막으로 '기술에 대한 열정과 … 배움을 얻고자 하는 개발자를 환영'한다는 부분을 뒷받침하는 내용을 직무 요건에서 전혀 찾을 수 없다. 그러한 열정이 어떻게 보상받고 가치를 부여받는지, 회사의 개발 문화와는 어떻게 연결되는지 아무런 내용이 없다.

〈채용공고 2〉

음악과 기술에 대한 열정이 넘치는 사람들로 가득한 규모는 작지만 빠르며 혁신적인 회사입니다. 우리는 빠르게 성장하고 있습니다. 이에 따라 열정적이고 창의적으로, 즐겁게 함께 일할 사람들을 찾고 있습니다. 비록 힘은 들지만 재미있게 일할 수 있고 내가 기여한 부분이 즉각적으로 회사의 성공에 영향을 끼치는 것을 볼 수 있는 환경입니다.

개발팀: (경력) 개발자

아주 특별한 개발팀에서 일할 똑똑하고, 자발적으로 동기가 부여된 개발자를 찾습니다. TDD를 능숙하게 수행해본 경험이 반드시 있어야 합니다.

이런 분을 찾습니다

- 소프트웨어 자체를 중요시하고 돌볼 줄 알아야 합니다. 글자에 지나지 않는 이력서의 공허한 다짐들이 아니라, 자신의 업무를 명확히 하고 그 행동에 책임질 수 있는 열정이 있어야 합니다.
- 소프트웨어 설계에 대한 안목이 있어야 하며 여러 주제들에 대해 당신의 경험이나 자료, 실험을 바탕으로 유창하게 의견을 개진할 수 있어야 합니다.
- 당신에게 있어서 일은 단순히 직장에 출퇴근하는 것 이상의 의미가 있어야 합니다.

TDD

다른 무엇보다도 우리는 TDD를 지지하고 따르고 있습니다. TDD로 일하는 데 충분한 경험이 있고 TDD 스타일의 사고방식에 능숙하다면 우리는 당신을 고참 개발자 자리로 모실 것 입니다. TDD로 일한 경험이 있습니까? 그렇다면 아주 좋습니다. 얼마나 경험이 있는지, TDD를 어떻게 실행했는지, 최근 프로젝트에서 TDD가 어떻게 이용되었는지, 어떤 문제들이 있었는지 등 많은 이야기를 듣고 싶습니다.

직무 역할

우리 팀은 크로스펑셔널, 자기 조직화 팀이며 자유로운 분위기입니다. 아키텍트도, 프로젝트 관리자, 중간 관리자도 없습니다. 당신은 제품 관리자 및 이해 관계자들과 직접 대면하며 긴밀한 상호협력 방식으로 일하게 됩니다. 상당히 높은 수준의 팀워크와 성숙도가 필요합니다. 그러한 역량은 흔하지 않습니다. 하지만 우리는 이러한 역량이 최고의 소프트웨어를 만들기 위한 최선의 방법이라고 믿습니다.

여러 가지가 있지만 그 중에서도 페어 프로그래밍, TDD/BDD, 리펙토링, 연속된 제품 릴리즈가 우리의 일하는 방식에 깊게 녹아 있습니다. 이러한 방법들을 개선하기 위해 지속적으로 노력하고 있습니다. 우리는 코드 타이핑이 일의 병목점이 아니라는 것을 알고 있습니다. 여러 가지 중에서도 다음과 같은 것을 수행합니다.

- 한 주에 두 번씩 카타(Kata), 도조(Dojo)를 하거나, 실행 관례나 기술에 관해 토론합니다.
- 한 달에 한 번씩 '이노베이션 타임'이 있습니다. 이틀의 시간을 할애하여 새로운 장난감을 가지고 놀거나 제품 아이디어를 토론합니다.
- 정기적으로 콘퍼런스나 커뮤니티 이벤트에 참석합니다. 단순한 참관일 때도 있고 서포터 또는 발표자일 때도 있습니다(최근에는 'QCon London 2012', '스프트웨어 장인정신 2012', 'SPA 콘퍼런스 2012'에서 발표 세션을 맡았습니다).
- 우리는 완전하지 않습니다. 많은 문제가 있음을 인정합니다. 우리는 개선하기 위해 끊임없이 노력 중이며 아직 해결해야 할 문제들이 많이 남아 있습니다.

사용 중인 기술

대부분의 코드 스택이 C#과 .Net으로 되어 있습니다. 다른 언어와 기술들(예를 들어 Ruby, 서버사이드 JavaScript, C++, Python)도 사용하고 있고 탐색 중입니다. 객체지향 언어를 깊이 이해하고 다루는 데 능숙하다면 경험한 배경 기술이 무엇이든 관계없이 우리의 일원이 되는데 문제가 없습니다. 아래는 현재 사용 중인 기술 목록입니다(이 기술들 외에 다른 기술들도 얼마든지 사용될 수 있습니다).

- C#, Ruby, JavaScript
- ASP.Net MVC, OpenRasta, Nancy, ServiceStack, Nhibernate, Windsor, StructureMap, NUnit, RhinoMocks, ReSharper, NDepend
- Cucumber, Rails, RSpec, Rake, Capybara, Selenium, Watir
- REST, OAuth
- Git
- MS SQL, ElasticSearch, Solr
- Mono, Windows, IIS, Nginx
- RabbitMQ
- TeamCity

오픈 소스에 대해서도 적극적입니다. 위에 나열된 기술 중 일부에 실제 기여하고 있으며 fork한 프로젝트도 우리의 GitHub 계정에서 관리하고(우리가 만든 다른 기능들을 공개하는 것을 포함하여) 있습니다.

이 공고는 열정적이고 재능있는 개발자를 끌어들이는 데 최적화되어 있다. 어떤 일을 하는 회사이며 무엇을 가치있게 여기는지, 새롭게 합류할 개발자에게 어떠한 것을 기대하는지 기술하고 있다.

'이런 분을 찾습니다'에서는 새로운 팀원이 되기 위한 가장 핵심적인 요건임이 열정임을 명확하게 표현했다.

이 회사는 기술적 실행 관례들, TDD, 행태 기반 개발(BDD: Behavior-Driven Development), 리펙토링, 페어 프로그래밍, 지속적인 제품 릴리즈와 같은 것들이 특정 기술들에 대한 경험에 우선하고 있다.

아키텍트나 프로젝트 관리자, 중간 관리자가 없음을 직접적으로 알려주고 있고 개발자가 제품 오너 및 이해 관계자와 협력적인 방식으로 직접적으로 함께 일한다는 것을 전달한다.

또한 개발자 역량 향상을 위해 배우고 연습할 시간을 따로 제공하고 이러한 부분이 회사에 문화적으로 녹아 있음을 강조하고 있다.

현재 사용 중인 기술 스택 목록을 나열하고는 있지만 다른 개발 언어나 기술에 대해서도 열려있고 검토도 하고 있음을 분명히 적시하고 있다. 지원자가 객체지향 프로그래밍에 충분한 이해만 있다면 어떤 경험적 배경이 있는지는 상관하지 않는다는 점도 분명히 하고 있다.

공고의 원본에는 이 회사의 Github 계정 링크도 제공하고 있다. 이것은 이 회사가 오픈 소스에 대해 얼마나 진지하게 생각하는지 개발자들에게 보여주는 증거다.

이 채용 공고는 HR 담당이 아니라 열정적이고 훌륭한 개발자들이 개입하여 만든 것이 분명하다. '당신에게 일은 단순히 직장에 출퇴근하는 것 이상의 의미가 있어야 합니다.'라는 부분을 볼 때 이 회사는 진정으로 훌륭한 개발자가 이 채용 공고를 보았을 때 어떻게 느낄지 이미 계산해 두고 있는 것으로 보인다.

일은 단순히 일이 아니다

훌륭한 개발자들에게 일은 그냥 일이 아니다. 일은 취미이자 열정이다. 좋아하는 일을 하면서도 돈을 벌 수 있어서 행운이라고 느낀다. 일은 단순한 의미의 일 이상이기 때문에 훌륭한 개발자들은 회사도 같은 방식으로 생각하기를 바란다. 개발자들은 그들이 빛날 수 있는 기회와 재미난 일거리를 많이 제공해 줄 회사를 찾는다.

추천 채용

추천은 권장할만한 채용 수단이기는 하지만 금전적으로 보상이 주어져서는 안 된다. 추천 채용 시스템에 금전 보상이 더해지면 채용 절차 전체를 무효화할만한 잘못된 동기가 생길 수 있다. 좋은 개발자들은 좋은 개발자들과 일하고 싶어한다. 이것 하나만이 동기로서 의미가 있다. 좋은 개발자들은 추천 채용을 훌륭한 개발자에게 배울 수 있는 기회로 생각한다. 훌륭한 개발자가 들어오면 회사에도 좋고 추천한 개발자의 성장에도 좋다.

소프트웨어 장인이라면 다른 개발자를 추천하는 것 자체가 스스로의 평판을 시험대에 올리는 행위임을 이해한다. 소프트웨어 장인이 다른 개발자를 추천했다는 것은 그 개발자도 소프트웨어 장인이라는 의미다. 즉 추천한 본인과 동등한 수준의 열정, 가치, 원칙으로 헌신하는 사람이어야 한다.

커뮤니티의 활용

재능있는 개발자들을 채용하기 위한 최선의 방법은 여러 개발자 커뮤니티와 접촉하는 것이다. 사용자 그룹이나 기술 커뮤니티를 후원하는 것도 훌룽한 개발자들에게 접근할 수 있는 좋은 방법이다.

사례를 들면, 작지만 탄탄한 금융 서비스 회사의 CTO가 런던 소프트웨어 장인정신 커뮤니티(LSCC)의 첫 번째 원탁회의 이벤트의 한 세션을 맡았다. 그 CTO는 이 세션에서 회사에서 개발하고 오픈 소스로 공개한 테스트 프레임워크를 시연했다. 몇 달 뒤 그 회사는 LSCC의 후원사가 되어 월 정기 미팅 중 하나를 호스팅했다. 지금은 런던 스칼라 사용자 그룹(LSUG)도 후원하고 있다.

LSCC와 LSUG를 후원함으로써 다음과 같은 이득을 얻을 수 있었다.

- **훌륭한 개발자들에게 노출**: 커뮤니티가 인연이 되어 많은 사람들이 바로 고용되었다. 회사 입장에서는 많은 시간과 돈을 아낄 수 있었다.
- **사내 개발자들이 무료로 배울 수 있는 기회**: 회사의 많은 개발자들이 핸즈온 코딩 세션에 참가하여 페어 프로그래밍을 하거나 서로 다른 솔루션을 비교하며 배울 수 있었다. 소프트웨어 장인정신 원탁회의 이벤트에도 참석하여 여러 주제에 대해 공개 토론도 하였다.
- **무료 기술 컨설팅**: 회사의 개발자들은 다른 개발자들과 함께 그들의 문제를 해결하기 위해 어떤 방법이 가장 좋을지 조언을 들을 기회가 생겼다.
- **저렴한 투자 비용**: 후원사로서 투자해야 할 것은 피자 몇 판이나 한 달에 한 두 번 회사 회의실을 빌려주는 것뿐이었다.

커뮤니티를 적극적으로 후원함으로써 얻을 수 있는 가장 큰 이익은 재능 있는 개발자를 발견하고 그들에게 직접 다가갈 수 있다는 것이다. 이 부분은 개발자 입장에서도 마찬가지다. 그 회사의 문화가 어떠한지, 어떤 개발자들이 일하고 있는지, 어떤 종류의 애플리케이션을 만들고 있는지, 어떤 식으로 일하는지 개발자들의 입장에서 파악할 수 있다. 사용자 그룹과 기술 커뮤니티들은 정기적으로 모임을 갖기 때문에 개발자들과 회사들 모두 쉽게 함께할 기회를 찾을 수 있다.

몇 주에서 몇 개월 동안 개발자와 회사가 서로를 도우면서 서로에 대해 알아갈 수 있다. 이러한 밀접한 접촉은 양쪽 도두에게 이익이다. 지식을 공유하고 소통하는 것뿐만 아니라 비즈니스 파트너십을 맺을 수도 있고 고용 관계가 되기도 한다.

효과적인 선별 조건의 정의

추천이나 커뮤니티를 통한 채용 방법에 항상 의존할 수는 없다. 좋은 개발자는 매우 드물다. 이 때문에 많은 개발자들에게 접근하기 위해 일반적인 경로로 채용 공고를 내야 할 수도 있다. 이 경우 다시 원래의 문제로 돌아간다. 면접 시간을 어떻게 아낄 것인가?

대기업이나 어느 정도 이름이 알려진 회사들은 채용 공고를 낼 때마다 많은 이력서가 들어온다. 지원자 모두를 면접하는 것은 불가능하다. 회사의 필요를 만족시킬 가능성이 높은 지원자들을 추려내야 한다. 추리려는 조건들이 모호하거나 비과학적일 수 있다. HR 담당이나 리쿠르팅 에이전시는 보통 키워드 매칭을 하거나 경험 연차나 학력과 같은 임의의 조건으로 이력서를 선별한다. 채용 책임자의 경우에는 이전에 근무했던 직장의 규모와 산업군, 각각의 근무 기간 그리고 어떤 역할들을 했었는지 설명한(대부분 과장된) 내용들을 살펴본다.

투자 은행에서 일할 때 신규 인력 채용을 담당했던 적이 있다. 런던 팀에서 일할 경력 개발자를 찾고 있었다. 리쿠르팅 에이전시들이 보낸 이력서가 50건이 넘었다. 하지만 모든 이력서들이 내눈에는 똑같아 보였다. 대부분의 이력서들이 회사에서 보낸 채용 공고(앞서 보았던 전형적인 채용 공고와 비슷한)의 직무 요건들을 만족했다. 50명 모두 면접을 볼 수는 없었다. 어쩌면 한 사람당 하루가 소요될 수도 있었다.

내가 가장 중요하게 생각하는 개발자의 자질이 무엇인지, 개발팀에 어떤 문화를 심고 싶은지 곰곰이 생각해보았다. 결론은 열정적인 소프트웨어 장인이었다. 열정은 기술적인 역량이나 프로그래밍 언어에 대한 이해보다도 더 중요한 조건이었다. 나는 항상 새로운 것을 시도하고, 배우고, 지식을 공유하고, 커뮤니티 활동에 적극적인 사람을 원했다.

이력서를 아무리 봐도 이러한 조건에 부합하는 지원자를 대여섯 명 수준으로 추릴 수가 없었다. 나는 리쿠르팅 에이전시로 이력서를 모두 돌려 보내고 "열정적이고 재능있는 개발자를 찾아달라."라고 요구했다. 에이전시에서 이력서의 어떤 부분이 마음에 들지 않았는지 내게 물었다. 나는 "나도 잘 모르겠다. 사실 그게 문제다. 다들 필요한 기술 요건과 몇 년 간의 투자 은행 업무 경력도 있다. 하나같이 중요한 역할을 맡았었다는 업무 이력들로 가득하다. 그런데 그런 것들은 내가 중요하게 생각하는 선별 요건이 아니다." 이러한 설명에도 에이전시들은 생각을 깊이 해보지도 않고 다시 내게 필요한 직무 요건이 무엇이냐고 물었다. 나는 "직무 요건은 없습니다. 열정적이고 재능있는 개발자가 필요합니다."라고 대답했고 리쿠르팅 에이전시들은 재차 뭔가 직무 요건과 비슷한 것이라도 제시해주기를 요청했다. "이력서에 키워드 매칭을 할 것이라면 단어 하나만 제시할 수 있다. '열정'이다."라고 답한 이후 대부분의 리쿠르팅 에이전시들에서 연락이 오지 않았다.

채용 조건을 아무리 잘 만든다고 하더라도 이력서를 선별할 때는 좋은 개발자를 의도하지 않게 제외시키기도 한다. 앞서 투자 은행 채용 공고에서는 아무리 훌륭한 개발자라도 투자 은행 근무 경력이 없으면 모두 제외된다. 이러한 문제는 학위, 특정 프레임워크에 대한 경험, 몇 년 이상의 경력과 같은 것을 조건으로 내걸 때도 마찬가지다.

훌륭한 개발자를 서류 심사에서 놓치지 않으려면 어떻게 해야 할까? 가장 먼저 훌륭한 개발자에 대해서 명확히 정의해야 한다. 이 부분은 채용 상황에 전적으로 종속적이다. 개발 조직, 문화, 개발하는 애플리케이션도 다르기 때문에 훌륭한 개발자에 대한 관점이 다를 수탁에 없다. 많은 개발자들과 이 주제에 대해서 오랫동안 이야기를 나누어 왔지만 그중 단 한번도 특정 기술에 대한 지식이나 경력년수 또는 학위가 훌륭한 개발자의 조건이라고 말하는 사람은 없었다. 그러한 조건들이 훌륭한 개발자와 전혀 상관이 없다면 왜 계속해서 선별 조건으로 내걸어야 할까?

앞의 투자 은행 사례에서는 열정을 가장 중요한 요건으로 보았다. 하지만 기존의 일반적인 이력서만으로는 열정 수준을 가늠할 방법이 없었다. 그래서 다른 형태의 이력서를 요구했고 다음 사항들 중에 해당되는 것이 있다면 기술하도록 했다.

- GitHub 계정
- 블로그
- 오픈 소스 활동
- 기술 커뮤니티나 사용자 그룹 활동 내역
- 펫 프로젝트 내용
- 트위터 계정
- 좋아하는 기술서적 목록
- 참석했거나 발표했던 콘퍼런스

그 투자 은행의 개발자들과 나의 생각에는 열정이 있는 개발자라면, 심지어 초보 개발자라 하더라도 이중 하나 정도는 해당사항이 있을 것이라고 보았다. 이 정도 요건이면 자신의 커리어를 위해 개인 시간을 들여서 스스로에게 투자하는 사람, 즉 열정이 있는 사람을 구분하기에 충분해보였다.

물론 위의 활동들을 하지 않는 훌륭한 개발자들이 개중에 있을 수 있다. 하지만 이 정도의 서류 선별조차 하지 않는다면 다시 모든 지원자를 면접해야 하는 상황으로 되돌아간다. 그것은 비용적, 시간적으로 감당할 수 있는 일이 아니다.

적극적인 리쿠르팅

Codurance를 창업했을 때 첫 고객 중에 다국적 컨설팅 회사가 있었다. 그 회사는 색다르고 특별한 서비스를 요청했다. 채용 절차를 바꾸고 지원자 중 몇 명의 면접을 대신 보아 달라는 것이었다.

그 컨설팅 회사는 빠르게 성장하고 있었고 시장 요구에 맞추기 위해 70여 명에 이르는 개발자를 한꺼번에 채용해야 했다. 신입, 경력, 아키텍트, 정규직, 계약직 등 거의 모든 종류의 개발자와 계약 조건을 필요로 했다. 개발자뿐만 아니라 비즈니스 분석가, 개발 운영 지원(DevOps), 테스터도 필요로 했다. 여러 가지의 새로운 프로젝트를 위해 다양한 종류의 개발 언어와 기술에 익숙한 개발자들을 채용하려고 했다.

우리에게 서비스를 의뢰한 이유 중 하나는 모든 면접들을 자체적으로 감당하기 어려웠기 때문이다. 그 많은 개발자들을 채용할 방법에 대한 확신이 없는 문제도 있었다. 새로 채용할 개발자들 대부분이 그들의 고객들과 직접적으로 대면하면서 맞춤형 소프트웨어를 개발해야 했으므로 신뢰할 수 있고 실력있는 개발자들이 필요했다.

그 컨설팅 회사는 우리를 고용하기 전에 이미 절박한 상황이었다. 많은 면접들을 수행해야 했지만 새로운 비즈니스 기회를 잃지 않기 위해서는 시간이 부족했다. 상황이 절박하면 실수할 확률이 높아진다. 특히 채용할 때는 더욱 그렇다. 채용 기준을 낮추고 아무나 받아들이기 쉽다.

시간이 걸리기는 했지만, 그 컨설팅 회사의 채용 절차를 바꾸고(많은 부분 이 책에 설명된 내용들을 따랐다) 훌륭한 개발자들을 채용하는 데 어느 정도 성공할 수 있었다.

이때 큰 교훈을 얻었다. 회사는 시급하게 채용해야 하는 상황을 절대 만들어서는 안 된다. 급하게 채용해야만 하는 상황에서는 잘못된 사람이 조직에 들어오기 쉽다. 프로젝트에 특정 역할을 맡길 수는 있겠지만 어느 시점에선가 그 프로젝트는 끝나게 된다. 어쩌면 자질이 부족한 개발자에 대한 고객의 불만이 극에 달해 조기에 종료될 수도 있다. 회사의 평판이 나빠지는 것뿐만 아니라 그 형편없는 개발자들로 다음 프로젝트를 또 다시 꾸려야 한다.

Codurance에서는 매우 적극적인 방식으로 채용 절차를 진행하기로 했다. 우리는 고객이 늘어날 때까지 기다리지 않기로 했다. 정기적으로 계속해서 채용하기로 했다. 훌륭한 개발자를 찾는 것은 대단히 어렵고 시간이 오래 걸리는 일이다. 정말 좋은 개발자가 꼭 필요한 상황이 되었을 때, 그때가서 원하는 스타일의 개발자를 시간 맞춰 찾을 수 있을 가능성은 매우 낮다. 이점을 염두에 두고 훈련생과 장인을 위한 자리를 계속해서 채워 나갔다. 한 가지 차이점은 우리가 관심을 쏟고 싶은 개발자들만 지원하도록 채용 절차를 아주 상세화했다. 이렇게 함으로써 지원자의 수를 줄이는 것뿐만 아니라 채용의 성공 확률도 높아졌다.

채용할 준비가 되지 않은 상태에서 지원서가 들어오면 우리는 당장은 자리가 없음을 분명히 했다. 대신 채용 절차를 미리 통과하면 다음에 자리가 났을 때 최우선으로 채용될 수 있다고 이야기했다. 채용 절차 중에는 최소한 주말을 투자를 해야만 하는 코딩 과제를 제시했다. 당장 채용할 수는 없지만 이러한 채용 절차를 거칠 동기를 부여하기 위해, 모든 코드들이 매우 충실하게 리뷰하여 피드백할 것을 약속했다. 이렇게 함으로써 지원자 입장에서는 채용되지 못하더라도 최소한 그들의 코드에 대해 가치 있는 조언들을 얻을 수 있고, 회사 입장에서는 기본적인 채용 절차를 통과한 실력있는 후보자들을 확보할 수 있었다. 이를 통해 언제든지 필요한 시점에 맞추어 좋은 개발자 채용이 가능했다.

요약

회사가 지역의 사용자 그룹이나 기술 커뮤니티와 교류하면 많은 이득을 얻을 수 있다. 좋은 개발자, 잘 수련된 프로페셔널뿐 아니라 잠재력있는 젊은 개발자들도 많이 만날 수 있다.

리쿠르팅 에이전시는 최후의 수단으로만 이용해야 한다. 채용을 의뢰한 회사와 이해관계가 상충되기 때문에 고객사의 문화나 가치에 대해서 제대로 고려하지 않는 경우가 많다. 거의 대부분 직무 요건으로 이력서를 키워드 매칭해서 선별한다. 소프트웨어 개발이나 기술에 대해서 이해가 부족하기 때문에 직무에 부적합하거나 역량이 떨어지는 인재를 채용하기가 쉽다.

광범위하게 채용 공고를 내기 위해 어쩔 수 없이 직무 요건을 기술해야만 한다면 회사의 문화나 가치, 프로젝트의 상세한 내용, 기대하는 역할과 책임, 사용된 기술들(지원 조건이 아닌 참고 자료로서)에 대해서 명확하게 설명하는 것을 잊지 말아야 한다. 선별 조건으로서 특정 기술에 대한 경험이나 업무 경력년수, 전공, 학위, 인증같은 것들은 적합하지 않다. 대신 열정에 집중해야 한다.

　미래의 성공 가능성을 높이기 위해서는 열정적인 개발자를 찾아야 한다. 열정적인 개발자는 개방된 사고로 항상 무언가를 배우기를 원하기 때문이다. 그들은 스스로 동기가 부여되어 혁신하고 기술 변화를 이끈다. 그들은 누가 무엇을 하라고 할 때까지 기다리지 않는다. 무언가를 시킬 때까지 그저 가만 있는 사람들은 회사를 정체 상태로 이끌어 피해야 할 사람들이다. 열정적인 개발자는 성장하기 위해 개인 시간을 기꺼이 투자한다. 당장 오늘은 미숙하더라도 그리 길지 않은 시간이 지나면 훌륭한 프로페셔널이 될 가능성이 매우 높다.

　회사 입장에서 사내의 개발자들이 마음에 들지 않는다면, 그 개발자들을 탓하는 대신 먼저 회사가 그들을 어떻게 채용했었는지 회사의 채용 방식에 의문을 품어야 한다. 채용 절차가 의도한 대로 동작하지 않았을 가능성이 있다. 다른 회사들도 똑같이 훌륭한 사람들을 찾고 있다는 것을, 역으로 훌륭한 사람들도 나쁜 회사들을 걸러내고 있다는 것을 기억해야 한다.

CHAPTER

10

소프트웨어 장인 면접하기

면접은 쌍방향이다. 회사는 그들의 목적을 달성하는 데 도움을 줄 수 있는 개발자를 찾으려 하고, 개발자는 자신의 열망과 커리어 방향에 적합한 회사를 찾으려 한다.

회사는 한 명의 지원자를 여러 번 면접하는 경우가 많다. 개발자는 면접을 볼 때 그 회사에 대해서 파악할 수 있는 중요한 기회로 삼아야 한다. 새로운 회사에서 일하는 것은 커리어상 대단히 중요한 결정이어서 개인의 삶에 직접적으로 영향을 미친다. 사랑하는 가족들과 함께하는 것보다도 일터에서 더 많은 시간을 보내기 때문이다.

이 장에서는 회사와 개발자들이 상호 생산적인 파트너십이 가능할지를 어떻게 판단할 수 있는지 알아본다. 지원자 입장에서의 몇 가지 면접 기술과 회사 입장에서 소프트웨어 장인을 어떻게 면접할 수 있는지 살펴본다.

비즈니스 협상

기술이 진화하면서 소프트웨어 프로페셔널에 대한 수요가 늘어나고 있다. 기업이 경쟁우위를 점하려면 실력있고 열정 가득한 개발자를 채용하는 것이 필수임을 이제 모든 회사들이 깨닫고 있다. 그러한 개발자들을 잘 대우해야 한다는 것도 이해하고 있다. 이 부분은 「InfoWorld」[*]의 기사에서도 강조되었다. 미국 노동부 통계에 따르면 소프트웨어 개발자는 차기년도에 30%의 수요가 증가할 거라 예상되며 「CareerCast」에서는 소프트웨어 개발자를 2012년 최고의 직업으로 꼽았다.

면접을 볼 때, 일자리를 구걸하는 입장이 아니라는 것을 기억해야 한다. 비즈니스 협상을 하는 것이다. 한 쪽에는 비즈니스 목표를 달성하려는 회사가 있고 다른 한 쪽에는 그러한 목표 달성을 도울 수 있는 소프트웨어 프로페셔널이 있다. 고용 계약서에 서명하기 전에 그것이 정규직이든 계약직이든, 협상의 결과에 따른 보상과 위험 수준이 어떠하고 그 내용이 무엇인지 반드시 이해해야 한다.

소프트웨어 장인들은 업계에서 나름의 평판이 있다. 이 평판에 해를 끼치는 것도 위험요소로 보아야 한다. 예를 들어 뒤처진 일정, 모호한 비즈니스 가치, 상명하복식 관리, 공장 노동자처럼 취급받는 개발자들, 산처럼 쌓인 개발 관련 문서, 아무런 협의없이 그저 통보되는 기술적 결정, 개발자가 고객이나 이해 관계자와 격리된 환경... 이러한 상태로 꾸려지고 있는 프로젝트나 회사에 합류하는 것은 장인의 평판을 상당히 깎아내리는 행위다. 이러한 프로젝트가 제 궤도를 찾을 가능성은 거의 제로에 가깝다. 소프트웨어 장인이 이러한 프로젝트에서 얻을 수 있는 것은 당황과 분노뿐이다. 생산적인 파트너십이 자리잡히지 않은 회사들은 피해야 한다. 반면에 프로젝트가

---

* 역자주 1978년부터 발간되고 있는 저명한 IT 잡지

위험에 빠져 있기는 하지만 개발자들이 필요한 것은 무엇이든 할 수 있고, 비즈니스 담당과 긴밀하게 협력하고 있는 상황이라면 소프트웨어 장인에게는 역량을 발휘하고 빛날 수 있는 훌륭한 기회다.

성공적인 프로페셔널이라면, 나쁜 조건을 거부하는 것이 나은 경우도 있다는 것을 이해한다. 좋은 파트너십은 양쪽 모두에게 가치있어야 한다는 것도 이해한다. 나쁜 파트너와 함께 일을 해야 할 이유는 없다. 특히 요즘처럼 좋은 소프트웨어 개발자가 부족한 시기에는 더욱 그렇다.

생산적인 파트너십을 알아보는 방법

회사와 개발자 모두 같은 것을 찾고 있다. 바로 생산적인 파트너십이다. 면접을 하는 동안에는 생산적인 파트너십이 어떠해야 하는지 서로 다른 관점에서 바라본다. 이러한 다른 관점들이 무엇인지 알아보자.

회사 입장에서의 관점

몇 년 동안, 나는 회사 입장에서 많은 개발자들의 면접을 진행했다. 지원자에게 질문이 있냐고 물었을 때 '아니오'라는 대답이 더 많았다. 어떤 때는 그런 태도가 너무 실망스러워서 탈락시킨 적도 있다. 성숙한 채용 문화의 회사라면 단순히 고용자·피고용자 관계가 아닌 파트너십을 기대한다. 우리가 하는 일에 대해서 여러 관점의 질문들을 던지고, 일하는 방식을 개선하여 목표를 성공적으로 달성하는 데 기여하기를 원한다.

어떤 식으로 일하는지, 무엇을 성취하길 원하는지, 당면한 문제가 무엇인지 등에 대해 면접 때조차 아무런 질문도 하지 않은 사람이, 실제 업무 현장에서 갑자기 적극적으로 질문을 하리라고 기대할 수 있을까?

재능있는 개발자를 채용한다는 의미는 그의 의견을 중요하게 생각하고 일하는 방식을 개선하는 데 그의 도움을 받겠다는 것이다. 개발자의 의견이 중요하지 않다면 굳이 높은 급여를 제공하면서까지 실력있는 개발자를 채용할 이유가 없다. 협업과 권한부여는 성공적인 팀이 되기 위해 반드시 필요하다. 면접관의 역할은 지원자가 협업을 잘 할 수 있을지, 권한부여를 잘 감당할 수 있을지 판별하는 것이다. 지원자가 얼마나 많은 질문을 하느냐는 면접관 입장에서 그 사람의 협업 능력과 비즈니스 기여 가능성을 가늠할 수 있는 중요한 단서가 된다. 지원자가 일과 회사에 대해 아무런 질문도 하지 않는다면 단지 '아무 일자리'나 찾고 있을 뿐이라는 신호가 될 수 있다. 지원자가 많은 질문들을 쏟아낸다면 그가 그의 커리어를 소중히 하고 올바른 직장을 찾는 중이라고 짐작할 수 있다.

항상 질문을 많이 하는 지원자를 우선시하는 것이 좋다. 질문을 많이 한다는 것이 더 능력있다는 증거는 아니지만 최소한 지원자 스스로 즐겁게 일할 수 있는 곳을 찾고 있다는 증거는 될 수 있다. 몇 가지 주의를 기울여야 할 사항들은 다음과 같다. 과거 수행한 프로젝트나 업무, 기술, 또는 스스로 성취한 사항들을 이야기할 때 얼마나 열정적이고 애착을 보이는가? 실패 사례에 대해서 어떻게 표현하는가? 실패에 대해서 책임감을 느끼는가 아니면 남 탓을 하는가? 잘못된 상황을 정상으로 되돌리기 위해 무엇이든 노력해본 적이 있는가? 이전 업무에서 불평 불만 대신 그 상황을 개선하기 위해 스스로 노력한 적이 있는가? 어떤 종류의 업무 환경을 찾고 있는가? 회사에서 그러한 환경을 제공해 줄 수 있는가?

지원자에게 회사와 프로젝트에 관해 설명할 때는 좋은 점은 물론 나쁜 점, 껄끄러운 부분까지 가급적 모두 말해야 한다. 면접은 적합한 사람을 찾아 내는 것뿐만 아니라 회사에 남아 있을 수 있는 사람을 구하는 과정이기도 하다. 지원자가 채용되고 일을 시작할 때 그가 사전에 기대한 것에서 크게 어긋나지 않도록 해야 한다.

면접을 어떻게 진행하든지 간에 재능있는 사람을 채용하기 위해서는 열정과 업무 역량 그리고 문화적인 궁합을 따져봐야 한다.

지원자 입장에서의 관점

지원자에게 면접은 그 회사와 회사의 사람들(잠재적으로 같이 일하게 될)에 대해 알 수 있는 대단히 중요한 기회다. 이 기회를 활용할 줄 알아야 한다.

다음은 면접에서 관심을 두어야 할 사항들이다. 면접관은 누구인가? (프로젝트 관리자? 개발자? 팀 리더? 아키텍트?) 얼마나 많은 지원자들을 면접보고 있나? 원샷 면접인가 다단계 면접인가? 지원자에게 어떤 종류의 질문들이 주어지고 있나? 특정된 질문인가 개방형 질문인가? 면접관이 기술적 질문에 대해 yes/no 단답형을 좋아하는가, 좀더 상세하게 지원자의 생각들을 파보려 하는가?

면접관들이 말하는 이런 저런 과장들은 모두 흘려 듣는 게 좋다. 어떤 회사든지 HR 부서나 채용 담당, 면접관의 입을 통해 이야기될 때는 더할 나위없이 훌륭하게 묘사된다. 세부적인 요소들에 집중하면 진실이 무엇인지 힌트를 얻을 수 있다.

첫 번째 힌트는 관리층이 개발자들을 신뢰하는지의 여부다. 면접관들이 실무 개발자들이 아니라 관리자, 아키텍트, 팀 리더들로만 구성되어 있다면 계층 구조로 운영되는 회사이고 개발자를 신뢰하지 않을 가능성이 높다. 이것만으로도 개발자들에게 합당한 권한 위임이 되고 있는지 아니면 몇몇 고위 직급들에 의해서 모든 결정이 이루어지는지 의문을 갖기에 충분하다.

다단계 면접이 아닌 원샷 면접으로 채용하는 회사는 좀더 우려스럽다. 너무 급해서 적합한 인재를 채용할 시간이 없을 가능성이 높다. 반면에 다단계 면접은 회사에서 지원자의 서로 다른 여러 측면을 보려는 것이다. 즉 제대로 된 프로페셔널을 채용하는 데 진지하게 임한다는 징표일 수 있다.

면접관의 질문들을 분석하면 중요한 정보들을 얻을 수 있을 뿐만 아니라 지원자에게 교육적일 수도 있다. 면접관의 질문들은 대개 면접관이 중요하게 생각하는 것들을 반영한다. 그 팀에 합류했을 때 지원자에게 기대하는 것들을 담고 있다. 채용하려는 직무 내용과 전혀 상관없는 질문을 던질 때도 흔하다. 이런 경우로 의심되어도 예의를 벗어나지 않는다면 딱히 나쁠 것은 없다. 면접관 입장에서는 지원자가 그런 질문에 어떤 식으로 반응하는지 관찰하려 한다. 그런 질문에 기분 나빠하고 대답을 꺼려하기도 하고 아무 대답도 못하는 지원자도 있다. 지원자의 반응은 당황스러운 상황에 어떻게 대처하는지를 보여준다. 지원자가 함께 일할만한 사람인지? 대립적인 논쟁에서도 편안할 수 있는지? 면접관은 이러한 것들을 가늠한다.

면접관이 이미 주어진 질문지를 그냥 읽기만 하고 대우 특정된 짧은 질문들만 연이어 내놓는다면, 그 면접관은 새로운 아이디어를 듣거나 논쟁하고 싶어하지 않는다는 뜻이다. 좋은 개발자가 어떤 지식을 가져야 하는지 고정관념이 있을 수도 있다. 어쩌면 그 방식이 합리적이냐 여부와 관계없이 그냥 이미 정해진 채용 절차를 형식적으로 따르는 것일 수도 있다. 면접관이 이러한 태도라면 그 개발팀의 문화자체가 새로운 생각에 폐쇄적일 수도 있다.

모든 지원자에게 특정 API나 도구, 기술에 대해서 완전히 똑같은 질문을 하는 것은 잘못된 면접 방법이다. 대신 현실 세계의 문제나 아주 구체적인 상황에 대해서 개방적인 대화를 하는 것이 좋다. 서로 다른 접근 방법과 해결책을 토론하고, 가능하다면 같이 코드를 짜보는 것이 지원자의 수준을 가늠하기 위한 최고의 방법이다.

해외 개발팀과 출장을 다닐 때 면접 과정을 참관할 기회가 있었다. 면접관은 엑셀로 정리된 몇 가지 질문과 정답 목록이 있었고 지원자 앞에서 거의 낭독하듯이 읽고 있었다. 정답은 하나인 매우 특정적인 질문들이어서 토론할 여지가 전혀 없었다. 너무나 기계적인 면접이었다. 면접관과 지원자 간에 실질적인 상호 소통이 거의 없었다. 짧은 질문과 답변이 오갈 때마다 인쇄된 엑셀 표 안에 정답 여부가 표시되었다. 그 표는 지원자의 열정이나 프로페셔널로서의 자질에 대해서는 아무것도 알려주는 것이 없었다. 채용 중인 직무를 잘 수행하기 위한 경험들이 있는지도 확인할 수가 없었다.

면접이 끝나고 나서 남는 것은 지원자가 특정 Java API나 프레임워크의 단답형 지식을 알고 있는지 여부뿐이었다. 지원자가 그 API나 프레임워크를 잘 사용할 수 있는지, 코드를 잘 작성할 수 있는지는 전혀 알 수가 없었다. Java 서적이나 Java 인증 공부를 몇 달 정도한 지원자라면 누구나 통과할 수 있는 그런 면접이었다.

면접 참관이 끝났을 때, 면접관은 질문지의 내용에 대해 비밀로 해줄 것을 요청했다. 그는 질문이 지원자들에게 유출될 것을 걱정했다.

면접에서 다루는 내용이 사전에 지원자에게 알려질까 걱정된다면, 그 면접 방법은 잘못된 것일 가능성이 높다. 잠깐 동안 구글을 검색해보거나 API, 도구들의 레퍼런스 문서를 읽는 것만으로 쉽게 대답할 수 있는 질문들로 좋은 개발자와 그렇지 않은 개발자를 가려낼 수 있을까? 면접에서 그런 질문들은 전혀 의미가 없다.

그런 식의 면접은 팀의 창의성 부족과 폐쇄적인 회사 문화의 일면을 볼 수 있다. 그 팀에서는 소프트웨어 개발을 할 때 몇 가지 제한된, 늘 써오던 익숙한 도구들만 이용한다는 의미일 수도 있다.

바람직한 면접 방법

좋은 면접은 자유 토론과도 같아야 한다. 소프트웨어 개발과 관련하여 지식과 정보를 교환하고, 기술/도구/방법론들에 대해서도 의견을 나누어야 한다.

내가 투자 은행의 개발팀에 합류할 때 지원자로서 겪었던 면접은 정말 훌륭했다. 투자 은행과 같은 곳은 나와 전혀 맞지 않다고 생각하고 있었지만 면접에서 그러한 인상이 깨끗하게 지워졌다. 면접관은 "당신의 블로그 글들을 읽어 보았습니다. 글들의 주제들은 모두 마음에 들었지만 몇몇 부분은 생각이 다릅니다. 그것에 대해서 이야기를 나누고 싶습니다."라고 말했다.

내 글들에 대해서 1시간 넘게 토론했고 그중 업무 현장에 반영될 수 있는 시나리오와 그럴 수 없는 시나리오를 찾아 나갔다. 접근 방법 몇 가지는 의문이 있었지만 면접관과 내가 동의하는 부분과 그렇지 않는 부분들을 알아보는 것 자체가 즐거웠다. 특히 서로 처음 알게 된 부분이 나올 때는 더욱 흥미진진했다. 5단계의 면접 중에서 첫 번째에 지나지 않았지만, 이미 그러한 면접관과 함께 일하고 싶다는, 그 회사에서 일하고 싶다는 생각이 마음에 가득 차올랐다.

이런 종류의 면접은 지원자 입장에서 미리 준비할 수 있는 성격의 것이 아니다. 토론 주제에 대해 경험이 있을 수도, 없을 수도 있다. 면접 전에 구글에서 관련 내용을 검색해서 읽어 볼 수는 있지만 자유 토론에 대응하기에는 부족하다. 바로 이 부분이 자유 토론 방식 면접의 백미다. 바로 지원자의 실제 경험을 알아낼 수 있다.

올바른 집중

우리의 핵심 가치는 무엇인가? 우리에게 필요한 주요 기술은 무엇인가? 더 잘하고 싶은, 더 나아지고 싶은 것들은 무엇인가? 새로운 사람을 채용하기 전에 이러한 질문들에 스스로 대답을 준비해야 한다. 이 질문들은 몇 가지 예일 뿐이고 더 많은 질문들이 있을 수 있다. 무언가 개선하고 싶고, 도입하고 싶은 것들이 있을 때 새로 채용될 개발자는 그런 것을 성취하기 위한 지원군이 되어야 한다.

테스트 주도 개발(TDD), 클린 코드, 리펙토링, 페어 프로그래밍, 애자일 방법론과 같은 것을 가치있게 여긴다면 면접 과정에 그러한 내용이 포함되어야 한다. 애플리케이션의 설계를 개선할 필요가 있다면, 면접 과정에서 설계 스킬이 뛰어난 사람을 선별해야 한다. 우리 팀에 열정이 부족하다면, 다른 무엇보다도 열정이 가득한 사람을 선별해야 한다.

전혀 상관도 없는 사항들을 확인하느라 면접 시간을 낭비하지 말자. 회사의 입장에서 더 중요하고 가치있는 것에 집중해야 한다.

마인드 맵핑 대화

면접관으로서 면접을(사실 대화에 가까운) 진행할 때 마인드 맵을 이용하면 매우 편리했다. 펜과 종이 몇 장을 두고서 지원자에게 특정한 답변이 없는 주관식의 개방형 질문을 던진다. 예를 들면 "잘 작성된 소프트웨어란 어떤 것이라고 생각합니까?" "소프트웨어 프로젝트에서 가장 어려운 부분은 무엇이라고 생각합니까?" 이 질문들에서 '잘 작성된 소프트웨어'와 '가장 어려운 부분'이 마인드 맵의 뿌리가 된다.

이러한 개방형 질문에는 유지보수, 테스트, 가독성, 성능, 요구사항 등과 관련된 답변이 뒤따른다. 각 항목은 마인드 맵의 노드가 마인드 맵의 뿌리에서 뻗어나간다. 이것을 이용해 한 노드씩 주제를 옮겨가며 지원자와 대화를 나누기 시작한다. 지원자 또는 면접관의 대화 내용에 따라 새로운 노드가 추가되고 새로운 대화 주제가 될 수 있다. 이렇게 대화를 확장하다가 쉽게 이전 노드로 주제를 옮길 수도 있다. 예를 들면 '지금은 가독성에 대해 이야기를 나누었습니다. 좀 전에는 테스트에 대해서 언급했는데 더 자세하게 이야기할 수 있을까요?"라는 식이다.

지원자를 평가하기에 적절하지 않은 대화로 빠져 든다면 종이에 기록된 마인드 맵을 보고 다른 노드(주제)로 대화를 바꿀 수 있다. 완전히 다른 주제를 다루고 싶다면 새로운 종이에 마인드 맵을 새로 그려 나가거나 뿌리에 새로운 노드를 추가해도 된다.

대화가 면접관이 원하는 대로 흘러가지 않아서 좀더 구체적인 부분을 파보고 싶다면 직접적인 질문을 할 수도 있다. 예를 들면 "TDD에 대해서 어떻게 생각합니까?"와 같은 질문이다. 이러한 질문은 마인드 맵을 채워 나갈 수 있는 재미있는 대화로 이끌 수 있다.

면접이 끝나면 모든 대화가 마인드 맵으로 종이에 남아 각 지원자와 나누었던 대화들을 다시 기억해내는 데 효과적으로 이용된다.

페어 프로그래밍 면접

지원자가 작성한 코드를 보지 않는다면 대단히 큰 실수이다. 그 어떤 기술 면접도 지원자와의 페어 프로그래밍만큼 좋을 수는 없다.

페어 프로그래밍을 하면 지원자에 대해 상당히 많은 것을 알 수 있다.

- 어떤 테스트를 작성할지 얼마나 빨리 결정하는가? (경험 수준)
- 개발 도구(IDE, 언어, 테스팅/목업 프레임워크, 단축키 등)에 얼마나 익숙한가?
- 클래스, 메서드, 변수 네이밍을 얼마나 적합하게 하는가?

- 코드를 얼마나 깨끗하고 명료하게 작성하는가?
- 면접관이 제안이나 조언을 할 때 어떻게 반응하는가?
- 지원자가 어떤 방식으로 생각을 전개하는가?
- 문제 해결만이 아니라 문제 해결을 위한 방법과 과정에도 얼마나 주의를 기울이는가?

페어 프로그래밍 면접은 진행하기가 까다롭고 좋은 코딩 문제를 찾기도 꽤 어렵다.

한 가지 쉬운 방법은 공개된 프로그래밍 연습문제 카타를 이용하거나 직접 카타를 개발하는 것이다. 카타는 지원자의 TDD 역량을 시험하거나 일반적인 클린 코드 원칙을 얼마나 지키는지 알아보는 데 좋다.

또 다른 방법은 회사에서 실제 사용 중인 코드 베이스에서 일부를 발췌하는 것이다. 테스트 코드가 만들어지지 않았고 가장 엉망으로 작성된 부분을 고르면 더욱 좋다. 지원자에게 그 코드를 개선하고 테스트를 작성해보도록 한다. 레거시 코드가 많은 프로젝트라면 이러한 면접을 통해 지원자가 실제 프로젝트에서 어떤 능력을 발휘할 수 있을지 알아볼 수 있다.

페어 프로그래밍을 할 때는 지원자가 어디까지 해낼 것인지 현실적인 기대를 가져야 한다. 면접관은 해당 문제를 이미 알고 있어서 익숙하겠지만 지원자는 그렇지 않다. 지원자가 곧바로 결론을 내거나 솔루션을 찾을 것이라고 기대해서는 안 된다. 면접관들은 자기가 일을 배울 때 얼마나 오랜 시간을 걸렸는지 잊어버릴 때가 많다.

도구(컴퓨터, IDE, 테스팅/목업 프레임워크)를 제공한다면 지원자가 그 도구들에 익숙해질 때까지 기다려 주어야 한다. 익숙해지는 데 시간이 걸린다는 것은 나쁜 것이 아니다. 각 개발 언어마다 다양한 테스팅 프레임워크가 있고 다양한 IDE와 편집기들이 존재한다. 지원자가 주어진 도구를 처음

접한다면 당황하고 멈추는 것이 자연스럽다. 그런 상황에 지원자가 어떻게 대처하는지 집중해서 관찰하자. 면접이긴 하지만 페어 프로그래밍이기 때문에 가장 당연한 대응은 도움을 요청하는 것이다. 이때 면접관은 지원자가 올바른 방향을 찾을 수 있도록 가능한 모든 도움을 주어야 한다.

면접관으로서 어떤 일을 하든지 간에, 지원자가 너무 오래 헤매도록 내버려 두어서는 안 된다. 길어야 3~4분 정도 기다렸다가 도움을 주어야 한다. 지원자는 이미 압박 속에 있기 때문에 시간을 지체하면 상황만 나빠질 뿐이다. 지원자가 어느 부분을 어려워하는지 파악할 수 있고 면접관으로서 계속 평가할 수 있다면 지원자가 자신의 역량을 보이도록 최대한 도와야 한다.

페어 프로그래밍은 페어 프로그래밍이다. 어깨 너머로 주시하면서 압박을 주는 것이 아니다. 지원자와의 페어 프로그래밍도 마찬가지다. 동료와 페어 프로그래밍을 하듯이 지원자를 대해야 한다.

한번은 매우 경험 많은 지원자를 면접한 적이 있다. 내 컴퓨터에는 이클립스와 JUnit, Mockito(Java 목업 프레임워크)가 설치되어 있었다. 그 지원자는 자신이 IntelliJ와 JMock에 익숙하다면서 "Mockito는 처음 사용해 봅니다. 최소한 오늘 무언가 하나는 배우고 가겠네요."라고 환하게 웃으면 말했다.

그 지원자는 이클립스의 단축키를 전혀 몰랐기 대문에 금방 당황했다. "마우스를 이렇게 많이 이용해야 하다니 바보가 된 느낌입니다. 참 불편합니다." "테스트를 실행하는 단축키가 어떻게 되는지요?" 내가 답을 주자 종이에 기록했다. 그 외에도 많은 단축키를 질문했고 모두 종이에 받아 적었다. 15분 정도 뒤에 기본적인 동작을 위한 단축키들을 모두 기록했고 좀 편안해졌다.

그는 Mockito에도 어려움을 겪었다. "하려는 것을 나한테 이야기해 주면 내가 대신 타이핑해 줄 수 있습니다." 내가 이렇게 말하자 그는 "이 클래스의 목업(mockup)을 만들고 이 상수를 퍼블릭 메서드가 호출될 때마다 리턴되게 하고 싶습니다"라고 말했다. 나는 그가 원하는 대로 코드를 작성해 주었다. 그에게는 Mockito를 이해하는 데 그 정도면 충분했다. 면접이 끝날 때쯤 그는 이클립스와 Mockito를 꽤 잘 사용할 수 있었다.

내가 한 가지 후회하는 것은 그에게 면접 결과를 빨리 알리지 못해서 그가 다른 회사를 이미 선택해버렸다는 것이다.

지원자가 면접 시간에 이클립스의 단축키와 새로운 테스팅 프레임워크를 배웠다는 것이 흥미로운 면접이었다. 우리는 Mockito 대신 그 지원자가 익숙한 JMock로 대체해줄 수도 있었지만 그 지원자는 Mockito를 배우길 고집했다. 그는 단축키를 모르는 것에 불편해하면서 열정을 보여주었다. 그는 새로운 프레임워크를 꽤 빨리 배웠고 질문하는 것을 부끄러워하지 않았다. 그는 나와 팀으로서 일할 수 있음을 쉽게 보여주었다. 몇 가지 논쟁이 있었고 합의되지 않은 부분도 있었지만 그의 말들에는 나름의 생각이 있기 때문이라고 느낄 수 있었다. 이 모든 것 외에도 그가 작성한 코드는 꽤 깨끗했다.

개인 컴퓨터를 지참한 면접

지원자들이 서로 다른 도구와 프레임워크를 편하게 느낄 수도 있지만, 지원자에게 자신의 컴퓨터를 직접 가져오도록 요구하는 것도 좋다. 그렇게 하면 지원자가 좋아하는 도구가 무엇인지도 알 수 있고 소중한 면접 시간을 아낄 수도 있다.

한 가지 재미있는 방법은 지원자에게 GitHub 프로젝트를 클론하고 인터넷 연결을 통해 작업하게 하는 것이다. 이 방법은 지원자에 대해서 많은 것을 알려줄 수 있다. Git에 익숙한지? Git가 이미 설치되어 있는지? 컴퓨터 설정이 어떻게 되어 있는지? 어떤 도구를 선호하는지? 프로젝트를 금방 시작할 수 있는지? 테스팅/목업 프레임워크를 이미 모두 가지고 있고 사용할 수 있게 설정되어 있는지? 업무 외 시간에도 코딩을 하는 개발자라면 이러한 것들이 항상 준비되어 있다.

관심을 가지는 부분이 지원자의 테크닉, 코드의 깨끗한 정도, 테스트 작성 역량, 문제 접근 방법 같은 것들이라면 지원자가 어떤 도구, 어떤 개발 언어를 사용하느냐는 전혀 상관이 없다.

맞춤형 면접

지원자의 면접을 보기 전에, 스스로에게 다음과 같은 질문을 던져보아야 한다. 우리가 소중히 하는 가치가 무엇인가? 동료들로부터 어떤 종류의 태도를 기대하는가? 채용하려는 직무의 핵심 스킬은 무엇인가? 이 질문들에 대한 답은 지원자가 채용되기 위한 기본 요건을 규정한다. 다른 특성들을 보지 말아야 한다는 것은 아니다. 지원자의 다재다능한 면을 알아보는 것은 바람직한 행위다. 단, 그 부분이 지원자를 배제할 요건으로서 작용하지는 말아야 한다.

한때 영국 메이저 신문사의 채용 면접을 볼 기회가 있었다. 채용 직무는 서버 사이드 자바 개발자로 사용자 인터페이스 개발은 포함되지 않은 프로젝트였다. 흥미로워보였고 직무 요건에서 지정한 대부분의 기술들에 익숙했기 때문에 지원했다.

채용 전형은 두 단계였다. 객관식 온라인 시험과 프로젝트 매니저 또는 팀 리더와의 면접이었다. 시작 단계부터 인상이 좋지 않았다. 나는 객관식 온라인 시험은 전혀 효과도 없고 바보 같은 일이라고 생각한다. 무엇보다도 채용 과정 중에 실무 개발자와 만날 일이 없다는 것이 불만이었다. 그들의 지식 수준이 어떠한지, 핵심 가치가 무엇인지, 프로젝트의 실제 상태가 어떠한지 이러한 것들을 알 수가 없었다. 물론 관리자나 HR 담당을 만날 수는 있었지만 그들이 하는 말은 믿을 수도 없고 내가 원하는 정보들을 줄 수도 없었다.

온라인 시험은 무작위로 선택된 30개의 자바 관련 객관식 문제로 수행되었다. 30개 중 14문제, 46%가 Swing과 Java 애플릿 관련이었다. 오래된 구닥다리 기술일 뿐만 아니라 사용자 인터페이스 개발이 없는 프로젝트에서 일할 개발자를 뽑는데 전혀 적합하지도 않은 문제들이었다. 문제의 예제 코드들은 상당히 오래된 자바 버전을 기반으로 하고 있었다. 몇 년 동안 문제를 업데이트 하지 않았음이 분명했다. 나는 애플릿을 사용해 본 적도 없었고 앞으로도 그런 뒤떨어지는 기술을 사용하는 것은 상상하기 힘들었다. 그리고 내가 아는 한에서는 그 회사의 프로젝트는 애플릿을 사용하고 있지도 않았다.

몇 시간짜리 온라인 시험을 마치자 HR 부서에서 호출이 왔다. HR 담당자는 내가 면접을 볼 수 있을지 아직 검토 중이라고 했다. 왜냐하면 90점이 면접을 볼 수 있는 통과 점수인데 내가 87점 (26/30)을 맞았기 때문이라고 했다. 나는 "전혀 문제 될 거 없습니다. 여기까지만 하겠습니다. 검토할 필요가 없다고 전해 주십시오."라고 얘기했다.

사전 선별 절차는 극히 중요하다. 사전 선별은 회사의 핵심 가치에 따라 지원자를 걸러내는 단계. 업무와 전혀 관련 없는 기술들에 대한 객관식 온라인 시험으로 지원자를 평가하는 것은 최악의 방법이다.

번트 홈런

20대 초반의 지원자를 면접한 적이 있다. 그는 2년 정도의 경력이 있었고 아직 첫 번째 직장에서 일하고 있었다. 그의 이력서는 오늘날의 이력서들에서 흔한 TDD나 애자일에 대한 언급이 전혀 없었다. 그의 이력서는 사실상 거의 공백이다. 2년 간의 직장 경력이 거의 다였다. 보통 관심을 갖기 어려운 이력서였다. 하지만 딱 한 줄 눈에 띄는 것이 있었다. 16살부터 리눅스 사용자 그룹의 멤버였다는 내용이었다.

나는 그를 면접에 초대했다. 그는 지금 근무 중인 회사에서는 애자일이나 익스트림 프로그래밍이 허용되지 않는다고 이야기했다. 하지만 펫 프로젝트에서는 TDD를 시도하고 있다고 했다. "몇 개의 펫 프로젝트를 하고 있습니까?" 나의 물음에 그는 "다섯 가지가 있습니다."라고 답했다. 우리는 나머지 면접 시간을 그 다섯 가지 펫 프로젝트들에 대한 이야기로 채웠다. 펫 프로젝트에 사용한 기술, TDD를 프로젝트에 적용하기 위한 접근방법, 도전적인 문제들, 다르게 해볼 수 있는 여지들 등등에 대해서 말했다.

우리가 사용 중이던 기술들이나 TDD에 대한 경험 수준은 낮았지만, 나는 그가 새로운 것을 시도하는 데 얼마나 열정적인지 알 수 있었다. 그는 업무 시간에는 허락되지 않는 배움의 욕구를 채우기 위해 개인 시간을 투자하고 있었다. 올바른 환경과 기회만 주어진다면 아주 훌륭한 개발자로 빛날 매우 전형적인 스타일이었다.

경력 개발자를 위한 채용이었지만 나는 그를 그냥 보낼 수 없었다. 1년 후 그는 우리 팀에 합류했고 지금은 팀의 가장 훌륭한 개발자 중 한 명이 되었다.

면접을 할 때 특정 기술에 대한 지식이 아니라 지원자의 재능, 태도, 열정 그리고 잠재성을 보아야만 한다.

기존 팀을 위한 채용, 새로운 팀을 위한 채용

새로운 프로젝트의 첫 개발자들을 채용하는 것은 기존 프로젝트의 채용과 약간 다르다.

기존 팀을 위한 채용을 할 때는 우리가 일하는 방식과 핵심 가치에 대한 열정과 긍정적 태도, 그리고 TDD, 클린 코드, 설계 등에 대한 탄탄한 소프트웨어 개발 기초 역량이 중요하다. 나머지 사항들, 특정 개발 언어나 프레임워크, 도구들은 부차적이다. 소프트웨어 개발 기초 역량이 충분하다면 우리가 무슨 기술을 사용하든 금방 배울 것이다.

새로운 프로젝트의 초기 개발자들을 채용할 때는 열정과 소프트웨어 개발 기초 역량 외에도 최소한 두 가지(작은 프로젝트라면 한 가지)역량이 더 필요하다. 첫 번째는 프로젝트를 제 궤도로 유지하고 성공적으로 이끌어낸 과거 경험들이다. 고객의 관료적 문제에 대응하고, 비즈니스적 압박을 견뎌내고, 상용화 이슈와 이해 관계자들에 대한 관리 같은 것들에 대한 경험이 필요하다. 이러한 것들은 혼자서 여가 시간에 펫 프로젝트를 하면서 배울 수 있는 것들이 아니다. 실제 고객에게 소프트웨어 제품을 공급하는 과정에서만 배울 수 있다.

상용 환경에서 배포되어야 하는 중간 규모 이상의 프로젝트라면, 많은 프로젝트들을 최종 인수 서명 단계까지 고통 속에서 이끌어 본 노련한 개발자들이 필요하다. 신규 프로젝트의 초기 구성원이 될 개발자들은 열정, 잠재성과 더불어 현실에서의 경험과 성공적인 이력들이 필요하다. 그리고 특정 분야(특정 도구나 개발 언어, TDD같은 특정 실행 관례)만 잘 아는 스페셜리스트보다는 여러 서로 다른 기술들과 도구, 스크립팅, 가상머신 등등에 폭넓게 조예가 있는 기술 분석 전문가도 필요하다.

사전 면접용 코딩 시험

지원자에게 면접 전에 코드를 제출하게 하는 것도 사전 선별을 위한 좋은 방법이다. 단, 지원자에게 충분한 시간을 주어야 한다. 제출 마감 몇 시간 전에야 문제를 주고 코드를 제출하게 하는 것은 바람직하지 않다. 코드를 통한 선별에서는 지원자가 작성할 수 있는 최선의 코드가 어떠한지 알아보는 것이 목적이지 주어진 문제를 얼마나 빨리 코드로 구현하느냐를 시험하는 것이 아니다. 시간 제한을 짧게 하면 지원자로 하여금 좋은 코드를 작성하는 것이 아니라 문제 해결에만 집중하게 만든다.

한 가지 좋은 방법은 시간 제한을 아예 두지 않는 것이다. 아무 때나 지원자가 준비되었을 때 코드를 제출하게 한다. 이런 방법은 계속해서 채용이 필요한 큰 회사나 좋은 지원자들을 누적해서 확보하는 데 특별히 관심이 있는 작은 회사들에게 적합하다.

또 다른 방법은 지원자에게 코드 제출이 있을 테니 미리 준비해 달라고 알려주는 것이다. 몇 장의 이력서가 모였을 때 일주일 간 코드 제출을 받는다고 동시에 통보한다. 이때 일주일은 마감일이 아니라 코드를 받는 대로 평가를 하는 기간이다. 이 기간에 첫 번째로 평가를 통과한 제출자가 다음 단계의 채용 전형에 들어간다. 만약 여전히 채용할만한 사람이 없으면 계속해서 코드를 제출받는다. 일주일이면 적당하지만 나는 최소 2주 정도는 시간을 주는 것이 좋다고 본다.

지원자에게 개발 언어나 도구를 마음대로 선택할 수 있게 하는 것이 좋다. 이 단계에서는 개발 언어에 대한 능숙함이 아니라 지원자가 얼마나 좋은 코드를 만들어 내는지 파악하는 것이 목적이다. 비록 채용할 직무에서 사용해야 하는 개발 언어가 Java나 Ruby처럼 정해져 있더라도 이 단계에서는 개발 언어나 프레임워크와 독립적으로 문제 해결을 위해 어떤 테크닉을 사용하는지 보는 것이 중요하다. 이력서나 전화 인터뷰보다 제출된 코드를 보는 편이 훨씬 더 낫다.

어떤 지원자는 채용될지 모를 상황에서 코드를 제출하느라 긴 시간을 소모하기를 꺼릴 수도 있다. 이 경우 회사 입장에서는 오히려 바람직하다. 최소한 코드를 제출한 지원자들은 그만큼 채용 전형을 진지하게 생각하고 있고 회사에 들어오길 원하는 사람이라고 볼 수 있다.

지원자와 회사 모두 면접을 어떻게 하는지 알아야 한다

면접 테크닉은 지원자와 면접관 모두 숙달해야만 한다. 하지만 면접 기술을 누군가 가르쳐 주는 경우는 거의 없다. 보통 회사의 몇몇 고참 개발자들만이 기술 면접을 수행한다. 그런 방식이 합리적인 듯 보이고 얼마 간은 동작할 수 있지만 계속되지 못한다. 강한 팀은 각 개발자들 모두 면접을 진행할 수 있어야 한다. 모든 개발자들이 팀이 기대하는 인재를 발굴해 낼 수 있어야 한다.

경험 많은 개발자는 면접을 진행할 때 반드시 경험이 적은 주니어 개발자를 대동하여 참관하게 해야 한다. 노련한 개발자가 면접을 어떻게 진행하는지 지켜본 경험은 나중에 그 주니어 개발자가 면접을 수행할 때 많은 도움이 될 수 있다. 시간이 지나면 역할을 바꿀 수 있다. 경험이 적었던 개발자가 면접관이 되고 경험이 많았던 개발자가 참관인이 될 수 있다.

복수의 면접관이 참석하거나 면접관을 로테이션하면서 팀원 모두가 채용 과정에 참여하도록 하는 것도 바람직하다. 새로운 개발자가 팀에 합류할 때 팀원들이 직접 면접을 보고 선별 과정에 참여하면 팀의 사기와 주인의식이 높아질 수 있다. 이러한 활동은 팀 구성원들이 누구와 함께 일할지에 대해 영향력을 행사할 수 있고, 자신 프로젝트를 자신이 통제할 수 있다는 확신을 심어준다.

개발자 채용 면접은 개발자가 보아야 한다

함께 일할 동료가 새롭게 채용될 때, 그 선발 과정에 아무런 의견도 반영할 수 없으면 개발자들은 무력감에 빠진다. 어느 날 갑자기 팀장이 나타나서 "오늘부터 새로운 개발자가 충원되었습니다. 여기는 김아무개씨입니다. 잘 해보세요."라고 하면 그저 당황스러울 뿐이다.

좋은 개발자는 나쁜 개발자를 채용하지 않는다. 좋은 개발자는 그들 자신보다도 더 훌륭한 개발자를 찾으려 노력한다. 좋은 개발자는 훌륭한 팀을 구성하는 것이 얼마나 중요한지 잘 알고 있다. 훌륭한 팀은 회사뿐만 아니라 개발자들 자신에게도 이익이 된다.

회사는 개발자 채용 면접을 할 때 반드시 개발자로 하여금 면접관 역할을 하도록 해야 한다. 지원자 입장에서도 개발자가 아닌 사람이 면접을 하고 있다면 다른 회사를 찾아보는 것이 좋다.

요약

면접 과정을 지켜보기만 해도 그 회사와 그 안의 개발팀, 개발자들에 대해 많은 것을 알 수 있다. 어떤 계층 구조로 구성되어 있는지, 형식적 절차를 중시하고 관료적인지, 소프트웨어 개발 자체에 얼마나 신경을 쓰고 있는지, 개발자들이 어떻게 취급되고 있는지, 관리층과 개발팀 상호 간의 신뢰 수준이 어떠한지 알 수 있다.

소프트웨어 장인이 직장을 찾을 때는 특정한 프로젝트나 펜시한 기술, 괜찮은 급여만을 쫓지는 않는다. 소프트웨어 장인은 생산적인 파트너십과 아침에 일어날 때마다 일하러 가는 것이 행복한 그러한 직장을 찾는다.

CHAPTER 11

잘못된 면접 방식

회사의 채용 절차를 하나하나 상세하게 뜯어보면 그 회사가 추구하는 가치와 문화를 엿볼 수 있다. 경험 많고 재능있는 개발자들은 자신이 일할 회사 또는 고객을 신중하게 가려서 선택한다. 금전적인 보상 수준보다도 자율성, 배움, 목적, 생산적 파트너십, 열정적인 사람들, 좋은 업무 환경과 같은 것들을 더 우선해서 따진다. 어떤 채용 절차를 거치는지, 특히 면접에서 어떤 사람을 만나는지는 그 회사에 들어갈 것이냐 말 것이냐를 결정짓는 매우 중요한 요소다.

소프트웨어 장인을 유인하기 위해서는 면접을 할 때 무엇을 피해야 하는지 면접관이 잘 알고 있어야 한다.

이 장에서는 피해야 할 면접 방식들을 알아본다. 소프트웨어 장인을 조직에 끌어들이고 싶다면 다음의 면접 방식들을 의식적으로 배제해야 한다.

똑똑한 척하는 면접관을 세운다

면접관이 지원자보다 똑똑하거나 더 우월해보이고 싶어해서는 안 된다. 면접관의 사사로운 즐거움을 위해 지원자를 힘든 상황으로 몰아붙이고, 자신의 직함, 권한, 지식같은 것들로 지원자를 압도하고 싶어 해서는 안 된다.

지원자 앞에서 자신이 세상에서 제일 높은 사람인 듯 위세를 부려서는 안 된다. 다시 말해, 거만하고 오만한 사람이 되어서는 안 된다.

상황에 맞지도 않고 배배 꼬인 질문으로 똑똑한 척 하는 것은 금물이다. 어느 정도 경험이 있고 실력있는 개발자라면 면접관의 성향을 즉시 알아채고 같이 일하기 싫다는 생각을 할 것이다.

사람을 채용할 때는 파트너가 될 사람을 찾아야 한다. 그냥 고분고분하게 맹목적으로 시키는 대로만 하지 않고, 당신의 팀이 더 나아질 수 있도록 도와줄 수 있는 사람이어야 한다.

지원자 앞에서 겸손하고 정직해야 한다. 지원자를 프로페셔널 개발자로서 대하고, 채용을 위한 평가나 취조가 아니라 당신이 존중하는 누군가와의 유익한 기술 토론이 되도록 면접을 이끌어야 한다. 무엇보다도, 지원자의 이야기를 경청하고 그에게 마음을 여는 것이 중요하다. 실제로 무언가 새로운 것을 배울 가능성이 높다.

수수께끼식 질문을 던진다

직무와 전혀 관계 없는 바보 같은 질문은 하지 말아야 한다. 비행기에 골프 공이 몇 개나 들어갈까? 정육점 점원은 키가 180cm이고 280mm 스니커즈를 신고 있다. 그의 몸무게는 얼마일까? 이런 수수께끼 같은 질문들에 답할 수 있느냐 없느냐는 좋은 코드를 작성하고, 좋은 팀 플레이어가 되고,

프로페셔널다운 태도를 가지는 것과 전혀 관계 없다. 이런 두뇌 장난같은 질문들은 완전히 시간 낭비다. 구글의 면접관들도 잘못된 것을 깨닫고 이런 질문을 그만둔 지 오래되었다.

답을 모르는 질문을 한다

면접 전에 구글에서 질문과 답변을 검색해보는 것은 의미 없는 행위다. 면접관으로서 어떤 질문에 어떤 답변이 나와야 하는지 잘 모르겠다면 채용 중인 직무와 관련해서는 그다지 중요한 질문이 아닐 가능성이 높다. 해당 직무에 대해서 잘 알고 있다면 무엇이 중요하고 무엇이 중요하지 않은지 이미 알고 있을 것이다.

엉뚱한 질문으로 지원자를 혼란스럽게 하거나 잘못 이끌지 말자. 팀 동료에게 흔히 하지 않는 질문이라면, 팀 동료가 짜증을 낼 질문이라면, 지원자에게도 삼가해야 한다.

지원자를 바보로 만든다

대규모의 통신 회사에 면접을 본 적이 있다. 이전에 다른 통신 회사에 근무한 경험이 있고, 사내 고참 개발자가 나를 추천한 터라 면접관들이 많은 관심을 보였다.

부서 담당 임원과 수석 아키텍트가 함께 면접관으로서 참석했다. 수석 아키텍트는 내가 채용되면 직속 상관이 될 사람이었다. 부서 담당 임원은 일반적인 질문들로 시작했다. 내가 어떤 사람인지 파악하기 위해 내가 소프트웨어 프로젝트에서 어떤 부분을 좋아하고 어떤 부분을 싫어하는지 물어보았다. 그 질문들은 금방 애자일, 자율성, 협업에 대한 내용들로 수렴했다. 15분 동안 부서 담당 임원은 수차례 수석 아키텍트를 돌아보며 "바로 이것이 내가 항상 얘기하려던 점입니다. 이런 것들이 마음에 듭니다."라고 이야기했다.

면접관의 대화 내용, 몸짓과 표정들을 보고 그 임원과 내가 잘 맞을 거라는 생각이 들었다. 하지만 수석 아키텍트는 심기가 불편해보였다. 그는 대화 중간에 끼어들며 이전 프로젝트에서 내가 설계하고 구현했던 아키텍처에 대해서 일부분 설명해줄 것을 요청했다. 즉시 일어나서 화이트보드에 전에 개발했던 시스템에 대해서 그림을 그리며 설명을 했다. 내가 설명을 마치자 수석 아키텍트는 임원을 잠깐 쳐다보고는 다시 나를 향해 "너무 단순하네요. 그건 제대로 된 실제 아키텍처가 아닙니다."라고 무시하는 말투로 말했다. 경멸하는 태도를 확실히 느꼈다.

심호흡을 하고 마음속으로 숫자를 헤아리며 마음을 가라앉혔다. 그 시점에서 그 수석 아키텍트와 함께 일할 수 없을 거라는 생각이 들었다. "감사합니다. 저는 그 말씀을 큰 칭찬이라고 생각하겠습니다. 이 단순한 아키텍처가 3개 대륙에 걸쳐 2천만 명이 넘는 가입자를 서비스하고 있습니다. 이보다 더 복잡하게 만들지 않고서도 해냈다는 것을 기쁘게 생각합니다." 거기까지가 마지막이었다. 이 말을 하기 전까지는 그 수석 아키텍트가 나를 그저 좋아하지 않는 수준이었겠지만 이제는 나를 증오하고 있을 것이 뻔했다.

임원은 면접을 되살리려고 애썼지만 파트너십은 물 건너 갔다는 것이 분명했다. 나는 그 임원에게 면접을 계속하는 것이 의미가 없음을 설명했고 면접 기회를 준 것에 감사를 표하고 자리를 떠났다.

인터넷 접속을 막는다

코딩 면접을 할 때 인터넷을 사용하지 못하도록 접속을 막는 회사들이 있다. 인터넷을 사용할 수 없어야 지원자의 실제 실력을 알 수 있다는 게 이유다. 지원자들이 채용되어 실제 업무 현장에 투입될 때 인터넷 접속이 안 되어도 일을 할 수 있을까? 코딩에 필요한 모든 것을 머릿 속에 외우고 있을까? 온라인에서 아무것도 검색할 수 없어도 시스템 개발이 가능할까? 나는 아니라고 본다.

솔루션들을 탐색하고 더 나은 문제 대응 방법을 찾는 것은 소프트웨어 개발자로서 갖추어야 할 핵심적인 능력이다. 인터넷 접속을 막는 것은 전혀 합당하지 않다. 인터넷 검색때문에 코딩 면접이 변별력을 잃을 수 있다면 면접 과제 자체에 문제가 있다고 본다.

종이에 코드를 작성하게 한다

지원자에게 종이나 화이트보드에 코드를 작성토록 하는 것은 참으로 바보같은 면접 방법이다. 면접관 스스로도 할 수 없는 일이나 실제 업무 현장에서 부딪히지 않을 상황을 지원자에게 요구해서는 안 된다. 실제 업무에서도 종이에 테스트 코드 작성, 코드 리펙토링을 하는가? 종이에 작성한 코드를 리펙토링하기 위해 종이를 찢어서 이리저리 맞추어 보는가? 정말 쓸데없는 일이다.

고등학교 교사가 학생들에게 알고리즘의 의사 코드를 작성하라고 하는 것과 프로페셔널 소프트웨어 개발자를 채용하는 것은 다르다. 자신의 도구와 기술을 마스터하고 테스트와 리펙토링을 통해 잘 작성된 코드를 만들 수 있는 개발자를 찾아야 한다. 종이나 화이트보드에 불편하게 끄적인 코드가 아니라 실제 도구를 이용해서 생산된 실제 코드를 평가해야 한다.

알고리즘 문제를 낸다

면접용 코딩 문제로 어떤 것이 적합할까? 면접시험이라는 주제에 매우 합당한 질문같지만 대신에 우리가 가장 가치있게 여기는 것들이 무엇인가를 따져보아야 한다.

알고리즘 연습문제를 코딩 면접 과제로 선택하는 면접관들이 많다. 시스템 개발에 필요한 상당수의 업무들이 알고리즘에 대한 깊은 이해를 필요로 하지 않는다. 그럼에도 불구하고 "지원자의 문제 해결 능력을 보아야 한다."라고들 이야기한다. 물론 틀린 이야기는 아니지만 알고리즘 문제 대신 회사의 실제 프로젝트와 가까운 다른 연습문제를 통해서도 '문제 해결 능력'을 평가할 수 있다.

여러 시스템들의 문제들 중 거의 대부분이 알고리즘이 어떻게 작성되었느냐와는 관계가 없었다. 테스트가 덜 되었거나 또는 좋은 테스트 방법이 준비되지 못했거나, 잘못된 설계, 떨어지는 응집성, 깊은 종속성, 새 기능 추가 시 부족했던 리펙토링, 지속적인 요구사항 변경, 도메인 모델이 꼼꼼하지 못했거나 등이 가장 흔한 문제였다. 이러한 것들이 '실제 문제'였다. 알고리즘은 절차적이고 함수적인 형태로 구현된다. 알고리즘을 만들 때 비즈니스 도메인 모델이나 클래스를 만들지는 않는다.

시스템의 주요 문제가 알고리즘이 아니라면 코딩 면접 때 알고리즘 문제 대신 실제 문제에 가까운 과제를 제시해야 한다. 지원자가 비즈니스 도메인을 표현하고 솔루션을 설계할 역량이 있는지에 집중해야 한다. 테스트 주도 개발이나 설계에 스킬이 뛰어난 개발자를 찾고 있다면 그 부분을 반영할 수 있는 코딩 문제를 제시해야 한다.

애플리케이션이 온통 알고리즘에 대한 것이라면 당연히 알고리즘 개발 역량을 평가해야 한다. 요지는 코딩 면접에 알고리즘 문제를 내야 하느냐의 여부가 아니라 프로젝트를 위해 실제 필요한 역량이 무엇인지, 무엇이 가장 가치 있는지를 면접용 코딩 문제에 잘 반영하고 있어야 한다는 것이다.

전화 면접을 한다

전화 면접은 사전 선별 작업이 부족할 때만 필요하다. 많은 회사들이 오프라인 면접을 수행하기 전에 전화 면접을 하고 있는데 이는 지원자가 최소한의 채용 요건을 갖추고 있는지 확인하는 것이다.

불필요한 오프라인 면접 시간 낭비를 막는다는 나름의 목적이 있기는 하지만, 전화 면접을 진행할 때 인간미가 없고 상당히 기계적인 경우를 많이 봤다. 전화 면접은 제대로 된 대화보다는 매우 딱딱한 질문과 답변으로 흐르기 쉽다. 그 이유는 많은 사람들 중에서 오프라인 면접으로 초대할 사람을 선별하기 위해 급하게 전화 면접을 수행하기 때문이다.

모국어를 사용하는 사람들 간에는 전화로 의견을 나누기가 쉽지만 그렇지 않으면 전화로 이야기를 하는 것 자체가 상당한 고욕이다. 서로 마주보고 이야기하는 것이 아니기 때문에 말하는 단어마다 제대로 알아들었는지 알 수가 없다. 몸짓이나 표정 없이, 종이나 화이트보드를 이용하지 않고서는 원하는 의도를 표현하기가 쉽지 않다.

해외에 있는 지원자를 면접해야 할 경우와 같이 어쩔 수 없을 때만 전화 면접을 사용하자. 오프라인에서 직접 얼굴을 마주보는 면접이 가장 바람직하다.

요약

좋은 개발자를 찾기는 꽤 어렵고 오랜 시간이 걸린다. 면접에 시간을 투자하고 있다면 그를 최대한 의미있게 활용해야 한다. 두뇌 장난같은 수수께끼를 내는 등 지원자를 바보처럼 느끼게 하는 면접은 훌륭한 지원자가 당신과 함께 일하기 싫어하게 만드는 지름길이다. 코딩 면접을 할 때 인터넷 접속을 끊거나 종이나 화이트보드에 코드를 작성하게 하는 것 또한 의미도 없고 지원자의 화를 북돋우기 십상이다. 진정 보고 싶은 것은 그 지원자가 할 수 있는 최선의 모습이다. 지원자와 짝을 이루어 좋은 도구로 무언가를 만들어 내는 모습을 지켜보자. 테스트를 어떻게 작성하는지, 리펙토링을 어떻게 하는지, 좋은 네이밍을 할 줄 아는지 등을 평가해야 한다. 지원자가 함께 일할만한 동료인지 알아보기 위해 자연스럽게 대화하자.

좋은 개발자에 대한 수요는 매우 높다. 뛰어난 개발자와 일하고 싶다면 그들과의 면접을 어떻게 수행해야 좋은지 알고 있어야 한다. 면접은 지원자의 입장에서 회사를 가늠하는 자리라는 것을 잊지 말아야 한다. 즉 좋은 개발자들은 거꾸로 회사를 면접하여 평가하고 나쁜 회사들을 걸러낸다.

CHAPTER 12

낮은 사기의 대가

개발자들의 낮은 사기(士氣)는 소프트웨어 프로젝트 실패의 주된 이유 중 하나다. 사기가 낮으면 회사 전체가 멈추기도 한다. 이 장에서는 개발자들의 사기가 프로젝트와 회사에 어떤 영향을 미치는지 알아본다. 맥 빠진 팀에 다시 열정을 불어 넣으려 할 때 소프트웨어 장인이 어떤 도움을 줄 수 있는지도 알아본다.

이 장에서는 애자일 절차들과 애자일 실행 원칙들을 기반으로 개발하고 있다고 전제한다. 애자일에 기반하여 일을 한다는 의미는 다음과 같다. 크로스펑셔널 팀으로서 조직이 구성되어 있고, 일일 단위로 팀 멤버들이 모여 상황을 공유하고 다음 업무를 토론하며, 업무 일정과 우선 순위를 정할 때 개발자들이 직접 권한을 가지고서 빠른 주기로 일이 진행됨을 뜻한다. 이러한 업무 방식에 더하여 통합된 백로그가 있고 그 우선순위가 제품 오너에 의해 정해지고, 개발자들이 애플리케이션에 대한 검증 책임이 있다는 것도 가정한다.

애자일 행오버: 낮은 사기

지난 10년 간 일했던 거의 대부분의 회사들이 나름대로의 애자일 전환을 경험했다. 애자일로 전환하고 몇 년 후, 예외 없이 제품 개발 역량이 여전히 뒤떨어져 있다는 것을 깨닫고 있다. 이 깨달음을 필자와 매쉬 바다르 Mashooq Badar는 애자일 행오버(음주 뒤의 숙취)라고 부른다.

애자일 행오버에 빠진 회사들의 흔한 문제는 사기가 낮다는 것이다. 개발자들이 동료나 관리자, 아키텍트, 고객들에 대해 불평할 때가 많아지고 일이 재미없어서 하기 싫다는 이야기들이 들린다. "전부 그냥 엉망이다. 관리자들이 5개년 계획 따위를 계속 설교하고 다니지만 실제로 뭘 해야 하는지 정확히 아는 사람은 없다. 여전히 많은 사람들이 프로젝트에 실질적으로 참여하지 못하고 있고 말만 많다. 그리고 다른 부서의 서로 다른 사람들이 상충되는 요구사항들을 마구 던진다. 어떤 것들은 하고 있는 이유를 도대체 알 수가 없지만 그 일을 요구한 사람들은 너무 바빠서 제대로 설명해 주지를 않는다. 몇 번 일하는 방법을 바꿔보자고 했지만 그런 거에는 전혀 관심도 없다." 조직의 규모가 크건 작건 매번 이러한 상황들을 목격했다. 작은 규모의 조직에서는 대체로 드물지만 비슷한 문제로 괴로워하는 경우들도 있었다. 이러한 상황에 처한 개발자들은 자신들이 그저 코딩 기계일 뿐, 아이디어를 내고 회사에 기여할 수 있는 프로페셔널로서 대우받고 있지 못하다고 느낀다.

애자일을 도입한다는 것은 실무자들에 대한 권한 위임, 변화에 대한 내재화, 협업 증대, 정말로 중요한 것들에 대한 집중, 각 업무들의 가치 이해, 맹목적인 업무의 배제를 시행한다는 것과 같은 의미다. 애자일스럽게 일한다는 것은 일을 올바르게 하고, 소통을 원활히 하고, 피드백 주기를 짧게 하고, 팀워크를 최대화한다는 것과 같아야만 한다. 제대로 된 애자일 조직이라면 지식 노동자들이 일을 즐겁게 할 수 있게 하는 요건들, 즉 자율성과 목적의식을 제공할 수 있어야 한다.

오랫동안 많은 애자일 팀들과 일하면서 수많은 개발자들이 동기부여 없이 일에 자부심을 느끼지 못하는 것을 봤다. "단순히 밥벌이일 뿐입니다. 그냥 출근해서 일하는 거예요". 왜 자신의 일을 즐기지 못하는 사람들과 함께 일해야 하는 상황이 그토록 흔할까? 왜 좀비처럼 일하면서 퇴근 시간만 바라보는 불행한 개발자들을 매일같이 봐야만 할까? 왜 동료들은 프로젝트와 회사를 위해 최선을 다하지 않는 것일까? 나는 진정으로 동기 부여가 되어 일을 즐기고 있나?

2장에서 이야기했듯 애자일 전환이 피드백 루프를 짧게 하고, 프로젝트의 상황을 투명하게 만드는 데는 긍정적이지만 개발자들을 성장시키는 데는 도움이 되지 않는다. 오래된 개발자들은 그들이 일하던 방식을 바꾸려 하지 않는다. 다른 개발자들과 효과적인 협업에도 크게 관심이 없다. "나는 이 회사에서 10년 동안 일했다. 내가 뭘 해야 하는지 잘 알고, 테스트를 작성할 필요가 없다. 바보같은 실수는 하지 않는다. 나는 이미 이 애플리케이션을 속속들이 꿰고 있다." 새로운 합류한 개발자나 젊은 개발자들은 그들의 목소리를 무시하지 않으려고 꽤 노력해야 한다. 신참들이 기존 고참 개발자들에게 도전하는 것은 상당히 어려운 일이다.

애자일 코치들은 개발자들의 역량을 향상시키는 데는 그리 효과적이지 못하다. 아주 소수의 애자일 코치들만이 개발자 옆에 앉아서 같이 코딩을 한다. 개발자들은 애자일 코치가 테스트 주도 개발(TDD)이나 익스트림 프로그래밍의 여러 실행 관례들을 이야기할 때 쉽게 두시해 버린다. "TDD, 페어 프로그래밍... 이런 말도 안 되는 이야기들을 자꾸 하는데, 스스로는 얼마나 잘 알고 있나? 나한테 뭐가 어떻게 되는 건지 직접 보여줄 수 있나?"

우리 코드들을 보고 그런 것들을 어떻게 적용해서 뭐가 좋아지는지 증명해 보일 수 있나? 직접 실천해서 모범을 보일 수 있나? 그냥 말만 많은 잔소리꾼은 이미 충분하다."

애석하게도 현실은 애자일 도입을 새로운 절차 정도로 이해하는 회사들이 많다. 그런 회사들은 개발자들이 새로운 절차를 기계적으로 따르기만 하면 애자일스럽게 일이 되는 줄로만 안다. 하지만 개발자들은 여전히 과거에 하던 것과 똑같은 방식으로 소프트웨어를 개발한다. 애자일 도입 이전에도 동기 부여가 되어 있지 않았다면 애자일 도입 이후에도 마찬가지다.

그저 '출퇴근'만 하는 개발자들로 인한 대가

열정적인 개발자들에게 '출퇴근'만 하는 개발자들을 어떻게 해야 할지 물어보면 한결같이 회사에서 모두 쫓아내는 것을 떠올린다. 나 역시 그런 식으로 생각하지 않으려고 의식적으로 노력하고 있다. '해고'가 상당수 옮기는 하지만(법률적인 문제를 제쳐둔다면) 항상 그렇지는 않다. 열정을 정확하게 측정할 수 있는 방법이 없기 때문이다. 사람들은 서로 다른 것들을 즐거워하고 그들만의 방법으로 열정을 표현하다.

열정의 부재 자체가 열정적인 개발자들을 화나게 것은 아니다. 열정적인 개발자들을 화나게 하는 것은 열정을 다해서 애플리케이션을 더 나아지게 하고 일하는 방식을 개선하려고 온갖 노력을 쏟는 동안 다른 개발자들이 그저 뒤에서 팔짱만 끼고 구경하거나 심지어 방해하는 것이 화가 날 뿐이다.

어느 다국적 미디어 회사에서 내가 일하던 컨설팅 회사를 찾아온 적이 있다. 그 회사는 그들의 팀을 도울 개발자를 찾고 있었고 운 좋게도(?) 내가 그 개발자가 되었다. 14년이나 된 레거시 시스템을 대체할 새로운 시스템을 개발하는 게 내 역할이었다. 그 레거시 시스템은 오라클 폼즈와 비슷한 자체적인 솔루션으로 만들어져 있었다. 그 솔루션을 만들었던 외주 업체는 사라지고 없었고 서투른 개발자 몇 명만 남아서 그 애플리케이션을 유지보수하고 있었다. 항상 그렇지만 상황이 안 좋아지면 제일 먼저 가장 능력 있는 개발자들이 떠나간다. 그 프로젝트는 내가 합류하기 3년 전부터 진행되고 있었다. 그 팀은 기술 담당 프로젝트 매니저(개발자로서의 경험은 매우 적은), 높은 보수의 계약직 개발자(전혀 도움이 안 되고 자기 생각에만 빠져 있는), 정규직 개발자(뭐가 어떻게 돌아가고 있는지 아무 생각이 없는), 세 명의 컨설턴트(최대한 일 안하고 오랫동안 남아있으려는), 비즈니스 분석가(레거시 시스템이 뭘 하고 있었는지 이해하기 위해 고용된)로 구성되어 있었다. 그 프로젝트를 책임지고 있는 IT 부서의 부서장은 자기 컴퓨터를 어떻게 켜는지 겨우 알고 있는 수준이었다. 그 프로젝트의 사람들은 서로 이야기하는 일도 드물었고 몇 달이 지나도록 같이 회식 한번 하지 않았다. 더욱 최악인 것은 그 프로젝트는 비즈니스적으로 우선순위가 높지 않았다. 그냥 레거시 시스템으로도 여전히 운영이 가능했다.

초반 3년 간의 꾸물거림 후에야, 비즈니스 부서에서는 그들의 돈이 효율적으로 쓰이고 있지 않다는 것을 알게 되어 그들이 고용한 컨설팅 회사에 압력을 넣기 시작했다. 그 컨설팅 회사가 바로 내가 일하던 회사였다. 프로젝트에 이미 합류해 있던 그 세 명의 컨설턴트들도 내가 일하던 컨설팅 회사에서 파견된 사람들이었다. 나를 보낸 이유는 "가서 일을 좀 제대로 정리해보라."는 것이었다.

나는 에너지가 넘쳤고 프로젝트가 제 궤도를 찾을 수 있도록 영향력을 발휘할 준비가 되어 있었다. 첫 두 주 동안은 고통스럽기는 했지만 관찰하고 배우는 데 집중했다. 제대로 된 제안들을 할 수 있도록 이런 저런 정보들을 모았다. 그런데 일일 스탠딩업 미팅 때 팀원들이 모두가 참석하는 일이 드물었다. 백로그와 위키 사이트에 몇 가지가 기록되어 있기는 했지만 일정 추산이나 우선순위 정의는 없었다. 작업 루프가 2주 주기로 진행되는 비슷한 게 있기는 했지만 작업 루프 안에 약속된 결과가 나오든 말든 아무도 신경을 쓰지 않았다. 대부분의 작업들이 계속 진행 중인 상태였고 어떤 개발자는 "이 기능은 아마도 개발하는 데 6주 정도는 걸릴 것 같습니다. 다 되면 보고하겠습니다"라는 식으로 이야기하곤 했다.

몇 달 동안은 일부분이라도 질서를 부여하려 노력했다. 백로그를 정리하고 업무 리뷰와 계획을 위한 절차를 실행했다. 팀원 개개인을 이해하려 노력했다. 팀 단위로 점심을 먹거나 술자리를 함께하는 일도 추진했지만 한두 명 밖에 나타나지 않았다. 각 개발자들에게 동기를 부여하기 위해 직접 함께 페어 프로그래밍을 했다. 그리고 그들에게는 낯설기만 한 TDD를 가르쳐주려 했다. "그런 걸 하는 이유가 뭐죠? 뭔가 바보같습니다.". 업무 절차와 코드에 대한 개선도 제안했지만 "안됐지만 그렇게 되기는 힘들겠습니다. 그런 건 여기서 안 통해요. 급하게 그럴 필요가 없습니다. 사실 저는 별 관심 없습니다. 그리고 우리 고객조차도 별 관심이 없습니다. 우리는 그냥 일을 할 뿐입니다. 각자 생활이 있습니다. 그런 것들에 왜 스트레스 받아야 하죠? 그냥 좋은 게 좋은 겁니다."라는 답만 따라왔다.

테스트를 작성하는 사람은 나 하나뿐이었다. 어느 시점에선가 누군가는 일을 즐기기 시작하고 좋아질 것이라고 희망을 가졌다. 그런 일은 일어나지 않았다. 대신 그들은 코드를 임의로 바꾸어서 내가 만든 모든 테스트를 망가뜨렸다. 내가 항의하러 갔을 때 그들은 "이미 얘기했지만 그런 거는 시간 낭비라고요. 프로젝트 관리자와 비즈니스 분석가는 전혀 쓸모 없습니다. 그들 스스로도 자기가 뭘 원하는지 모릅니다. 그냥 그 사람들이 직접 시스템을 테스트하게 두면 됩니다. 누가 불평하면 그때 가서 고치면 되고요".

8개월 동안 이런 저런 방법으로 사람들이 프로젝트에 관심을 가지게 하려고 노력했다. 팀원들이 하는 일에 대해 조금이라도 자부심을 갖도록 공을 들였다. 하지만 어느 시점에 이르러서는 너무 당혹스러운 나머지, 독립적인 기능들 몇 가지만 추려서 혼자서 작업했다. 뭔가 유용한 것이라도 만들어서 기분을 나아지게 하고 싶었다. 그것도 생각대로 되지 않았다. 당혹감과 팀 구성원들과의 언쟁만 더 늘었다.

최후의 수단으로, 당면한 문제들을 IT 부서 부서장에게 직접 이야기했다. 그런데 그 역시 크게 신경 쓰지 않았다. "이 회사에서 여러 소프트웨어 프로젝트들을 감독해왔습니다. 소프트웨어란 게 그래요. 복잡하고 오래 걸립니다. 내 말을 믿으세요. 소프트웨어 프로젝트는 어쩔 수 없습니다. 그 일이 원래 그렇습니다"

이 이야기는 해피엔딩이 아니다. 나는 내가 일하던 컨설팅 회사에 나를 제발 다른 프로젝트로 보내주든가 아니면 회사를 그만두겠다고 말했다. 컨설팅 회사는 그 문제를 고객사의 IT 부서 고위직까지 이슈화시켰고 결국 거의 팀원 전체가 교체되었다. 컨설팅 회사에서 직접 그 프로젝트와 납품 과정에 대한 권한과 책임을 모두 챙기게 되었다. 고객사 IT부서의 부서장은 사라졌다. 그가 해고되었다는 이야기도 들었다. 프로젝트는 총 7년의 기간이 걸려서야 마무리되었고 천만 파운드(약 170억 원) 이상의 비용이 들었다. 돌이켜보면, 비즈니스 부서의 온전한 지원만 있었다면 5명의 재능 있고 열정적인 개발자들과 유능한 비즈니스 분석가 한 명으로 18개월~24개월 동안, 2백만 파운드 이하의 비용으로 완료할 수 있는 프로젝트였다. 즉 8백만 파운드와 5년의 시간을 절약해서 다른 비즈니스 영역의 일을 개선하는 데 훨씬 더 유용하게 쓸 수도 있었다.

이런 프로젝트를 개발자 한 명이 바꾸는 것은 거의 불가능하다. 어떤 프로젝트는 훨씬 더 큰 수준에서의 개입이 필요하다. 외부의 전문가가 투입되고 한동안 전체 프로젝트에 대한 통제권이 부여되어야 할 수도 있다.

다행히도, 모든 프로젝트와 회사들이 이렇지는 않다.

낮은 수준의 동기가 만드는 제약

모든 회사들이 문제를 안고 있다. 어떤 구성원이든지 간에, 회사가 좀더 나아졌으면 하는 항목들을 쉽게 떠올릴 수 있다. 그렇다면 왜 그렇게 되도록 만들려는 노력들을 하지 않는 것일까? 다음은 그 이유에 대한 몇 가지 목록이다. 순서에 특별한 의미는 없다.

- 자신에게 아무런 권한이 없다고 생각한다.
- 그런 일을 이끌어가야 할 당사자가 되고 싶지 않다.
- 그렇게 되기에는 복잡한 장애요인이 너무 많다.
- 뭔가 바뀌는 것이 가능하다고 믿지 않는다.
- 무엇이 더 나은 일인지 사람들의 동의를 받기 힘들다
- 아무 상관 없다. 그냥 출퇴근만 하면 된다.

많은 회사들이 일하는 방식을 개선하지 못하는 이유는 바로 동기가 낮기 때문이다. 구성원들이 동기 부여가 되어 있지 않고 그들의 일이 어떻게 되든 상관하지 않으면 조직을 변화시킬 방법이 없다. 구성원들에게 새로운 방식으로 일하기를 설득하기 전에 다음의 것들을 먼저 생각해보아야 한다. 일을 제대로 할만한 동기 부여가 되어 있는가? 스스로의 일을 개선하는 데 진

정 관심을 가지고 있는가? 일을 더 잘 할 수 있도록 지속적으로 자기계발을 하고 있는가? 회사가 하는 일이 사회에 기여하고, 해야 할 가치가 있다고 느끼고 있는가? 회사가 해내는 일을 좋아하는가?

개발자들에게 열정을 불어넣기

기존 개발자들에게 자극을 주고 동기를 부여하는 데 가장 효과적인 방법은 외부로부터 소프트웨어 장인을 수혈받는 것이다. 이때 소프트웨어 장인은 정규직일 수도 있고 특정 기간 동안만 계약한 사람일 수도 있다. 보통의 개발자와 소프트웨어 장인의 차이점 중 하나는 소프트웨어 장인의 경우 스스로 설정한 임무가 있다는 점이다. 소프트웨어 장인은 고객에게 가치를 전달하고 자신을 둘러싼 사람들에게 영감을 불어 넣기 위해 모든 노력을 아끼지 않는다. 소프트웨어 장인은 방향을 제시하고 변화를 이끄는 데 두려움이 없다. 소프트웨어 장인에게 항상 최선을 추구하는 것은 내재된 본능과도 같다.

개발자에게 꼬치꼬치 세세하게 업무를 지시하는 관리자 또는 아키텍트만큼 불편한 존재도 없다. 소프트웨어 장인은 다른 사람에게 무엇을 하라고 명령하는 대신 다른 개발자들과 함께 앉아 페어 프로그래밍을 하면서 그들의 지식과 경험 열정을 나눈다. 단순히 일을 완료하는 것 외에도 소프트웨어 장인은 항상 다른 여러 개발자들의 멘토로서 행동하는 데 주의를 기울인다. 소프트웨어 장인은 항상 소프트웨어에 대해서 이야기하고 자신의 자기계발 활동을 다른 사람들과 공유하려 한다.

투자 은행에서 일할 때 나의 역할은 개발팀 안에 열정을 불어 넣는 것이었다. 똑똑한 개발자들이 있기는 했지만 많은 개발자들이 자신의 일에 신이

나거나 최소한 흥미를 느끼고 있지는 못했다. 회사에 출근해서 시키는 일을 한 다음 퇴근할 뿐이었다. 애자일 전환의 한가운데 있었지만 시스템은 여전히 버그가 많았고, 제품 딜리버리는 일년에 두세 차례에 불과 했다. 그들이 일하는 조직에서는 새로운 혁신은 극히 드물었다.

거기서 일했던 3년 동안 동료들과 함께 이루어낸 것이 많지만 이 책은 애자일 전환에 대한 책은 아니기 때문에 그중 크게 성공했고 설명하기 쉬운 사례 몇 가지만 이야기해보려 한다.

가장 먼저 했던 것들 중 한 가지는 몇 명의 소프트웨어 장인을 새로 합류시킨 것이었다. 소프트웨어 장인을 팀에 들이는 것은 기술적인 문제 해결에 도움이 될뿐만 아니라 열정을 불어 넣고 혁신을 일으키는 데 지지자이자 동맹이 되어 준다는 것이다.

우리는 스크럼을 하고 있었다. 스크럼 일일 스탠딩업 미팅 때 서로에게 "지난 미팅 이후 뭔가 새롭게 배운 것을 공유할 분 있습니까?"라고 물었다. 첫 번째 주에는 나와 다른 개발자 한 명만이 손을 들고 배운 것을 공유했다. 책이나 블로그에서 읽었던 글이나 지난 주에 시도했던 기술 또는 코딩 내용에 대해서 이야기했다. 회의가 거듭될수록 점점 더 많은 개발자들이 동기가 부여되어 일일 스탠딩업 미팅에서 자신이 배운 내용을 공유하거나 다른 개발자에게 새로운 것을 배우려고 하였다. 블로그 글에 대한 링크나 비디오, 책들도 공유하기 시작했다. 어느 날부터 갑자기 소프트웨어, 기술, 방법론, 실행 관례, 업무와 관련해 당면한 문제들을 점심 시간이나 휴식 시간에 점점 더 많이 이야기하기 시작했다. 이것이 가능했던 이유는 기존의 개발자들이 새로 합류한 소프트웨어 장인들에게서 열정과 전문성을 엿볼 수 있었고 자신들도 그렇게 되고 싶다는 동기가 부여되었기 때문이다.

브루즈 A. 테일Bruse A. Tale의 저서 『7주 동안 7가지 언어 배우기Seven

Languages in Seven Weeks』를 구해서 읽고 있을 때였다. 첫 번째 언어(Ruby)에 대한 파트를 읽고 있을 때 일일 스탠딩업 미팅 시간이나 휴식 시간 또는 페어 프로그래밍 시간에 그 책에 대한 내용을 몇 번 언급했다. 두 명의 개발자들이 두 번째 언어(Prolog) 파트를 읽기 시작할 때 같이 공부하기를 희망했다. 그래서 매주 수요일 오후 12시 점심 시간에 모이기로 했다. 각 섹션마다 우리는 공부 중인 언어에 대해서 열정적으로 토론했다. 점점 더 많은 개발자들이 흥미를 보였고 어느 시점에는 12명의 개발자들이 학습에 참여했다. 그 중 몇 명은 새로 배운 언어를 직접 활용해보는 실습 세션에도 참여했다.

이러한 일들로 인해 우리의 환경이 완전히 바뀌었다. 개발자들은 다시 기술에 대한 흥미를 되찾았고 스스로 성장하는 데 관심을 쏟게 되었다. 모두들 페어 프로그래밍을 하거나 새로운 것을 시도해보는데 이전보다 훨씬 더 적극적이었다. 많은 혁신들이 우리 부서에서 일어났고 기술적 문제들도 상당 부분 해결되었으며 버그의 숫자는 드라마틱하게 줄어들었다. 모두가 TDD를 습관화했고 제품 딜리버리 주기는 훨씬 짧아졌다. 이러한 전반적인 분위기의 반전은 너무나도 훌륭했기에 제품 오너, 프로젝트 관리자, 제품 서비스 담당까지도 느낄 수 있었다. 그들 입장에서도 개발자들과 함께 일하는 것이 훨씬 더 행복해졌음은 물론이다. 개발자들이 스스로 만든 제품의 품질에 얼마나 신경을 쓰는지, 회사를 생각해서가 아니라 그 일 자체를 즐기기 때문에 그렇게 한다는 것을 모두가 느낄 수 있었다. 개발자들은 다시 개발의 재미를 찾았다. 과거, 큰 조직에 속한 지루하기만 한 팀이 아니라 매우 효율적으로 일하고 항상 더 나아지려는 사람들로 구성된 멋진 팀이 되었다.

요약

직원들의 사기가 낮으면 회사가 파괴되기 쉽다. 동기부여가 되지 않는 사람들은 혁신을 창조하고 적용할 에너지가 없다. 일을 제대로 하고 책임을 지는 데도 관심이 없다. 그 사람들이 원래 그랬던 것은 아니다. 상황이 그렇게 만들어 간다. 사람들의 열정을 없애는 데 정말 능숙한 회사들도 있다. 다행인 것은 관리층으로부터의 진심 어린 지원이 있다면 점진적으로 '낮은 사기'에 빠져 있는 상황을 역전시킬 수 있다는 점이다. 애자일 절차와 이데올로기를 도입하면 사기 증진을 위한 기초적인 환경은 어느 정도 조성된다. 하지만 개발자의 사기를 높이기 위해 필요한 요소들이 더 있다. 관리자와 애자일 코치들은 개발자와 가깝게 있지 못하기 때문에 개발자에게 동기를 부여할 기회가 적다. 매일 몇 번이고 개발자 옆에 앉아서 이야기하라는 뜻은 아니다. 그들이 생각하는 커리어와 열정에 대해 공유해야 한다. 개발자에게 동기를 부여할 수 있는 최선의 사람은 바로 동료 개발자다. 실력있는 개발자, 본받고 싶고 영감을 일으키는 개발자, 바로 소프트웨어 장인이야 말로 최고의 동기 부여가 될 수 있다. 개발팀에 열정을 불어넣고 동기를 부여하고 싶다면 소프트웨어 장인 몇 명을 팀에 영입해야 한다.

CHAPTER

13

배움의 문화

구성원들이 동기가 부여되어 있지 않거나 자신의 일 자체에 별 관심이 없으면 그 어떤 변화도 효과적으로 일으킬 수 없다. 관리자들이 변화를 일으키려 할 때 일방적인 통보와 별 다를 바 없는 행동으로 아무런 효과도 보지 못하는 경우를 흔하게 본다. 개발자들을 불러 모아 놓고 멋진 파워포인트로 장밋빛 변화에 대해 열변을 토하고 환한 미소로 발표를 마무리하지만, 결국은 규칙의 공표에 지나지 않는다. "이제부터 모든 개발자들은 테스트 주도 개발(TDD)을 해야 합니다. 그리고 딜리버리 팀은 대자일을 따릅니다. 모두가 새로운 규칙과 절차를 지켜야 합니다." 개발자들은 마음속으로 "저 관리자 스스로는 코딩에 대해 제대로 알기나 할까? 우리 옆에 앉아서 페어 프로그래밍을 할 수 있나? 구체적으로 무엇을 해야 하는지 상세하게 가이드할 수 있을 만큼 현실을 제대로 이해하고 있나?"라고 생각한다.

관리자들은 상황을 얼마든지 더 악화시킬 수 있다. 개발자들이 새로운 규칙을 준수하도록 업무 고과나 보너스를 연계시키는 것이다. 소프트웨어 개발에서 그러한 접근 방식은 재앙에 가까운 결과를 가져올 뿐이다.

이 장에서는 배움의 문화를 만들기 위해 개발자들이 할 수 있는 여러 가지 활동들에 대해 살펴본다. 이 장에서 다루는 실제 적용 사례가 비록 대형 금융 회사들과 다른 산업군의 작은 회사들 몇 개 정도이지만 그 회사들에서 긍정적인 효과가 있었다.

잘못된 방향으로 동기 부여하기

어느 유명한 투자 은행에서 내가 일하던 컨설팅 회사에 일을 맡겼다. 고객사의 요구사항은 매우 특정적이었다. "우리의 레거시 코드 베이스에 단위 테스트를 역으로 끼워 맞춰(현재 동작 상태가 올바르다고 가정하고 현재 상태대로 동작하는지 검증하는 테스트) 만들어 줄 개발자들이 필요합니다." 그리고 내가 그 개발자 중 한 명이 되었다. 썩 내키지는 않았지만 당장 속한 프로젝트가 없었기 때문에 싫다고 할 수도 없었다. 게다가 이상하게도 그 고객사는 코딩 작업을 고객사가 아닌 우리 컨설팅 회사의 사무실에서 하기를 바랐다. 뭔가 꽤 잘못되었다고 느꼈다. 보통 금융 업계는 보안에 대단히 민감해 그들의 코드가 회사 바깥으로 나가도록 허용하지 않기 때문이다.

몇 달 동안 나와 몇 명의 동료들은 레거시 코드를 작성한 사람들과 말 한 마디 나눠보지도 못한 상태에서 그 코드들에 대한 단위 테스트를 작성했다. 고객사의 요구사항은 매우 명확했다. "그냥 테스트만 작성하면 됩니다. 목표는 테스트 커버리지를 전체 코드의 70%까지 달성하는 것입니다. 거기까지 완료하면 그 커버리지 아래로 떨어지지 않도록 테스트를 유지보수하기만 하면 됩니다." 테스트를 작성하면서 코드 베이스의 미묘한 동작들이 버그인지 원래 의도한 것인지 아리송한 상황이 꽤 많았다. 기존의 클래스와 메서드들이 전체적인 설계 관점에서 올바른지도 전혀 알 수 없었다. 우리는 그 코드를 작성한 고객사의 개발자들과 이야기를 해보려 했지만 그 부분은 계약 조건에서 배제되어 있었다. 고객사의 개발자들은 항상 바쁜 데다가 우리와 이야기하는 것에 흥미를 보이지도 않았다.

더 최악인 것은, 고객사의 개발자들은 코드 베이스를 변경할 때 테스트 코드를 업데이트하지도, 새로운 테스트를 작성하지도 않았다. 그래서 고객사의 최신 코드를 가져올 때마다 어김없이 테스트가 망가졌다.

원래 그게 맞는지 틀린지도 모른 채 맹목적으로 테스트를 끼워 맞추는 개발을 시작한지 몇 달 후 70%의 테스트 커버리지에 도달했다. 몇 주가 지나 그 고객사는 기뻐하며 계약을 종결했다.

그 프로젝트(프로젝트라고 부를 수 있는지 잘 모르겠다)가 끝나고 한참 후, 우리는 관리자에게 도대체 그 프로젝트의 정체가 무엇인지 물었다. 그 해에 고객사의 고위 기술 담당이 테스트 커버리지를 70%로 올리는 것을 당해년도 팀 업무 목표 중 하나로 설정했고 팀의 보너스가 그 목표를 달성했느냐 여부에 직접적으로 영향을 받았다. 그 목표 달성 부분을 그냥 아웃소싱했던 것이었다.

그때 우리는 부도덕한 일을 했던 것이다. 우리의 컨설팅 회사는 그런 프로젝트는 받아들이지 말았어야 했다. 나 역시 '아니오'라고 대답했어야 했다. 우리가 그 고객사에 그 일이 잘못되었을 뿐만 아니라 위험하다는 점을 이야기했다면 제대로 된 도움을 줄 수 있었을지도 모른다. 어떤 사람들은 그 테스트를 믿고 시스템이 신뢰성이 있어 상용 릴리즈를 해도 된다고 판단할 수도 있다. 잘못된 테스트는 아예 테스트가 없는 것보다 못하다. 거꾸로 끼워 맞춘 그 테스트들은 비즈니스 맥락을 전혀 모르는 외부 개발자들이 자기 마음대로 이해한 수준에서 검증되었다. 클래스나 애플리케이션 흐름에 버그가 있더라도 그것이 버그인지 원래 의도한 바인지 몰라 그저 그 행동에 끼워 맞추어서 테스트를 만들었다. 테스트가 통과됐다면 그 코드들은 테스트 측면에서는 정상인 것이다.

결국에는 그 고객사에서 보너스만 노린 엉뚱한 투자였음을 알게 되었다. 우리는 교훈 하나를 얻었다. 사람들에게 새로운 절차나 새로운 실행 관례를 강제한다고 조직을 변화시킬 수 없으며 우리는 배움의 문화를 만들어 내야 한다. 사람들 스스로 모든 것을 더 나아지게 하고 싶어하는 동기를 부여할 수 있어야 한다.

배움의 문화 만들기

배움의 문화를 만들면 회사에 효율적으로 열정을 주입할 수 있다. 항상 더 나은 방법을 찾고 스스로를 개발하고자 하는 사람들로 가득 찬 환경을 접해본 개발자들은 그리 많지 않다는 것이 안타까운 현실이다. 자기가 하는 일에 불평불만과 한탄을 쏟아내고 아무런 동기 부여도 되어 있지 않은 개발자들을 옆에서 지켜보는 경우가 훨씬 더 흔하다. 롤 모델이 부족하기 때문에 주니어 개발자들은 소프트웨어 개발이라는 것이 그리 신나는 커리어는 아니라고 믿게 된다. 그들이 본 선배 개발자들처럼 어떻게 하면 더 빨리 관리자나 아키텍트가 될 수 있을까에 열중하기 시작하며 그것이 자연스러운 커리어 개발이라고 확신한다. 젊은 개발자들은 업계에 발을 들이는 순간부터 그들의 선배가 만들어 놓은 불필요하게 복잡하고 엉망인 코드들을 상대해야 한다. 그러한 상황에 처한 젊은이들에게는 파워포인트나 엑셀로 프레젠테이션 문서를 만드는 편이 코드를 작성하는 것보다 더 낫다고 판단할 수도 있다.

그 신입 개발자가 완전히 다른 성향의 선배 개발자들 속에서 일한다면 어떨까? 배움과 자기계발의 열정이 가득하고 자기가 하는 일에 애정이 있으며 더 나은 방법을 발견하거나 새로운 것을 배웠을 때 흥분하는 그런 선배 개발자들을 보고 배운다면 어떠할까? 그러한 환경은 소프트웨어 장인이 되기 위한 열망을 불어 넣는 것은 물론 소프트웨어 개발이라는 일 자체를 즐길 수 있도록 북돋울 것이다. 이렇게 높은 수준의 동기가 부여된 사람들은 일을 재미있게 할 뿐만 아니라 항상 회사 바깥 세상에 관심을 갖는다. 이 때문에 회사 입장에서는 외부로부터의 혁신과 효율을 지속적으로 수혈받을 수 있는 큰 이득이 생긴다.

관리자들은 개발자들에게 무엇을 언제 어떻게 하라고 일일이 명령할 것이 아니라 개발자들에게 권한을 위임하고 개발자들 스스로 배움의 문화를 만들어갈 수 있도록 북돋워야 한다. 명령을 하게 되면 의무가 되고 흥미를 끌기 어렵게 된다. 언제, 무엇을, 어떻게 배울지 개발자들 스스로 정하게 내버려 두자. 그러한 자유가 있어야만 배움의 문화를 만들고 내재화할 가능성이 높아진다. 개발자들이 훌륭해지는 만큼, 회사도 혁신적이고 기민해진다. 개발자들이 행복한 회사라면 외부의 훌륭한 개발자들을 유인할 수도 있을 것이다.

이제 그러한 환경을 조성하기 위해 개발자들이 할 수 있는 것들을 살펴보자.

북 클럽에 가입하기

책을 하나 선택해서 동료들에게 그 책을 읽기 시작할 거라고 공표하자. 그 책에 관심이 있거나 관련 내용에 대해 토론을 하고 싶다면 한 주에 한 번 정도 점심 시간이나 기타 여유 시간에 함께 모이자고 하자. 동료 중 한 명이라도 관심을 보인다면 북 클럽을 시작할 수 있다.

아무도 관심이 없다면 동료들이 어떤 종류의 책이나 주제에 관심이 있는지 탐색해본다. 제안된 주제들을 모아서 다수가 관심을 보이는 주제 하나를 선택한다. 선택된 주제와 관련된 서적 목록을 조사해서 동료들에게 다시 물어보고, 그중 하나를 선정하여 그룹을 만들고 첫 번째 미팅 일정을 잡는다.

그래도 아무도 관심이 없으면 그냥 본인이 원하는 책을 읽기 시작한다. 대신 휴식 시간이나 식사 시간같은 편안한 때 책의 내용을 공유하고 대화를 시도해보자. 처음에는 관심없던 동료가 흥미를 보이고 북 클럽 회원이 될 수도 있다.

테크 런치 진행하기

팀원들에게 일주일에 한 번 정도 점심 시간에 기술과 관련된 난상 토론회를 가지는 것을 제안해보자. 이 토론회는 그 어떤 형식도 갖출 필요가 없다. 참여자 누구든 그냥 그 자리에서 생각나는 것을 아무거나 이야기하면 된다. 현재 진행 중인 프로젝트의 개선 방향을 이야기하는 것도 좋지만 이 토론회를 업무의 연장으로 만들지는 않는 것이 좋다. 이 토론회는 배움에 대한 것으로 만들어야 한다. 서로 다른 기술, 접근 방법, 테크닉, 서적 등 참여자 누구든 공유하거나 토론하고 싶어하는 것을 다룬다. 원하는 사람이 있으면 토론하고픈 내용을 짧게 프레젠테이션하게 한다. 여기서 다루어진 주제들 중 실제 업무에 반영해 좋을 것이 있다면 그것만을 위한 별도의 미팅을 잡는다.

테크 런치는 따로 준비해야 하거나 조직화가 필요없어서 매우 쉽게 시작할 수 있다. 사람들이 점심 도시락을 들고 모일 장소만 있으면 된다. 카페나 식당보다는 회의실을 추천한다. 이동 시간을 아낄 수 있을 뿐만 아니라 화이트보드나 프로젝터 같은 것을 활용할 수 있다.

그룹 토론회에 참여하기

사무실 벽이나 화이트보드를 둘로 나눈다. 한쪽에는 각 참여자들에 의해 짧은 주제 발표가 될 항목들을 모으고, 다른 한쪽은 그룹 토론 대상으로 선정된 주제들을 모아 놓는다. 모든 참여자들이 사용하도록 포스트잇과 펜을 나눠주거나 아무나 가져갈 수 있게 테이블에 비치한다. 참여자들에게 발표하고 싶은 주제를 포스트잇에 적도록 한다. 약 5분 동안 주제를 발표하고 2분의 질답으로 이루어진다.

주제 발표를 시작한다. 참여자들은 그냥 자기 자리에서 일어나서 간단하게 말한다. 발표자가 원한다면 화이트보드나 프로젝터를 사용해도 된다. 이때 시간을 정확히 지키도록 잘 관리한다. 특정 주제 발표의 질답 시간이 너무 길어지면 시간 종료를 알리고 해당 포스트잇을 그룹 토론 대상에 옮겨 붙인 후 바로 다음 주제 발표로 넘어간다. 이때 그 질답이 길어진 항목은 그룹 토론 시간에 따로 나눌 기회가 있다는 것을 모두에게 알린다.

주제 발표가 끝나면 그룹 토론 주제로 넘어간다. 첫 번째 포스트잇을 크게 낭독하고, 작성자에게 토론하고 싶은 내용을 30초 정도 설명하도록 요청한다. 이러한 작업을 모든 포스트잇에 반복한다. 모든 포스트잇에 대한 설명이 끝났으면, 하나의 주제로 병합할 수 있는 비슷한 주제들이 있는지 확인한다. 모든 참여자들이 동의하는 병합이 될 수 있도록 조율한다. 병합 작업이 끝나면 모든 주제들을 다시 한번 낭독한다. 단, 이때는 각 주제마다 토론을 원하는 사람은 손을 들라고 요구하여 각 주제별로 득표 숫자를 기록한다. 득표가 많은 주제가 있으면 그 주제의 제안자에게 토론을 시작하도록 요청한다. 주제별 선호도를 투표할 때는 가능하면 한 사람당 한 주제만 투표하도록 안내한다. 강제 사항은 아니고 정말 결정이 어렵다면 두 개 이상의 주제에 투표를 할 수도 있다.

비슷한 득표를 한 주제가 여러 건 나왔다면 다음과 같은 선택 방법들이 있다.

- 가장 많이 득표한 두 주제를 가지고 사람들을 두 그룹으로 나눈다(회의실이 두 개 필요하다).
- 득표 수가 많은 주제들만 가지고 다시 한번 투표한다.
- 미팅 시간을 앞 뒤로 나누어 각각 첫 번째, 두 번째 득표 순위의 주제를 토론한다.

한 주제에 대해 45분 정도(시간이 없다면 30분 정도) 그룹 토론이 진행되었으면 토론을 중단하고 주제를 바꿀지의 여부를 참여자들에게 묻는다.

업무 교환하기

회사 안에는 개발팀들 각각 서로 다른 애플리케이션이나 시스템의 상이한 부분을 담당할 때가 많다. 특정한 시기가 지나면 프로젝트의 내용이 일상적인 반복 업무가 된다. 초기의 기술적 난제들도 해결되고 설계상 큰 결정들도 마무리된다. 프로젝트가 전개되는 와중에 이전에 결정된 사항들을 되돌아보는 경우는 극히 드물다. 현재의 도구와 이미 결정된 설계상의 선택들에 너무 익숙해져 더 나은 방법들을 탐색해보지 않게 된다. 즉 매너리즘에 빠지고 지루함이 찾아온다.

페어 프로그래밍이 일상적인 개발 조직이라면 개발자 교환을 통해서 이러한 매너리즘을 해결할 수 있다. 프로젝트의 한 업무 주기 동안 팀끼리 개발자를 서로 바꾸면 새로운 것을 볼 기회가 생긴다. 다른 팀의 개발자와 페어 프로그래밍을 하면 다른 기술, 다른 테크닉 그리고 다른 업무 방식과 사고 방식을 경험하게 된다. 다른 개발자가 기존 프로젝트에 합류하면 비록 짧은 시간이라도 팀의 문제와 해결책에 대해 다시금 생각할 기회가 생긴다. 새로운 개발자에게 무엇이 어떻게 돌아가고 있는지 설명을 해주어야 하기 때문이다. 여기에 몇 가지 긍정적인 효과가 있다.

- **기존 결정들에 대한 재검증:** 새로운 사람은 기존 결정이 이루어진 맥락을 이해한 후 그 결정이 올바른 것이었는지 확인해 줄 수 있다.
- **지식의 공유:** 새로운 개발자는 특정 문제들이 어떤 식으로 해결되었는지 배울 수 있다.
- **개선:** 새로운 개발자는 문제들을 해결할 더 나은 방법을 제안할 수도 있다.
- **공동 학습:** 서로 현재의 해결책을 토론하고 지식들을 공유하고 나면 기존 멤버와 새로운 개발자 모두 더 나은 해결책이 떠오를 수 있다.

정기적으로 팀끼리 개발자를 교환하면 동기 부여를 크게 강화할 수 있고 프로젝트들 간에 혁신을 전파할 수 있을 뿐만 아니라 팀 간의 지식 단절 현상도 개선할 수 있다. 이러한 교환 프로그램은 실무 개발자들만을 대상으로 할 필요는 없다. 한 팀의 스크럼 마스터가 다른 팀의 테스터와 업무를 교환할 수도 있다.

얼마 동안만 업무 교환하기

앞에서 설명된 업무 교환의 변형으로 몇 시간 내지는 며칠만 팀 간 개발자 교환을 할 수도 있다. 개발자들 스스로 이러한 업무 교환을 진행할 수도 있다. 서로 상대방의 업무 장소로 이동해서 이동한 팀의 다른 개발자 옆에 앉아 몇 시간 동안 페어 프로그래밍을 하면 된다.

어느 큰 회사에서 일할 때, 부서의 모든 소프트웨어가 자바로 작성되고 있었다. 시간이 가면서, 다른 팀들은 빌드 툴과 테스팅 프레임워크로 Maven과 JUnit대신 Gradle과 Spock을 도입하였다. 내가 일하던 팀에서는 새로운 프로젝트를 시작하면서 Java 대신 함수형 개발 언어인 Scala를, Oracle 대신 상용 인메모리 데이터 그리드를 사용하기로 결정하였다.

다른 팀에 가서 편하게 페어 프로그래밍을 요청할 수 있는 환경이 된다면 서로 다른 기술들에 노출될 수 있는 기회를 쉽게 만들 수 있다. 이 글을 쓰고 있는 현재, 위에서 언급한 내가 일했던 팀은 이미 Gradle과 Spock으로 기술을 갈아 탔고, 다른 팀들도 Gradle의 채용을 검토하고 있다.

그룹 코드 리뷰하기

그룹 코드 리뷰도 배움의 문화를 만들어가기 위한 재미있는 방법이다. 특정 코드 부분이 개선의 여지가 많은지 아니면 모범사례로 공표할 만큼 훌륭한지를 놓고서 동료들 간에 논쟁한다. 코드 리뷰를 통해 얼마나 많이 배울 수 있는지를 경험하면 매우 놀랄 것이다. 제대로만 된다면 그룹 코드 리뷰는 팀 전체를 하나로 만들 수 있다. 모두가 리뷰에서 이루어진 결정에 책임감을 느끼고 어떤 것이 품질을 만들어내는지 되새기게 된다.

그룹 코드 리뷰를 가치 있게 생각하지만 올바르게 수행하는 것이 중요하다. 올바르게 수행한다는 것의 의미는 아래와 같다.

- 주석은 주관적, 개인적으로 표현되어서는 안 된다.
- 누가 코드를 작성하느냐는 중요하지 않다.
- 그룹 코드 리뷰 시간에 커밋 히스토리를 뒤지지 않는다. 비난할 사람을 찾기 위해 과거를 파헤치지 말고 미래를 변화시키는 데 집중한다.
- 주석은 반드시 객관적이고 생산적이어야 한다. 왜 그것이 엉망인지가 아니라 어떻게 코드를 개선할지에 집중해야 한다.
- 퍼실리테이터의 도움이 필요할 수도 있다. 퍼실리테이터의 역할은 모두에게 발언권을 주고 누군가를 비난하는 상황이 생기지 않도록 하는 것이다.
- 큰 진전을 이룰 것이라 기대하지 않는다. 이슈 한 가지에 대해서 너무 오랫동안 이야기되더라도 개발자들이 원한다면 그냥 그렇게 한다.

코딩 실습하기

코딩 실습은 말 그대로 개발자들이 모여서 직접 코드를 작성해보는 것이다. 퍼실리테이터가 연습문제를 선정한다. 보통 코딩 카타(Kata) 중 하나를 선택해서 조금 더 재미있게 변형한다. 코딩 실습의 주 목적은 연습문제를 끝내는 것이 아니라 최선의 코드를 작성하는 법을 훈련하는 것이다. 다음은 좋은 코딩 실습을 하기 위한 몇 가지 지침이다.

- 퍼실리테이터는 반드시 연습문제를 잘 알고 있어야 한다. 사전에 문제를 두 번 이상 풀어 보았어야 한다.
- 개발자는 페어 프로그래밍으로 연습문제를 푼다. 이때 이전에 페어 프로그래밍을 같이 한적이 없는 개발자들을 선정하는 것이 좋다.
- 퍼실리테이터가 별도로 지정하지 않은 한 기본 원칙으로서 반드시 TDD를 지켜야 한다.
- 모든 개발자들이 같은 연습문제를 풀어야 한다. 이렇게 하면 문제의 해답들을 서로 비교하여 잘한 것과 못한 것을 되새길 수 있고 문제 풀이가 아니라 훈련으로써의 의도에 더 집중할 수 있다.
- 퍼실리테이터는 개발자를 살피고 도와주어야 한다. 훈련으로써 의미있는 비판적인 질문을 던지는 것이 좋다. 정답이나 직접적인 힌트를 주지 않도록 않다.
- 연습문제 풀기가 끝나면 퍼실리테이터는 반드시 리뷰 시간을 갖는다. 모든 개발자들의 결과물을 공유하여 어떻게 했는지 무엇을 배웠는지 이야기하게 한다.
- 실습이 끝난 후 개발자들은 서로의 페어 프로그래밍 파트너에게 감사를 표해야 한다.

코딩 실습은 팀에 열정을 불어 넣는 데 매우 도움이 된다. 개발자들이 서로에게 배울 수 있는 기회를 제공하고 업무 현장에 작은 흥밋거리를 제공한다.

정기적인 코딩 실습 시간을 가질 계획이라면 앞에서 언급한 지침을 따를 것을 강력히 추천한다. 런던 소프트웨어 장인정신 커뮤니티(LSCC)에도 이

지침들이 적용되어 코딩 실습이 성공적이다. 회사 안에서도 같은 효과를 발휘할 것이다.

다음은 회사 안에서의 코딩 실습에서 고려해야 할 중요한 요소들이다.

- 코딩 실습을 업무의 연장으로 만들지 않는다. 코딩 실습의 의도는 안전한 환경에서의 훈련과 배움이다.
- 한 실습에 2시간 정도를 할당한다. 한 시간은 회사의 업무 시간을 부여하고 다른 한 시간은 개발자 개인 시간을 들이도록 한다. 예를 들어 업무 시간이 9–18시라면 17–19시를 코딩 실습 시간으로 잡는다. 이렇게 함으로써 회사와 개인 모두 배움의 문화를 만드는 데 투자하도록 한다.
- 퍼실리테이터 스스로 사전에 코딩 실습을 수차례 반복 연습한다. 다른 개발자들이 코딩 실습을 위해 사전에 준비할 일은 거의 없다. 퍼실리테이터는 코딩 실습을 주관할 때 최대한 친근해야 한다. 그래야만 다음 코딩 실습에 개발자들이 부담 없이 참여할 수 있다.

사용할 기술은 가능한 자유롭게 선택하기

개발 언어나 개발 도구를 제한하지 않고 가능하면 자유롭게 선택할 수 있게 하자. 사용할 기술을 지정해두면 코딩 실습을 운영하기에는 편하지만 그 지정된 기술에 관심이 없는 개발자라면 코딩 실습에 아예 참여하지 않을 수도 있다.

개발자가 원하는 대로 기술을 선택할 수 있게 하면 코딩 실습이 더욱 즐거워진다. 코딩 카타를 하나 선택해서 몇 가지 제약 조건을 걸고(예를 들어, else 구문 사용 불가, 페어 프로그래밍 파트너에게 말 걸기 금지, 파트너에게 훈수만 하고 질문은 하지 않기, 2분마다 코드 커밋하기, 검증 코드 우선 작성 등), 개발 언어와 프레임워크는 원하는 대로 사용할 수 있게 한다.

이러한 코딩 실습은 다양성을 이끌어 낸다. 항상 새로운 언어나 프레임워크를 사용하는 참가자 커플이 나온다. 각 참가자들이 서로 다른 기술 조건에서 문제를 풀기 때문에 실습 마무리 리뷰가 더욱 재미있고 알차게 된다.

내부 학습 모임을 만들기

이미 정기적인 모임을 진행하고 있다면 자주 참석하는 개발자들에게 그 모임의 운영을 도와 달라고 요청한다. 향후 모임의 운영 방향과 활성화 방법에 대해서 함께 논의하는 자리를 정기적으로 가진다. 이때 누구든 참여할 수 있게 민주적으로 운영되도록 노력해야 한다.

두 사람만 있으면 내부든 외부든 커뮤니티를 시작할 수 있다. 세계에서 가장 큰 소프트웨어 장인 커뮤니티인 LSCC도 그렇게 시작되었다. 내부 커뮤니티도 마찬가지다. 정기적으로 모이는 두 사람만 있으면 차차 사람들을 더 끌어들일 수 있다. 당신과 또 다른 한 명이 모임을 하고 있고 재미있다는 사실을 다른 사람들이 느낄 수 있게만 하면 된다. 휴식 시간이나 식사 시간 같은 때 모임에서 배운 내용을 공유한다. 그러다 보면 모임에 참여하는 개발자들이 금방 늘어날 것이다.

한 가지 주의사항이 있다. 절대로 모임의 규모를 키우는 데 집착해서는 안 된다. 모임이 알차고 재미있게 되는 데 집중해야 한다. 그러면 참여자의 숫자는 자연스럽게 늘어난다.

회사에서의 펫 프로젝트 시간을 허용하기

팀 내 누군가가 펫 프로젝트를 하고 있거나 하길 원한다면 그 사실이 회사 안에 알려지는 데 껄끄러움이 없도록 한다. 개발자 입장에서 좋은 펫 프로젝트가 있다는 것은 대단한 기쁨이다. 펫 프로젝트에서는 자기 자신이 상사이고 다음 피처가 뭐가 될지, 그 피처를 어떻게 만들지 마음대로 결정할 수 있다. 더욱 중요한 것은 일정 데드라인이 없다.

열정적인 개발자들은 새로운 아이디어, 기술, 테크닉으로 놀 수 있는 놀이터를 좋아한다. 주변에 펫 프로젝트를 하고 있는지, 없다면 새로 시작할 생각이 있는지 물어보자. 그들의 펫 프로젝트 내용을 서로 소개하고 펫 프로젝트 작업을 할 수 있는 시간을 마련해본다. 근무 시간에 할 여건이 안 된다면 이른 아침이나 점심, 저녁 시간을 활용할 수 있다.

외부 기술 커뮤니티와 교류하기

앞서 조직 안에서의 배움의 문화를 만드는 여러 방법들을 이야기했지만, 조직 안에만 머물러서는 안 된다. 작은 세상에만 있어야 할 이유는 없다. 주변에 기술 커뮤니티나 사용자 그룹이 있는지 찾아보자. 그리고 동료와 함께 그 모임을 찾아가서 활동에 참여한다. 어떻게 기여할 수 있을지도 알아본다.

외부 커뮤니티를 통해 열정적이고 재능있는 수많은 개발자들과 함께 하면 나 자신에게 커다란 도전이 된다. 더불어 외부 커뮤니티에 참여하면 회사 내부의 학습 모임 활용할 수 있는 많은 아이디어를 얻을 수 있다.

아무도 참여하려 하지 않는다면

서로 다른 사람, 서로 다른 프로젝트, 서로 다른 회사마다 서로 다른 방식으로 행동한다. 무언가에 관심을 갖도록 사람들의 행동을 변화시키기는 어려운 일이다. 불가능하다고 말하는 사람들도 있다. 당신의 열정과 책에서 얻은 지식으로 조직 전체를 바꿀 생각이라면 그냥 잊는 게 좋다. 그런 일은 일어나지 않는다. 몇몇 사람들로 하여금 개발자로서의 자부심과 즐거움,

열정을 되찾도록 돕는 것은 가능하다.

　더 나은 일터로 만들기 위해 모든 사람을 바꿀 필요는 없다. 배움의 문화를 만들려는 대다수의 시도들이 실패하는 이유도 거기에 있다. 조직 전체 또는 부서나 팀 전체를 한번에 변화시키는 것을 목표로 하면 실망할 일만 있기도 하다. 변화를 추진할 동기도 약해지고 포기하기도 한다. 그런 일이 일어나도록 해서는 안 된다.

　다음 섹션에서는 소프트웨어 장인들로 하여금 배움의 문화를 조성하도록 북돋우기 위한 몇 가지 조언들을 소개한다.

모범을 보여라

"나는 TDD를 좋아하지만 팀의 다른 개발자들은 관심이 없다. 그래서 나도 안 하고 있다." 어떤 개발자는 이렇게 불평한다. 이것은 그냥 변명일뿐 소프트웨어 장인으로서의 태도는 아니다. 당신 스스로도 하지 않으면서 어떻게 다른 사람들을 설득할 수 있겠는가? 팀에 열정을 불어 넣고 더 나은 일하는 방법을 추구하도록 하는 가장 효율적인 방법은 스스로 모범을 보이는 것이다. 더 나은 방법이라 하더라도 기존과 다른 방식으로 일하는 것을 불편해 하는 개발자들이 많다. 특별히 경험이 많지는 않더라도, 새로운 길을 추구하는 열정적인 사람의 존재 자체가 팀 전체어 자극을 주는 열쇠일지도 모른다.

관심을 보이는 사람들에게 집중하라

당신의 열정과 변화 의지에 모두가 관심을 가질 것으로 기대하긴 어렵다. 변화를 수용하는 사람들에 집중하자. 그들과 페어 프로그래밍을 하고, 테스트를 작성하고, 서로의 코드를 리뷰한다. 유익한 토론들을 하고 아이디어와 정보를 나눈다. 그들과 함께 일을 즐긴다. 몇몇 사람이라도 재미있게 어울리고 새로운 테크닉과 접근방법을 사용하기 시작하면 함께하려는 사람이 늘어날 것이다.

강제하지 마라

개발자들을 학습 모임에 강제로 참석시키면 상황은 극도로 안 좋아진다. 대신 계속 초대장을 보내자. 참여하기가 즐겁고 기분 좋은 일이 될 것이라는 것을 확실하게 한다. 참여하기 싫은 사람을 참여시키려고 기존에 자발적으로 참여하고 있는 사람들이 흥미를 잃게 만드는 상황을 만들지 않는다. 사람들이 참여하길 싫어한다면 그냥 그대로 둔다. 최소한 그들로 인해 이미 참여하고 있는 사람들의 의욕이 꺾이는 나쁜 일들은 피하는 셈이 된다.

참여하지 않는 사람들에게 실망하거나 화내지 말자. 참여자의 숫자가 많든 적든 애초의 동기를 꾸준히 유지해야 한다. 개방된 커뮤니티의 원칙 중 하나는 '들어오는 사람이 초대 받은 사람이다'라는 태도다.

모두를 변화시키려 들지 말라

10명 정도 되는 팀에서 TDD나 페어 프로그래밍 등 기존에 하지 않던 활동을 전파하려고 서너 달 동안 노력했음에도 여전히 아무도 관심이 없다면 그냥 거기서 만족하자. 모두를 바꾸려 할 필요는 없다. 소수의 사람들로도 큰 진보를 만들어 나갈 수 있다.

모임에 대한 약속을 제때하라

모임을 언제 어디서 할지 참여자 간 일정 조율이 어렵다는 점은 학습 모임 자체를 어렵게 만드는 가장 큰 장애요소다. 가능하면 모두가 참여할 수 있도록 개별 일정을 모두 협의하는 것도 좋기는 하지만, 어떤 때는 그냥 "매주 수요일 12시에 회의실에서 Scalar 탐구 모임이 있습니다. 누구든 시간되시면 오십시오"라고 일방적으로 공표해야만 할 수도 있다.

모두가 참석할 틈을 찾기 위해 일주일 내내 일정 조율만 하는 경우를 너무 많이 봤다. "그때 나는 피트니스에 가야 하는데…" "그때는 집안일이 있어서…" 등 각자의 사정이 다양하다. 그냥 특정 날짜를 정해서 모임을 진행하는 것이 좋다.

허락을 구하지 마라

개인 시간을 들여 공부하고 연습하는 데 상사의 허락을 구할 필요는 없다. 대부분의 회사들에서 그렇다. 심지어 업무 시간에 공부를 하더라도 상사에게 허락을 구하지 않는다. 책임있게 행동하면 될 뿐이다. 팀이 스스로 더 나아지기 위해서 훈련하는 것에 대해 민감하게 반응하고 불평할 관리자는 없다.

점심 시간이나 이른 아침 또는 늦은 오후에 빈 회의실을 구하자. 단, 학습 활동 때문에 업무를 소홀히 해서는 안 된다. 상식적으로 책임있게 행동해야 한다.

투덜대지 마라

"우리 회사의 사무실은 그룹 활동에 적합하지 않습니다.", "회의실에 프로젝터도 없고 인터넷도 안 됩니다.", "다른 지역에 있는 팀들은 어떻게 참여 시키죠?" 배움의 문화를 전파하려 할 때마다 이런 불만들은 꽤 흔하다. 이런 문제들은 간단하게 해결되지 않기 때문에 학습 모임 자체가 실행되지 않는다.

사실 많은 것이 필요없다. 사무실이 부적합하다면 커피숍을 이용하자. 인터넷 연결이 안 된다면 그냥 노트북에 필요한 것을 미리 담아 오도록 사람들을 가이드하면 된다. 팀원들이 다른 지역에도 있다면 그냥 거기서 지역 학습 모임을 가지면 된다.

많은 준비나 조직화가 필요한 학습 모임을 목표로 삼지 말자. 그룹 토의를 한다면 함께 모일 방 하나와 일정을 알리는 이메일 외에는 아무것도 필요하지 않다. 토론 주제조차 모인 사람들이 그 자리에서 정하면 된다.

리듬을 만들라

건강하고 지속되는 커뮤니티를 만드는 비결은 리듬을 가지는 것이다. 정기적으로 항상 어디서 모임이 열리는지 모두가 안다면 참여하기가 훨씬 쉽다. "우리의 학습 모임은 매주 수요일 5시에 개발팀 회의실에서 열리고 오픈 모임이므로 누구든 오시면 됩니다." 정기적인 모임은 준비하기도 훨씬 쉽다. 회의실 하나를 찾아서 같은 시간에 계속해서 사람들을 초대하면 된다. 단, 당신이 회사에 없을 때 회의를 주재할 다른 사람을 준비시키는 것만 잊지 않으면 된다. 당신이 없어도 모임이 진행되게 하는 것이 매우 중요하다.

조직에 배움에 문화를 심는 것은 어려운 일이 아니다. 배우고자 하는 열정적인 개발자들만 있으면 시작할 수 있다. 핑곗거리를 찾지 말고 나 자신부터 그런 개발자가 되자.

요약

　배움의 문화를 만드는 것은 관리자나 애자일 코치의 전담 업무가 아니다. 개발자를 포함해서 모두가 해야 할 일이다. 시간이나 장소가 없다는 것은 변명이 될 수 없다. 관리자로부터의 지원이 없더라도 개발자들 스스로 서로 배우고 공유하는 배움의 환경과 문화를 쉽게 만들 수 있다. 장소가 없다면 가까운 카페를 찾아가자. 시간이 없다면 점심 시간이나 업무 전 시간을 이용하자. 매일 할 수는 없다면 일주일에 한 번만 하자.

　많은 회사들과 관리자들은 다르게 생각하고 있지만, 배움의 문화를 만드는 것은 쉽고 비용이 거의 안 드는 일이다. 열정적인 개발자들에게 좋은 환경을 제공하기만 하면 된다. 그러면 그들 스스로 무엇을 배우고 공유할지 여러 가지 방법을 찾을 것이다. 회사에도 품질과 혁신을 가져다 줄 것이다.

CHAPTER

14

기술적 변화의 실행

어떻게 하면 우리 팀에 좋은 기술적 실행 관례들을 전파할 수 있을까? 우리 팀이 테스트 주도 개발 방법론(TDD)을 따르도록 설득하려면 어떻게 해야 할까? 지금 하는 프로젝트에 새로운 개발 언어나 프레임워크를 어떻게 도입할 수 있을까? 여러 개발자들과 이야기하다 보면 항상 나오는 질문들이다. 새로운 기술적 실행 관례나 도구를 도입하거나 그러한 것들에 대한 태도를 바꾸려 할 때 상사나 관리자를 설득하는 것보다 실무 개발자들을 설득하기가 훨씬 어려운 편이다. 상당수의 개발자들이 켄트 벡이 이야기한 '사춘기적 맹신'에 빠져 있다. 그런 개발자들은 훌륭한 소프트웨어를 만들어 내는 데 자기만의 비법이 있다고 생각하고 다른 것들은 무시해 버린다.

개발자, 관리자, 아키텍트들이 기술 변화를 이끌려면, 그런 맹신에 빠진 개발자를 어떻게 다루어야 하는지 알아야만 한다. 이 장에서는 기술 변화를 시도할 때 발생하는 회의론과 새로운 아이디어에 좀더 열린 태도를 갖도록 설득하는 방법을 살펴본다.

회의론의 종류

소프트웨어 장인이 팀에 새로운 문화를 전파하거나 새로운 실행 관례, 도구, 절차를 도입할 때 가장 먼저 어떤 반발에 부딪힐지 미리 파악해야 한다. 테렌스 라이언Terrence Ryan은 그의 저서『기술적 변화 추진하기Driving Technical Change』에서 회의론의 종류를 '무지', '대중', '냉소주의', '트라우마', '너무 바쁜', '상사', '몰상식'으로 구분했다.

- 무지: 특정 도구나 실행 관례를 쓰지 않는 주요한 이유가 단지 잘 몰라서인 경우다. 그러한 것이 존재하는지도 알지 못한다. 무지에 대한 본능적인 두려움 때문에 새로운 아이디어가 제안되면 깊이 고민해보지 않고 거부부터 한다. 이런 개발자들은 책이나 블로그를 읽는 데 그다지 시간 투자를 하지 않는다. 자신이 일하고 있는 좁은 책상에만 갇힌 채 밖에서 어떤 일이 일어나고 있는지 이해하려 노력하지 않는다.

- 대중: 어떤 결정을 내리기에 자신의 경험이 충분치 않다고 생각한다. 자신감이 부족하여 중요한 결정들을 더 똑똑하고 경험 많은 개발자들에게 맡기려 한다. 누군가 시키지 않았다면 스스로 일을 벌일 권한은 없다고 생각한다. 누군가가 특정 실행 관례나 도구를 사용하도록 압박을 가하면 쉽게 수용한다. 이러한 종류의 개발자들은 팔로워들로 리더들은 아니다.

- 냉소주의: 논쟁을 좋아하고 지속적으로 자신이 남보다 잘났음을 증명하려 든다. 사사건건 딴지를 걸고, 사소한 것을 꼬투리 잡아 작은 문제를 큰 문제로 이슈화시킨다. 개인적인 감정이 있어서가 아니라 과거 잘못된 경험 때문에 새로운 것의 장점을 보지 못하는 것일 수도 있다. 이런 종류의 개발자들은 똑똑하게 행동하는 것보다 똑똑해 보이는 것을 더 중요하게 여긴다. 새로운 것을 받아들이지 않는 이유 중 하나가 그들 스스로의 약점을 드러내고 싶지 않아서일 수도 있다. 새로운 것을 도입하게 되면 그들의 권위가 위협받는다고 생각한다. 이들에게 있어서는 새로운 환경에 스스로를 시험에 들게 하는 것보다 꼬투리를 잡고 방해하는 것이 더 쉽다.

- 트라우마: 과거 특정 실행 관례나 도구를 사용하려 시도했으나 실패한 경험이 있는 사람들이다. 새로운 것에 대한 좋은 경험이 없기 때문에 다시 반복하고 싶어하지 않는다. TDD의 경우 팀에 노련한 경험자가 없었다면 꽤 긴 기간 동안 제대로 도지는 않고 문제만 겪었을 가

능성이 높다. 테스트가 너무 길고 작성하기도 어려웠을 것이다. 어쩌면 어떤 테스트들은 수행하는 데 너무 오래 걸리거나 쉽게 망가졌을 수도 있다. 이런 것들은 TDD를 처음 실행하는 개발자들이 흔하게 부딪히는 문제들이다. 이런 나쁜 경험들이 있으면 또 다시 그런 경험을 할 수도 있는 상황을 피하려 한다.

- **너무 바쁜**: 너무 바빠서 뭔가를 할 시간이 전혀 없는 사람들이다. 어떤 일의 장기적인 비용을 보지 못하고 근시안적인 판단을 한다. 무언가 일을 올바르게 할 시간은 없지만 똑같은 일을 계속해서 반복할 시간은 있다. 이들에게 있어서 TDD 같은 실행 관례는 시간이 너무 오래 걸리고, 별도로 시간을 내야만 하는 일이다. 하지만 전체 시스템을 매번 수동으로 테스트하고 문제를 분석하고 버그를 수정하는 시간은 보지 못한다. 테스트의 부재로 인해 코드 수정을 극도로 조심하느라 소모하는 시간도 보지 못한다. 특히 시스템이 망가질까 두려워 큰 규모의 개선은 엄두도 못 낸다는 사실이 얼마나 큰 비용인지 알지 못한다. 이들의 눈에 보이는 것은 너무 바빠서 일하는 방식을 바꿀 시간이 없다는 것뿐이다.

- **상사**: 상사가 기술 배경이 없다면 당신이 제안하는 것들이 어떤 장점이 있는지 이해하지 못할 가능성이 높다. 상사는 관리상의 문제들을 안고 있고, 당신은 개발상의 문제가 있다. "뭔가 자동화하는 도구를 만들자"라고 설명하지 말고 "프로젝트 운영 비용을 줄이자"라고 이야기해야 한다. "코드를 지금보다 유지보수하기 쉽게 만들자" 대신 "프로젝트 딜리버리 주기를 줄이자"라고 말해야 한다. 상사가 개발자 출신이라면 더 큰 어려움에 봉착할 수도 있다. "내가 개발할 때는 TDD 같은 것을 안 해도 소프트웨어를 제때 개발하는 데 아무런 문제가 없었다."라고 말할 수 있다. 기술 관리자들이 소프트웨어 개발 스킬 때문에 승진한 경우는 극히 드물다. 물론 동의하지는 않을 것이다. 여전히 코딩을 하는 관리자들이라면 위에서 설명된 '너무 바쁜'류에 속하는 경우도 있다.

- **몰상식**: 가장 최악의 타입이다. 다른 타입들의 경우 새로운 아이디어가 내세우는 전제들에 대한 거부감과 의심이 원인이며 오류가 있더라도 합리적이고 논리적인 판단을 한다. 상대방이 합리적이거나 논리적이라면 적어도 하나하나 따져서 의미 있는 합의를 도출할 수 있다. 하지만 몰상식한 사람들을 대상으로는 불가능하다. 논리적으로 반대할 내용이 없으면 이 문제에서 저 문제로 끊임없이 옮겨 다닌다. "그렇게 하면 성능 문제가 있을 것 같다. 자동화 테스트로는 사람이 하는 것만큼 효과를 낼 수 없다. 그리고 그 프레임워크는 보안 문제가 있다고 들었다." 말이 막힐 때마다 이 부분에서 저 부분으로 아무런 합리적 근거도 없이 생트집

을 잡는다. 그들의 하는 말의 내용은 아무런 상관이 없다. 단지 제안 내용을 받아들이기 싫을 뿐이다. 제안자를 그냥 개인적으로 싫어하는 것일 수도 있다. 어쩌면 퇴사를 생각하고 있거나, 다른 벌여 놓은 일이 많아서 더 이상 새로운 일을 만들기 싫은 경우일 수도 있다. 실제 내막을 알기는 어렵다.

일하는 동안 추가로 분류한 회의론자들의 목록이다.

- **무념무상**: 이들은 그냥 뭐가 어떻게 되든 아무런 상관을 하지 않는다. 이런 종류의 개발자들은 어떤 제안이나 제안을 하는 사람에 대항할 필요를 느끼지 못한다. 그냥 남들과 같이 흘러갈 뿐이다. 이들의 문제는 좋은 아이디어를 대충 엉망으로 구현해서 결과적으로 좋은 아이디어를 나쁜 아이디어로 만든다는 것이다. 예를 들어 나쁜 테스트 코드는 아예 테스트가 없는 것보다 못하다. 나쁜 테스트가 여기저기 생기도록 내버려 두면 TDD의 전체 개념 자체가 무력화된다. 애자일이 동작하지 않는 회사들은 TDD 뿐만 아니라 다른 실행 관례들도 그런 식으로 무력화된다.

- **피해망상**: 위험한 개발자들이다. 이런 개발자들은 회사가 자신에게 피해를 주고 있다고 생각한다. 고과나 급여, 복리 후생 등에서 불공정한 대우를 받고 있다고 느낀다. 자신이 일하고 있는 회사를 싫어하고 불평불만과 회사에 대한 험담이 잦다. 자신이 담당한 프로젝트를 일부러 망치면서 "회사도 한번 당해봐야 돼"라고 혼잣말을 할지도 모른다. 이런 사람의 존재는 팀을 파괴하고 개발자들끼리 서로 비난하게 한다. 더 최악인 것은 이런 개발자들은 절대 회사를 나가지 않는다. 대신 회사가 자신을 해고해서 거꾸로 회사를 고소할 수 있을 때까지 기다린다.

- **무능력**: 이들은 제안의 본질을 파악하지 못한다. 앞서 언급한 '무지'에 속한 사람들과는 확연히 구분되는 인지능력, 이해능력의 부족을 보인다. 이들은 상황을 명확하게 보지를 못한다. 막연하게 생각하며 이들이 하는 제안은 왜곡된 사실을 기반으로 한 어디선가 주워들은 설익은 아이디어들뿐이다. 이런 종류의 개발자들은 소프트웨어 개발을 그냥 월급을 받기 위한 노동으로만 본다. 그리고 무언가 노력을 하더라도 소프트웨어 개발자라는 직업이 그들의 적성에 맞지 않다는 것을 계속해서 증명할 뿐이다. "TDD는 좋지 않아요. 우리는 애자일을 해야 한다고 들었습니다. 모든 것을 최대한 기민하게(애자일) 해야 해요. 고객이 불평하면 바꿔

야 합니다. 테스트를 작성하는 것은 안티 패턴입니다. 왜냐하면 더 많은 코드를 작성해야 하고 그럼 느려질 거거든요." 이들을 상대하면 한숨만 나온다.

- **상아탑 아키텍트**: '몰상식'과 함께, 소프트웨어 장인이 부딪힐 수 있는 최악의 회의론자들 중 하나다. 모든 것을 알고 있다고 생각한다. 이들은 그 어느 개발자보다도 자기가 더 똑똑하다고 자신한다. 자신이 제일 높은 지위를 차지하고 있다고 생각하나 수년 동안 상용 시스템의 코드를 단 한 줄도 만들어 본 적이 없는 경우가 대부분이다. 코딩을 했다고 해도 현실과는 동떨어진 개념 설명용(Proof of concept) 코드 밖에 없다. 이들은 모든 기술적 결정에 자신이 책임져야 한다고 이야기하길 좋아하지만 실제로 책임을 지는 일은 극히 드물다. 일이 잘되면 자신의 덕이고, 일이 잘못되면 그들의 지시를 '제대로' 따르지 않은 개발자 탓이다. 이들은 자신의 아이디어가 아니면 나쁜 아이디어로 취급한다. 이들은 코드를 작성하지 않기 때문에 항상 자신의 존재 이유를 증명해야 한다는 압박이 있다. 이들이 취미로 하는 일은 인터넷에서 새로운 기술 약어를 찾는 것이다. 이들은 어느 비싼 기술에 대한 광고 자료를 읽고서 멋진 파워 포인트 문서를 만들고, 신참 개발자들에게 프로토타입을 만들어 보라고 시킨다. 그리고 관리자를 꼬드겨 개발자들이 자신의 가이드를 따르도록 명령하게 만든다. 이들은 아직 비즈니스 담당과 개발팀 간에 요구사항 정리조차 되지 않은 시점임에도 프로젝트를 위한 기술 스택을 정의하는 것이 자신의 업무라고 믿는다.

- **좌불안석**: 이들은 자신이 다른 사람으로 대체되어 직무를 잃거나 해고될까 봐 걱정한다. 이러한 개발자들은 사업의 핵심이 기술이 아닌 회사들, 즉 개발자들의 능력을 제대로 평가할 사람이 없는 조직에서 흔하게 만날 수 있다. 그들 스스로가 조직 내에서 유일한 기술 담당이기 때문에 단순히 'IT 부서 사람'으로만 알려져 있고 사내 IT 시스템과 모든 문제를(고장난 프린터의 수리도 포함해서) 해결하고 약간의 코딩까지 하는 해결사로 취급된다. 이들은 언젠가 회사에서 자신의 실제 가치를 알게 될까봐 두려워한다. 그리고 이들 앞에 나타나는 소프트웨어 장인을 그들의 실체를 폭로할 위협으로 바라 본다.

- **팬보이**: 특정 주제나 관점에 광적으로 완전히 전념하는 사람들이다. 어떤 경우에는 아주 강박적이기까지 하다. 이런 종류의 개발자들은 특정 도구나 언어 프레임워크에만 아주 오랫동안 전념해서 해당 기술에는 전문가다. 자신이 잘 아는 분야가 그것 밖에 없기 때문에 자신이 전념하고 있는 그것만이 모든 것에 대한 최고의 해결책이라고 믿고 다른 모든 대안들을 거부한다. 강박증의 대상이 특정 도구나 프레임워크가 아닌 특정 디자인 테크닉이나 방법론,

절차같은 것일 수도 있다. 만약 이러한 사람들의 반대에 부딪힌다면 아주 긴 시간 동안 뜨거운 논쟁을 벌일 준비를 해야 한다.

준비

진정으로 당신을 둘러싼 것들을 바꾸고 싶다면 몇 가지 꼭 갖춰야 할 것들이 있다. 가장 중요한 것은 용기다. 동료 개발자, 관리자, 기술 리더와 언성이 높아지는 논쟁을 두려워해서는 안 된다. 의견 충돌이 없는 마음 편한 대화만을 기대할 수는 없다. 싸울 준비가 되어 있어야 한다. 당신이 생각하는 내용이 어떤 것이든 말할 수 있는 용기가 있어야 한다. 정직함과 투명함은 소프트웨어 장인이라면 반드시 가져야 할 핵심 가치다. 더불어서 스스로에 대한 자신감도 필요하다. 자기가 하는 말이 무엇인지 스스로도 제대로 모르면서 다른 사람을 설득할 수는 없다.

- **단순함을 추구해야 한다.** 아이디어나 제안은 아주 명료하고 단순해야 한다. 어떤 제안을 말하기 전에 명료하게 정리부터 해야 한다. 누구든지 이해하기 쉽게 만들어야 한다. 가능하면 예제를 이용하는 것이 좋다. 제안이 받아 들여지느냐의 여부는, 그 내용도 중요하지만 커뮤니케이션을 얼마나 잘 하느냐가 큰 영향을 미친다.
- **상대방의 언어로 말해야 한다.** 제안 내용에 따라서 설득해야 하는 상대방이 개발자, 관리자, 아키텍트, 투자자, 제품 오너, 비즈니스 분석가 등 성격이 다른 직무의 사람일 수 있다. 그 상대방이 사용하는 언어를 배우고 활용해야 한다. 관리자나 제품 오너에게 소스 코드나 프레임워크의 세세한 부분을 이야기하려 들어서는 안 된다. 대신 당신의 제안이 가져올 이익을 그들의 관점에서 그들의 언어로 말해야 한다. 관리자나 제품 오너가 대상이라면 유지보수 비용 절감이나, 릴리즈 주기 단축, 릴리즈 신뢰성 증대 이런 것들을 말한다.
- **말할 내용에 대해 스스로 제대로 이해하고 있어야 한다.** 연구하고, 실험하고, 연습해야 한다. 어떤 반대 의견이나 문제 지적이 있을지 미리 생각하고 수용될만한 답을 미리 준비해둬야

한다. 제안이 가진 단점이나 예상되는 문제 상황은 질문이 나오기 전에 미리 밝혀야 한다. 특정 부분에 충분한 정보가 없다면 그 부분을 미리 투명하게 고백해야 한다. 제안이 가진 결점들을 미리 밝히는 것은 당신이 충분히 깊이 생각했다는 것을 보여주고 제안 자체에 대한 신뢰성을 높인다.

- **상대방을 존중해야 한다.** 제안을 듣는 상대방을 바보처럼 느끼게 해서는 안 된다. 무례하고 공격적인 태도는 사람들을 방어적으로 만들어 설득 자체가 불가능해진다.
- **경청하는 법을 배운다.** 당신만이 좋은 아이디어를 갖고 있다고 오판해서는 안 된다. 같은 문제더라도 사람들은 관점이 서로 다르다. 당신이 인지하지 못한 것들이 많이 있을 가능성이 다분하다. 당신만의 결론을 내리기 전에 모두의 말을 경청하고 정리해보아야 한다.

기술적 변화를 시작하는 방법

조직에 새로 합류했거나 프로젝트를 시작한 초기에는 수많은 아이디어들이 전자렌지 속의 팝콘처럼 마구 떠오른다. 하지만 그 아이디어들을 제안했을 때 날아올 질문들을 떠올려보면 그 아이디어들을 실현하기가 얼마나 어려운지 짐작할 수 있게 된다. 그럼 어디서부터 시작해야 할까?

신뢰를 쌓으라

사람들이 당신을 믿어 주지 않는다면 아무런 변화도 이루어낼 수 없다. 개발자로서, 동료 개발자들이나 관리자 고객들과 신뢰를 쌓는 가장 좋은 방법은 지속적으로 품질 좋은 소프트웨어를 딜리버리하는 것이다. 여기서의 어려운 점은 소프트웨어의 품질이란 무엇인지 정확히 이해하는 것이다. 동료 개발자들에게 있어서 품질 좋은 소프트웨어는 설계, 변수나 함수의 네이밍, 의미 있고 가독성 높은 테스트 코드, 중복이 없고 장황하지 않은 코드 이런 것들이다. 제품 관리자 입장에서 품질 좋은 소프트웨어는 요구사항을 모두 만족하고, 버그가 없고, 일정 안에 딜리버리되는 것이다. 최종 고객에게 품질 좋은 소프트웨어는 상용 환경 하에서, 돈을 벌거나, 돈을 절약해 주고, 매출을 지켜 주는 것이다.

비록 품질 좋은 소프트웨어를 지속적으로 딜리버리하는 것이 핵심이기는 하나 그것만으로는 충분하지 않다. 그냥 사무실에 가만히 앉아 있는데 누군가가 당신이 가진 좋은 아이디어들을 알아보고 찾아올 수는 없다. 당신을 밖에 알려야 한다. 사람들에게 당신이 눈에 띄어야만 한다. 당신의 열정과 프로젝트에 대한 애정 그리고 제안하고 싶은 바를 내보여야 한다. 사람들은 단순히 그냥 무언가를 하자고 하는 사람보다 자신의 열정을 보여 주는 사람을 훨씬 더 잘 따른다.

열정을 보여주는 것으로 부족하다. 무엇보다도 신뢰를 쌓으려면 역량이 있어야 한다. 사람들이, 당신이라면 그 일을 해낼 수 있을 것만 같은 느낌이 들어야 한다. 당신이 그들을 이끌어 줄 것이라고 느껴야 한다.

전문성을 확보하라

변화를 제안할 때는 항상 팀 구성원들에게(관리자와 제품 오너 등을 포함해서)변화 후 훨씬 더 나은 미래가 있을 것임을 이야기한다. 새로운 기술의 도입이든, 설계 변경이든, 업무 절차 변경이든, TDD의 활용이든 간에 초기 비용이 든다. 회의론자들은 시간이나 재무적인 비용 위험이 너무 크다고 즉각 반발한다.

새로운 기술을 제안하기 전에, 본인 스스로 충분히 이해해야 한다. 그 기술을 이리저리 살펴보고, 프로토타이핑도 해보고, 관련 전문가와도 이야기해보고, 유사한 다른 기술과 비교도 해보아야 한다. 당신이 필요로 하는 것을 그 기술을 이용해 만들어 낼 수 있어야 한다. 무엇보다도 그 기술의 활용법을 다른 사람에게 가르쳐줄 수 있어야 한다. 개인 시간을 들여서까지 새로운 기술이나 실행 관례를 스스로 공부하고 마스터하려는 사람은 많지 않다. 배움 자체를 싫어한다는 것은 아니다. 당신의 학습과 시행착오에 대한 경험은 다른 사람들의 학습 곡선을 단축시키는 데 도움이 될 수 있다.

경험이 쌓일수록 당신의 영향력은 커진다. '무지'에 빠진 사람들을 눈을 뜨게 할 수 있다. '대중'들은 당신 스스로 제대로 개념을 갖추었다고 인식하고 함께할 만한 사람으로 여길 것이다. '냉소주의자'들은 당신의 자신감과 깊은 지식들 앞에 힘을 못 쓸 것이다. 더 많은 지식을 쌓을수록 '트라우마'가 있는 사람들에게 어떤 아픔이 있는지 이해할 수 있을 것이다. 나아가 그들이 어떤 부분을 잘못 짚었는지, 걱정하는 부분이 무엇인지 찾을 수 있게 해 준다. 전문성이 강화되면 '상아탑 아키텍트'나 '팬보이'와의 논쟁을 이겨낼 무기가 되어 줄 것이다. 논쟁에서 지더라도 이전보다 더 많은 지식이 쌓일 것이기 때문에 더 나은 프로페셔널이 된다. 소프트웨어 장인에게 있어서 그런 상황은 상호 이득이다.

모범을 보여 사람들을 이끌라

기술적 변화를 추진할 때, 특히 TDD 처럼 태도에 대한 변화까지 필요로 하다면, 직접 보여 주면서 따라하게 하는 것이 가장 좋은 방법이다. 단순히 인터넷에서 매뉴얼을 찾아 읽어 보기만 해서는 시작할 수 없는 것들이 있다. TDD가 바로 그런 것들 중 하나다. 소프트웨어 설계, 깨끗한 코드, 작업 주기 계획, 개발자 동기부여, 업무 압박에 대한 대응, 고객/관리자/비즈니스/외부 팀과의 신뢰 관계 이러한 것들은 웹사이트의 글 하나를 알려준다고 잘하게 될 수 있는 것들이 아니다. 어떤 규범이나 실행 관례들은 마스터하는데 몇 년이 걸리기도 한다. 최소한 몇 개월 정도는 연습을 해야 어느 정도 편하게 활용할 수 있다.

편하게 쓸 수 있는 정도까지 도달하기가 너무 어려워 포기하는 개발자들이 많다. 관리자들은 일정과 생산성에 대한 걱정 때문에 '우리의 역량 부족'을 특정 실행 관례의 도입을 포기 위한 핑계로 사용한다.

처음 해보는 것에 대한 두려움은 바로 옆에 앉아 함께 코드를 작성하면서 극복할 수 있다. 누군가에게 의지할 수 있는 상황이라면 새로운 실행 관례를 훨씬 더 편안하게 받아 들일 수 있다. 관리자 입장에서도 개발자들 대다수가 새로운 스킬을 익히면서도 최소한 기존의 생산성과 품질을 일관되게 유지시킨다면 특별히 불만을 가질 이유가 없다.

팀의 행동방식을 바꾸거나 새로운 기술과 실행 관례를 수용하게 하고 싶다면, 제일 먼저 당신 스스로 그것을 할 수 있는지 확인해야 한다. 모범을 보이는 것 자체로 상당수의 회의론들을 물리칠 수 있다. 당신이 직접 기술을 시연하고 멘토역할까지 한다면 당신의 제안을 거절하기가 어려워질 것이다.

신중하게 싸울 곳을 정하라

"나한테 권한만 있다면 어느 누구의 방해도 받지 않고 내가 원하는 사람들로만 팀을 꾸려서 단기간에 조직을 바꿀 수 있을텐데..." 내가 일을 해오는 동안 이런 생각이 스칠 때가 많았다. 하지만 너무나 편협하고, 비효율적이고, 잠재적으로 스스로에게 해로운 생각이다. 무엇보다도, 그런 일은 절대 일어나지 않는다. 혼자서 모든 이슈와 조직 전체를 상대로 두고 싸울 수는 없다. 한 번에 한 가지씩 신중하게 싸울 곳을 골라야 한다.

투자 은행에서 몇 주 정도 일했을 때, 내게는 바꾸고 싶은 목록이 한아름 있었다. 항목들 각각은 필요한 노력의 정도와 문제 성격이 천차만별이었다. 코드의 일부를 수정하는 일에서부터, 무능한 개발자를 쫓아내고 실력 있는 개발자를 데려오는 일, 버그들을 없애는 일, 전체 애플리케이션을 버리고 새로 작성하는 일, 해외 개발팀과 벤더들을 관리하는 일, 관료제를 없애는 일 등 여러 가지였다. 목록은 매우 길었다. 하루 이틀에서부터 어떤 것들은 몇 년이 걸리는 일도 있었다. 모든 것을 한꺼번에 추진하는 것은 비현실적일 뿐만 아니라 불가능했다.

주요한 목표 중의 하나는 조직의 문화를 바꾸는 것이었다. 이를 위해 첫 번째로 채용 절차를 바꾸어서 새로 합류하는 팀원이 사전에 우리가 갖고 싶어하는 문화와 합치되도록 했다.

두 번째 목표는 팀에 TDD와 페어 프로그래밍을 도입하는 것이었다. 이 부분은 첫 번째 것과 거의 병렬로 수행되었다. 새로운 실행 관례를 팀에 심는 것은 긴 싸움이었다. 쉽지 않은 몇몇 개발자들을 상대하는 것뿐만 아니라, 제품 딜리버리 담당 관리자들과도 싸워야 했다. 새로운 실행 관례가 자리를 잡고 우리 시스템에 눈에 띄는 개선이 발생하기까지 거의 1년 남짓의 시간이 필요했다. 몇 년 동안 투자된 블랙박스 테스팅 프레임워크를 버리고 오픈 소스 기반 솔루션으로 교체했다.

다른 것들에 우선해서 수행해야 하는 것도 있다. 디자인이나 아키텍처에 관련된 큰 이슈를 다루려면 애플리케이션의 구조 개선, 새로운 기술의 도입, 개발 절차의 변경 등 많은 변화들이 선행되어야 했다.

이 모든 변화들을 추진하기 전에, 그런 변화들의 영향에 대해서 고려해야 한다. 많은 사람들에게 이야기를 하고 여러 종류의 회의론자들이 던질 수 있는 난감한 질문들에 답할 준비가 되어 있어야 한다. 싸움을 잘 선택하기 위해, 어떤 변화들이 더 중요한지 따져야 한다. 구분하기 위한 기준은 다소 모호할 수 있다. 꽤 많은 경우 경험에 의한 직관으로 이끌어간다. 그럼에도 곰곰이 따져봐야 할 부분들이 있다. 어떤 변화는 아주 단기간에 많은 이익을 주고, 장기적으로 개발자들이 지쳐 쓰러지는 것을 방지하는 변화도 있다. 변화를 만들기 위해 이겨내야 할 장애요소의 속성과 크기에 대해서도 생각해봐야 한다. 누가 주요한 지지자인지도 고려해야 한다. 매우 관료적이고 정치적인 조직이라면 변화를 이끌어 낼 수 있는 핵심 역량이 좋은 코드를 작성할 수 있는 능력이 아닌, 다른 것일 수 있다.

당신이 준비되어 있지 않다면 조직의 소프트웨어 개발 절차를 바꿀 수 없다. 모든 부분에서 싸움을 시작하지 말자. 모든 이슈들이 똑같이 중요하지는 않다. 정말 의미 있는 곳에 노력을 집중하고 더 빨리 가치를 얻을 수 있는 싸움에 우선순위를 두자.

점진적으로 반복, 관찰, 수용하라

큰 충돌을 피할 수 있는 가장 쉬운 방법은 점진적인 변화를 제안하는 것이다. 오늘 당장부터 새로운 제안에 맞춘 설계를 모두가 따라야만 한다고 이야기하는 대신, 다음 스프린트부터 당신과 다른 개발자들이 직접 스토리를 골라 새로운 설계를 시도해보자고 할 수 있다. 그 스토리가 끝나면 모두에게 시연을 하고 팀 차원에서 그 새로운 설계를 수용할지 결정하도록 할 수 있다.

의사결정 과정에 사람들이 참여할 수 있게 하는 것이 중요하다. 모두가 자신의 생각을 동등하게 피드백할 수 있는 과정이 있어야 한다. 이 부분은 작업 주기의 경계를 활용해본다. "이번 작업 주기에서는 이 접근방법을 시도하고 다시 리뷰해봅시다." 과정에 직접 참여하고 있다고 느끼게 되면 서로 싸우기보다는 훨씬 협조적인 분위기가 된다. 점진적인 변화를 제안하면 저항의 강도를 줄이고 위험을 최소화할 수 있다. 잘 정의된 피드백 루프를 갖추고 각 작업 주기마다 조금씩 변화를 이루어 낸다. 이 방법의 또 다른 장점은 대다수의 회의론을 잠재울 수 있다는 점이다(단 '몰상식'에 해당하는 사람은 예외다). "이번 한 작업 주기 동안만 소프트웨어의 일부에 대해서 적용해봅시다. 그러고 나면 좀더 구체적인 부분에 대해서 의논할 수 있습니다. 결과가 좋지 않다면 다시 되돌리면 됩니다. 한번 시도해보는 것뿐 결정되는 것은 없습니다." 센스가 없는 사람이면 이러한 제안조차도 반대할 것이다. 특히 전체 팀 앞이라면 더욱 그렇게 나설 가능성이 높다.

두려움과 자신감 부족

두려움이 있는 데다가 자신감이 부족하면 회사는 관료적이고 정치적으로 변한다. CEO, CTO, 관리자, 아키텍트 또는 팀 리더의 자리에 자질이 전혀 없는 사람이 있는 것을 본 적이 있을 것이다. 잘못되고 비효율적인 솔루션이라는 것을 모두가 알고 있지만 아무도 상사에게 문제 제기하려 들지 않는 상황도 겪어 보았을 것이다. 조직의 정책이라는 이유 하나만으로 바보 같은 절차를 따라야 했던 경험도, 개발팀과 전혀 관계 없는 사람이 만든 잘못된 아키텍처때문에 갖은 문제를 떠안아야 했던 적도 있었을 것이다. 도대체 언제까지 그냥 침묵하고만 있을 것인가?

두려움, 무능력, 일자리에 대한 불안, 좋은 솔루션을 생각해내거나 업무 개선을 위해 팀을 설득할 자신이 없는 사람은 이런 식으로 말한다. "그게 잘못되었다는 것은 알지만 문제 제기를 할 수는 없다. 그는 내 상사이고 인사권자다." 두려움은 프로페셔널로서 행동하고 자신의 의견을 표현하는 것을 막고, 무능함은 우리를 둘러싼 일들을 올바른 방향으로 변화시키기 위한 싸움을 할 수 없게 한다.

무능한 사람들만이 일자리를 불안해 한다. 무능하고 비겁한 사람들은 일을 제대로 해내는 것보다 다른 사람의 뒤에 숨어서 실수를 떠 넘기고, 승진을 위한 정치 게임에 몰두하기를 좋아한다. "상사를 기분좋게 하는 것이 내가 승진하는 길이다. 회사가 어떻게 되든지 상관없다. 내 연봉과 보너스가 중요할 뿐이다." 이런 태도는 매우 이기적이고, 프로페셔널하지 않을 뿐만 아니라 부도덕하다.

프로페셔널 개발자라면, 진정한 소프트웨어 장인이라면, 그에 맞는 윤리의식과 행동원칙이 있다. 소프트웨어 장인은 자신의 일과 커리어를 스스로 통제한다. 승진하기 위해 정치 게임을 해야 할 이유도, 일자리 하나에 목을 매야 할 이유도 없다.

당신의 주변을 바꾸고 싶다면, 두려움을 버려야 한다. 준비하고, 연습하고, 독서하고, 공부해서 스스로 도달할 수 있는 최고의 개발자로 거듭나야 한다. 무슨 일이 일어나든 항상 진실을 말해야 한다. 유일한 충고는 인격적으로 못되먹은 사람이 되지 말라는 것 하나뿐이다.

상사를 설득하는 방법

나의 상사를 어떻게 하면 설득할 수 있을까? 이에 대한 답은 '설득할 수 없다'이다. 용서를 구하는 것이 허락을 구하기보다 쉽다. 그냥 가서 하고 싶은 것을 하면 된다. 기술적 실행 관례라면 굳이 관리자가 관심을 가질 이유가 없다. 관리자들은 일정에 맞추어서 제품이 딜리버리되고, 예산을 지키고, 버그가 없는 것에 관심을 가질 뿐이다. 관리자들이 원하는 것은 고객과 이해관계자들의 만족이다. 개발자들이 TDD를 하든 페어 프로그래밍을 하든 지속적인 통합을 하든 상관하지 않는다.

만약 개발자들이 관리자에게 "이 코드는 꼭 동작해야 하나요? 시스템에 손을 댈 때마다 버그가 생겨도 괜찮나요?"라고 물으면 관리자가 뭐라고 답할까? "맘대로 하세요. 가서 작성할 수 있는 최악의 코드를 만들어 보세요. 당신은 그러라고 고용되었습니다. 고객을 화나게 하세요. 불만이 있으면 전화를 할 겁니다." 지극히 당연하지만 이렇게 답할 관리자는 있을 리가 없다. 고객은 개발자에게 높은 품질의 소프트웨어, 훌륭한 솔루션을 기대한다. TDD, 페어 프로그래밍, 연속된 통합 등의 실행 관례들은 모두 그러한 것들을 달성하도록 돕기 위함이다. 누군가에게 물어볼 것 없이 그냥 실행하면 된다. 공식적인 작업 항목에 '단위 테스트 코드 작성'이라고 올릴 필요도 없다. 단위 테스트가 되지 않았다면 그 어떤 작업이건 간에 완료되었다고 말할 수 없다. 작업을 구현과 테스트로 나누어서는 안 된다. 한 시간은 서비스 클래스를 구현하고 다른 한 시간은 테스트를 작성하더라도 둘은 서로 독립된 작업이 아니다. 두 시간 분량의 한 가지 작업일 뿐이다. 서비스 클래스의 구현 작업 하나다. 테스트는 형태에 상관없이 한 코딩 작업의 요소일 뿐 별개의 작업이 아니다.

무슨 일을 하든 고객에게 가치를 전달해야 한다. 일의 진척 상황에 대해서 정직하고 투명하게 말해야 한다. 단, 직접적인 질문이 없다면 상세한 구현 내용들에 대해서 일일이 짚어서 설명할 필요는 없다. 그런 것들은 고객 입장에서 전혀 중요하지 않다. 숨기거나 거짓말하라는 뜻이 아니다. 관리자에게 리펙토링이나 단위 테스트 업무를 위해 시간을 달라고 요청하는 것 자체가 의미가 없음을 말하고 싶다. 관리자 입장에서는 전혀 상관없는 일이다. 관리자에게 있어서는 당신이 일을 완료했다고 보고하는 시점에 당신이 작업한 코드가 비즈니스 요구사항과 상용 시스템의 내용을(또는 사용자 인수 시험 내용을) 정확히 따르고 정상 동작한다는 것이 중요하다. 테스트와 리펙토링은 어떤 종류의 코딩 업무이든 당연히 내재되어 있는 사항이다. 상세사항을 많이 노출하면 할수록 관리자가 당신에게 더 세세하게 업무 지시를 하고 싶게 만든다.

팀이 TDD를 수용하도록 설득하는 방법

새로운 프레임워크나 도구, 디자인 방법론을 도입하는 것은 어려운 일이다. 다른 개발자들에게 더 나은 코드를 만들기 위해 일하는 방식을 바꾸라고 이야기하기도 쉽지 않다.

큰 충돌 없이 TDD를 도입할 수 있는 좋은 방법은 도움을 요청하는 것이다. 팀에서 가장 열정적인 동료에게 당신의 코드 구현을 도와달라고 하자. 작업 내용을 설명하고 한 두 시간 동안 TDD로 구현해보자고 제안해보자. 동료가 아무도 TDD를 쓰지 않는다고 반문하면 상관 없다고 하자. "그냥 재미로 한번 해봅시다."라고 하자. 바로 이때가 TDD가(또는 다른 실행 관례가) 얼마나 훌륭한지 보여줄 수 있는 기회다. 붉은 마크가 초록색으로 바뀔 때의 성취감을 그 동료와 함께 나눈다. 버그에 대한 두려움 없이 코드를 리펙토링할 수 있다는 자유로움을 보여 주자. 핑퐁 코딩도 해보면 더욱 좋을 것이다. 핑퐁 코딩은 TDD의 한 방법으로 한 사람은 기능 구현을, 다른 사람은 테스트를 작성하는 것이다. 테스트가 하나씩 통과될 때마다 역할을 바꾼다. 한 가지 주의할 것은 함께 기분 좋게 즐길 수 있어야 한다.

항상 무언가를 배우는 데 열성적인 사람에게 TDD를 전파하기는 매우 쉽다. 내가 TDD에 능숙하지 않아도 같이 공부하면 된다. 반면에 매사에 의심이 많은 사람에게 TDD를 전파하기는 매우 어렵다. 이 경우, 먼저 스스로 TDD에 통달해야 한다. 힘들게 페어 프로그래밍을 하며 TDD를 소개한 결과가 'TDD는 어렵고 느려서 가치가 없다'는 확신을 심어주는 최악의 상황은 피해야 한다.

개발자는 습관대로 하려는 편이고 자기 주관이 뚜렷한 경우가 대부분이다. 그냥 가서 해보자고 말한다고 순순히 따라오지는 않는다. 실행 관례를 전파하는 가장 효율적인 방법은 모범을 보이는 것이다. 당신과의 페어 프로그래밍에 초대해서 어떻게 하는 것인지 보여주자.

회의론을 상대하는 방법

이 장을 시작할 때 여러 종류의 회의론을 분류하여 각각의 회의론에 대응할 때 가장 중요한 사항들이 무엇인지 알아보았다. 이제 몇 가지만 추가로 더 알아보자.

틈틈이 공부하고 준비해서 기술의 사용법을 시연할 수 있을 정도로 역량을 키우면 변화를 이끌어 나가는 데 큰 힘이 된다. '무지'에 빠진 사람에게 지식을 주고, '대중'에게 방향을 제시하며, '냉소주의자'를 납득시키고, '트라우마'에 빠진 사람을 이해할 수 있다. '너무 바쁜'이들이 걱정하는 시간 소모를 학습 곡선을 짧게 하는 방법으로 해결할 수 있다.

커뮤니케이션을 상대방의 수준에 맞게 잘 하는 것도 중요하다. 상사를 내편으로 만들려면 상사의 언어로 이야기를 해야 한다. 개발의 수준 문제를 끄집어 내어서는 안 된다. 상사의 수준에 맞게 대화의 수준을 올려야 한다. 생산성 향상, 비용 절감, 매출 증대, 일정 준수, 버그 감소, 예측 가능하고 꾸준한 개발 속도, 비즈니스 요구사항의 충족 등 이런 것들이 상사의 사항이다. 무언가 바꾸고 싶다면 그 변화들이 상사가 관심을 가지는 요소들에 어떤 영향을 미치는지 생각해야 한다.

'몰상식'한 사람들은 무시하자. 그러한 사람들을 상대해서 남는 것은 스트레스와 고혈압뿐이다. 논리적인 논쟁을 하려 하고 내가 주장하는 바로부터 무언가 더 알아내려는 사람들에게 집중하자. '몰상식'한 사람들은 팀 구성원들을 짜증나게 만들기 때문에 당신의 제안에 찬성하든 반대하든 팀 전체로부터 무시당할 가능성이 높다.

의사 결정 과정에 모두가 참여하도록 만드는 데 주의를 기울이자. 나의 의견을 일방적으로 요구해서는 안 된다. 작업 주기가 전환되는 시점에 새로운 것을 시도해 볼 것을 제안하자. 이때 누군가의 자리를 위협하는 것처럼 보여서는 안 된다. 무언가를 더 나아지게 만드는 데 목적을 두어야 한다. 스스로 상사가 되거나 모든 개선 사항에 자신의 업적을 주장하려는 데 목적을 두어서는 안 된다. 팀의 여느 개발자와 같은 위치에서 제안해야 한다. 그렇게 함으로써 팀의 누군가를 '좌불안석' 타입의 회의론자로 만드는 것을 방지할 수 있다.

열정을 공유하고, 모범을 보임으로써 사람들을 이끌고, 정직하고 투명해야 한다. 자신감을 축적하고 당신이 아는 것을 다른 사람들에게 가르쳐 주는 행위는 주변 사람들에게 신뢰를 쌓는 최선의 방법이다. 종국적으로는 롤 모델이 되어야 한다. 누군가가 따르고 싶어하고, 조언을 듣고 싶어하는 사람이 되어야 한다. 그러한 행동을 통해 '무념무상', '무능력', '팬보이' 등을 포함하여 대다수의 회의론자를 당신 편으로 만들 수 있다.

상아탑 아키텍트

상아탑 아키텍트는 다루기가 가장 힘든 종류의 회의론자다. 무엇이 어떻게 되어야 하는지 본질적인 가치와 아이디어의 충돌이 발생한다. 소프트웨어 장인은 소프트웨어를 개발할 때 보다 애자일스러운 접근을 고려하지만 상아탑 아키텍트는 초기부터 큰 설계를 밀어 붙인다. 아직 비즈니스 문제들이 제대로 이해되지도 않은 시점에 기술 스택과 전반적인 아키텍처를 완성하려 든다. 상아탑 아키텍트는 개발팀에 솔루션을 위한 특정 기술이나 설계를 따를 것을 요구하지만 옆에 앉아서 함께 코딩을 하거나 그가 내린 결정들이 프로젝트에 어떤 영향을 미쳤는지 이해하려 들지는 않는다.

상아탑 아키텍트는 실무적인 도움보다는 권위를 내세우는 위치에 있기 쉽다. 상아탑 아키텍트는 전체 개발 부서는 물론 심지어 회사 전체에 대해서 책임을 진다고 이야기하길 좋아한다. 소프트웨어 모듈들을 파워포인트 장표의 작은 박스들로만 그릴뿐 실제 그 모듈들의 내용을 이해하지는 못한다. 왜냐하면 그는 어느 개발팀에도 속하지 않았고 그가 작성한 코드도 존재하지 않기 때문이다. 잘못된 아키텍처 설계로 인해 많은 개발자들이 고통받을 때 그는 아무런 고통도 느끼지 못한다.

권한과 책임

상아탑 아키텍트는 자신이 모든 결정을 책임지는 사람이고, 개발자들은 단지 자신의 비전을 실행할 단순 코더들로 취급한다. 상아탑 아키텍트와 기술적인 논쟁을 한다면 영혼이 빨려나가는 듯한 느낌을 받을 것이다.

상아탑 아키텍트가 회사 또는 개발조직의 IT 비전을 만드는 역할을 부여받았다 하더라도, 그가 그의 결정에 책임 있게 행동하는 경우는 극히 드물다. 만약 어떤 이유로든 일이 잘못되면 "나는 분명하게 가이드를 줬다"라고 말하고 발뺌해버리기 쉽다. 보통 상아탑 아키텍트가 주는 가이드는 파워포인트나 비지오로 그려진 몇 장의 다이어그램이거나 웹사이트 URL 몇 개가 전부이다. 뭔가 더 주어진다면 개발자의 실무 현실과는 동떨어진 개념 설명용 코드 샘플 정도이다. "개발자들 역량이 부족하다. 제대로 된 개발자들을 뽑아야 한다. 내가 선정한 2백만 불짜리 인메모리 데이터 그리드 솔루션을 개발자들이 제대로 이해를 하질 못한다. 많은 회사들에서 그 솔루션을 이미 사용하고 있다. 내가 선정한 솔루션은 훌륭하고 아무런 문제가 없다." 상아탑 아키텍트는 비즈니스 담당과 가깝게 지내면서 뭔가 잘못될 때마다 개발자들을 희생양으로 삼는다. 그리고 개발자들의 노력으로 무언가 잘될 때는 그 공을 자신을 것으로 포장한다. 어쩌면 위의 예의 경우 실무 개발자들이 볼 때 처음부터 인메모리 데이터 그리드 솔루션이 필요하지도 않았을 것이다.

항상 생산적인 대화를 추구해야 하지만, 어떤 상아탑 아키텍트들은 그렇지 않다. 그들은 개발자들을 그냥 시키는 것만 하는 단순한 코더로 본다. 우리가 취할 수 있는 행동 중 하나는 상아탑 아키텍트가 자신의 결정에 책임을 질 수밖에 없도록 만드는 것이다. 우리가 기술적 솔루션에 대해서 아무런 의사 표현도 하지 않았다면 우리 역시 아무런 책임을 지지 않는 것이 공정하다. 어떤 사람은 이러한 전략을 수동적인 공격이라고 부른다. 나는 최후의 수단이라고 말하고 싶다.

큰 개발 조직에서 일할 때, 나와 그 조직에 있던 상아탑 아키텍트의 긴장 관계가 극으로 치달은 적이 있다. 잘못된 아키텍처, 관료주의, 불필요한 복잡도, 당황스럽기만 한 비생산적인 논쟁으로 몇 개월을 보낸 후 나와 상아탑 아키텍트는 아래와 같은 대화를 나누었다.

아키텍트: 누가 이런 웹 프레임워크를 사용하라고 허가했습니까? 당신은 왜 나의 가이드를 무시하나요?

나: 이 프레임워크말고는 우리 프로젝트에 잘 들어 맞는 게 없었어요. 프레임워크를 정할 때 당신의 허락이 필요한지는 몰랐어요. 제 생각에는 프레임워크 선택은 개발팀이 권한과 책임을 가진 사안입니다.

아키텍트: 내가 왜 조직에 있다고 생각해요? 어떤 프레임워크와 라이브러리를 사용할지 사내 모든 프로젝트들에 대해서 내가 결정해요.

나: 아~ 네, 몰랐습니다. 저는 당신의 역할이 엔터프라이즈 아키텍트라고 알고 있어요. 시스템의 정보 흐름과 애플리케이션들 간의 연동 방식을 관리해서 비즈니스 요구조건을 만족시키는 역할로 이해하고 있었어요.

아키텍트: 모든 기술적 솔루션에 대해서도 내가 감독해요. 기술적인 비전에서부터 구현까지, 프레임워크에서 라이브러리까지 모두 포함됩니다.

나: 제품 오너가 말하기를 비즈니스 부서에서 아직 요구사항을 파악하는 중이라고 하더군요. 너무 앞서 나가서 짐이 되지 않으려면 우리의 코드 베이스를 최소한으로 유지해야 합니다. 그래야 요구사항이 바뀌더라도 최대한 빨리 대응할 수 있지요. 그러면 전체적으로 피드백 루프가 짧아지고 비즈니스에서 하고 싶은대로 할 수 있습니다.

아키텍트: 일을 어떻게 진행하고 있는지, 계획이 무엇인지 말해보세요.

나: 가장 먼저 지속적인 통합 환경을 구축했어요. 로컬 작업 내용들이 리파지토리에 반영되면 연속 통합 서버에서 모든 테스트들을 수행합니다. 모든 테스트에 통과하면 애플리케이션이 UAT(사용자 인수 시험)환경에 전개됩니다. 이 사이클 전체가 하루에 몇 번씩 반복해서 이루어질 수 있지요. 비즈니스 담당은 웹 브라우저만 새로고침해서 우리가 변경한 사항들을 확인할 수 있어요. 이렇게 하면 비즈니스 담당이 시스템이 어떻게 돌아가는지 직접 보면서 어떤 부분을 바꾸거나 추가할지 결정할 수 있죠. 이것이 비즈니스 담당을 돕기 위해 우리가 찾은 방법 중 하나입니다.

아키텍트: 그건 좋습니다. 하지만 그것이 프레임워크를 마음대로 정할 수 있는 권한을 주는 것은 아니에요. 당신은 내 가이드를 따라야해요.

나: 그래요? 그렇다면 당신이 우리 애플리케이션의 모든 기능적, 비기능적 요구사항을 이해하고 있다고 가정해도 되는 건가요? 우리가 어떤 기술을 사용해야 할지 정해 주려면 그래야만 할 겁니다. 그런데 비즈니스 담당조차도 아직 파악 중인 것을 당신이 어떻게 모두 알고 있을 수 있죠?

아키텍트: 나는 그럴 필요가 없어요. 우리가 구매한 인메모리 데이터 그리드 솔루션과 웹 프레임워크는 모든 애플리케이션들에 적합해요. 모두가 그것을 활용해야 한다구요.

나: 네, 그 솔루션들이 좋을 것이라고 믿어요. 그럼 우리와 함께 코드를 작성할 거예요? 그 도구들과 프레임워크에 대해서 당신의 경험들이 큰 도움이 될 것이라 확신해요. 하지만 제가 보기에는 개발팀에서 선택한 것들이 더 적합하다고 생각합니다. 비즈니스에 빠른 피드백 루프를 제공해주고 생산성을 높여줍니다. 그 선택사항들은 담당 애플리케이션의 내부에만 영향을 미치고 외부에서는 보이지도 않습니다. 다른 애플리케이션과 연동하는 부분과 전체 에코시스템의 역할에는 아무런 변화도 일으키지 않습니다.

아키텍트: 글쎄요. 내 역할은 기술 스택을 표준화하는 거예요. 기술 스택이 표준화되면 개발자 의존성을 줄일 수 있습니다. 모두가 당신처럼 슈퍼 코더일 수는 없습니다(그가 '코더'를 말할 때 미묘하게 하대하는 뉘앙스가 있었다).

나: 개발자 의존성을 줄여서 쉽게 대체할 수 있게 한다구요? 맞는 말입니다. (그리고 조용히 비꼬는 톤으로) 지금 당신은 우리 일에 적합한 도구를 선택하면 안 되고, 역량이 떨어지는 저급 개발자들이 쉽게 쓰기 위한 도구를 선택해야 한다고 말하는 건가요? 재능있는 개발자를 채용하거나 기존 개발자를 훈련시키는 대신 개발자 수준을 낮추고 품질을 희생하자는 겁니까? 좋아요. 비즈니스 담당에게 가서 그렇게 설명하지요.

아키텍트: 지금 말장난합니까? 나는 그렇게 말하지 않았어요.

나: 죄송합니다. 그런 의도는 아니었습니다. 아마도 제가 잘못 이해한 것 같네요. 당신의 의도한 것이 정확히 무엇인지 설명해 주시겠습니까? 어떻게 프로젝트의 개발에 직접적으로 참여하지 않는 사람이 팀에서 사용할 도구와 프레임워크를 선정할 수 있죠? 당신 입장에서는 애플리케이션 하나가 파워포인트 장표의 수많은 박스들 중 하나 정도로 보일 겁니다. 왜 그 박스 하나의 내부적인 세부사항이 어떻게 구현되어야 하는지에 간섭하는 거죠? 그 박스들끼리 어떻게 대화하고 각각 박스가 어떤 역할을 해야 하는지에만 집중하는 것은 왜 안 될까요?

아키텍트: 좋든 싫든 그게 내 역할입니다. (그는 화가 난 목소리로 말했다) 나는 모든 프로젝트의 기술 스택을 선정합니다. 만약 다르게 하고 싶다면 내 허락을 받아야 합니다. 그게 내 책임과 권한입니다.

나: 알겠습니다. 전혀 문제될 것 없습니다. 내 자리로 돌아가서 프로젝트 관리자, 비즈니스 분석 담당을 포함해서 프로젝트에 관계된 사람들 모두에게 메일을 쓰겠습니다. 물론 당신도 포함해서요. 한동한 프로젝트를 중단할 것이고, 모든 메이븐 리파지토리를 뒤져서 우리가 허가받은 라이브러리를 사용하고 있는지 확인하고, 사용이 허가된 기술 목록을 기다릴 것이라고 쓰겠습니다. 그 목록이 오면 당신의 요청에 합치되도록 모든 소프트웨어를 고칠 것이고 몇 개월, 못해도 최소한 몇 주는 일이 진행되지 않을 것이라고 쓰겠습니다. 그리고 모든 프로젝트 이해관계자들, 투자자, 제품 오너에게 이 기간 동안 비즈니스 변경사항이 있으면 당신에게 직접 이야기하라고 하겠지요. 이 프로젝트에 투자를 한 사람들에게 개발 중단으로 인한 모든 문제를 포함해서 당신이 선정한 기술 때문에 발생하는 모든 문제들은 당신에게 직접 이야기하라고 할게요.

(아키텍트는 우려 섞인 표정으로 내 말을 가로막으려 했지만 나는 말을 이어 나갔다)

나: 제품 서비스 담당(상용 서비스 중인 애플리케이션의 유지보수를 수행하는 사람들)과 비즈니스 담당에게도 말하겠습니다. 우리 애플리케이션이 당신의 가이드를 백퍼센트 충족한 상황이 되면, 모든 긴급한 문제들은 당신에게 바로 전달하라고 하겠습니다. 왜냐하면 당신이 그 기술을 선택했고 개발자들이 볼 때 당신만이 조직 내에서 가장 잘 그 기술을 이해하고 있다고 봐야 하기 때문이지요.

아키텍트: 잠깐, 나는 그런 역할을 하는 사람이 아니에요. 프로젝트 수행은 당신이 할 일입니다. 내가 아닙니다. 솔루션을 딜리버리하는 책임은 개발팀에 있어요! (그는 신경질적으로 말했다)

나: 제가 제대로 이해했나 봅시다. 결정 권한은 당신한테 있지만 그에 대한 책임은 개발팀이 집니다. 프로젝트가 잘 되면 당신이 방향을 제시했으니 당신의 공입니다. 만약에 프로젝트에 문제가 생기면 개발팀이 책임을 지고 모든 부담을 떠 안아야 합니다. 맞습니까? (나는 속으로 참말도 안 되는 불공정함이라고 생각했다) 그런 식으로 일할 수는 없습니다. 프로페셔널이라면 자신의 결정에 책임을 질 수 있어야 해요. 뭔가 잘못되었을 때 누군가가 책임을 묻는다면 기꺼이 받아들일 것입니다. 하지만 결정을 하는 것은 저를 포함한 개발팀입니다. 당신에게 두 가지 선택권을 주겠습니다. 개발팀이 직접 모든 결정을 하고 그에 대한 모든 책임도 함께 지거나 아니면, 제자리로 돌아가서 당신이 모든 기술적 의사결정의 책임자이니 어떤 문제가 발생하든 가장 먼저 당신에게 연락하라고 하겠습니다. 어떻게 하길 원해요?

아키텍트: 당신은 너무 극단적이예요. 물론 당신이 생각하기에 더 나은 기술들을 실험해보는 데는 아무 문제가 없습니다. 그런 것들까지 상관하지는 않습니다. 내가 원하는 것은 나의 허락 하에 하라는 겁니다.

나: 그런 식이라면 내 입장은 동일합니다. 개발팀이 선택한 기술에 대해서 설명하는 것은 당신이든 누구든 관심이 있는 사람에게 기꺼이 할 수 있습니다. 내부 위키 사이트에 각각의 선택이 어떤 배경에서 이루어졌는지, 어떤 도구들과 라이브러리들을 비교해봤는지 자료를 올리겠습니다. 우리 애플리케이션이 많은 애플리케이션들로 구성된 큰 에코시스템 안에서 동작한다는 것을 이해하고 있습니다. 외부 모듈과의 연동에 대한 가이드라인이라면 따르지 않을 이유가 없지요. 애플리케이션 내부할 때 사사건건 당신의 허락을 받아야 한다면 수용할 수 없다는 것을 분명히 밝힙니다. 다시 말씀 드립니다만 제가 어떻게 하길 원하세요?

아키텍트: 모든 결정들에 대해서 문서화를 하세요. (그는 나를 죽이고 싶은 감정을 숨기려 애쓰며 말했다) 그리고 내가 알 수 있도록 항상 공유해 주십시오.

이 논쟁 이후에 외부의 영향 없이 자유롭게 의사를 결정했다. 상당히 빠른 속도로 비즈니스 부서가 원하는 기능을 버그 없이 구현할 수 있었기 때문에 비즈니스 담당자들이 대단히 기뻐했다. 우리 또한 행복했다. 실질적인 비즈니스 가치를 만들어내고 있다는 보람을 느낄 수 있었고 비즈니스부서로부터 우리의 노력도 인정받을 수 있었다. 몇 달 후, 회사의 고위 관리자들은 그 상아탑 아키텍트를 다른 부서의 프로젝트로 보냈다고 우리 개발팀에는 아키텍트가 필요 없다고 이야기했다.

진정한 소프트웨어 프로페셔널은 권한에는 항상 책임이 따른다는 것을 이해하고 있다. 권한을 갖고 싶다면, 책임질 수 있는 준비를 해야 한다. 이미 책임이 주어져 있다면, 관련된 의사결정에 권한도 가질 수 있도록 해야 한다. 상아탑 아키텍트들은 그들의 커리어에 해를 입을까봐 자신의 의견에 책임지기를 두려워한다. 관료주의와 정치 뒤에 숨는다. 그들이 당신 앞을 가로막는 것을 피하고 싶다면, 그들의 결정에 책임지도록 만들어야 한다.

피해망상

이 부류의 사람들은 다루기 매우 어려운 부류 중 하나다. '피해망상'류는 당신이 아닌 회사를 상대로 대항한다. 자신이 회사 안에서 공정하게 대우받지 못한다고 느낀다. 회사를 나가지 않는 대신, 회사에 들러 붙어서 저주하고 불평하고 업무를 망친다. 다시 열정을 불어 넣으려는 노력 말고는 그들에게 뭔가 할 수 있는 것이 별로 없다. 나의 경우에도 '피해망상'에 빠진 사람들을 성공적으로 구해낸 기억이 별로 없다. 이런 부류의 사람들은 다른 동료 개발자를 통해서 해결될 수 있는 문제가 아니다. 최선의 방법은 이들을 잘 대해주고 팀의 구성원으로서 잘 융합하도록 돕는 것이다. 단, 문제를 윗선까지 에스컬레이션해야만 할 수도 있다.

이 모든 것을 다 챙겨야만 하는가

소프트웨어 장인이라면, 기술적인 역량뿐만 아니라 주니어 개발자들을 위한 롤 모델 역할도 할 수 있어야 한다. 소프트웨어 장인은 정직하고 투명해지기를 두려워하지 않는다. 고객을 속이거나 문제를 숨기는 방법으로 일을 하지 않는다. 소프트웨어 장인은 사람들이 듣고 싶어 하는 말이 아니라 진심을 말하며 자신의 행동에 책임을 지고 프로젝트를 위해 최선이라면 싸우기를 주저하지 않는다.

잘못된 조직과 업무 환경에서는 소프트웨어 장인이 고객에게 가치를 전달하기가 어렵다. 고객에게 가치를 전달하는 것은 단순히 코딩을 의미하지는 않는다. 고객이 필요로 하는 완벽한 솔루션을 전달해야 한다. 완벽한 솔루션을 전달하려면 단지 코드를 잘 작성하는 것만으로는 충분하지 않다.

요약

개발팀에 기술적 변화를 도입하는 일은 참 어렵다. 사실 대단히 어렵다. 성공적으로 변화를 일으키려면 여러 종류의 사람들마다 어떻게 다르게 대응하고 어떻게 설득할지 알고 있어야 한다. 사람들은 바보가 아니다. 스스로가 믿고 있는 것들에 대해 서로 다른 이유와 서로 다른 의견을 가지고 있을 뿐이다. 그들의 의견은 과거의 경험을 바탕으로 하고 있거나, 당신이 모르는 정보를 알고 있거나, 자신감이 부족하거나 어쩌면 두려움때문일 수 있다.

일을 잘 해내려면 소통을 명확히 해야 한다. 무엇보다도 개발자들과 신뢰를 쌓는 방법을 알고 있어야 한다. 신뢰야말로 변화를 이끌기 위한 핵심적인 요소다. 대화하는 상대방을 이해하고, 그 사람의 생각의 바탕에 어떤 이유들이 있는지 공감할 수 있어야 한다. 자신을 준비시키고 용감해지고, 주도하자.

CHAPTER

15

실용주의 장인정신

좋은 품질은 그렇게 되기까지 오랜 시간이 걸린다는 고정 관념이 있다. 관리자와 개발자들 모두 품질과 비용은 양립할 수 없는, 둘 중 하나를 선택해야만 하는 문제라고 생각한다. 좋은 품질에 잘 짜여진 코드는 매우 비싸고 작업이 오래 걸리지만, 저급에 버그가 있는 코드는 싸고 빨리 만들 수 있다고 생각한다. 안타깝게도 대부분 저급 품질의 싸고 빨리 만들 수 있는 코드를 선택하는 상황이 현실이다. 이 장에서는 '고품질은 고비용'이라는 것이 편견임을 설명한다. 사례를 통해 실용주의 장인정신이 어떤 의미인지도 알아본다.

품질은 선택사항이 아니다

비용이나 시장 타이밍과 같은 트레이드오프 문제만 없다면 누구든 품질이 높은 쪽을 원한다. 일부러 낮은 품질을 원하는 사람은 없다. 그 어떤 관리자나 고객도 나쁜 품질의 소프트웨어를 바라지 않는다. 그들이 무슨 말을 하든 항상 높은 품질을 기대한다. 심지어 개발자들이 일정과 비용을 맞추기 위해서 어쩔 수 없이 품질을 희생해야 한다고 말할 때도 고개를 끄덕이면서 속으로는 결과물의 품질이 좋기를 기대한다.

가장 근본적인 문제는 싸고 그저 그런 코드로도 충분하다는 매우 잘못된 가정을 할 때가 많다는 것이다. 단기적으로는 그럴 수도 있다. 하지만 중장기적으로는 절대 그렇지 않다. 보통 품질의 코드를 목표로 하는 회사들은 형편없는 코드를 결과물로 내놓는 경우가 대부분이다. 쓰레기 더미가 굴러 점점 커지면 싼 것이 더 이상 싸지 않게 된다. 버그의 숫자가 늘어나고 새로운 기능을 추가하는 데 시간이 늘어나며 전체 애플리케이션을 다시 만들자는 이야기가 수면 위로 떠오른다. 관리자와 프로젝트 투자자는 그런 상황을 보지 못한다. 그들은 개발자가 아니다. 그들에게 소프트웨어 개발은 다른 분야의 서비스와 마찬가지로 그냥 돈을 내고 받는 서비스일 뿐이다. 다른 서비스 제공자와 마찬가지로 개발자들에게 좋은 품질의 결과물을 기대한다. 고객들은 돈을 지불한 그 이상의 가치가 제공되기를 당연시할 것이다.

당신이 고객 입장에서 서비스를 구매할 때를 상상해보자. 인테리어 회사에 의뢰해 부엌과 거실을 확장하려 한다. 공사를 시작하기 전에 비용이 얼마나 들지 알고 싶다. 정확하지는 않더라도 충분한 정보를 기반으로 계산된 가격 범위 어느 정도 기간이 필요한지도 알고 싶다. 가능하면 가격이 저렴하기를 바란다. 가장 중요한 점으로 최대한 빨리 부엌과 거실을 사용할 수 있었으면 한다. 인테리어 업자가 저비용으로 단기간에 공사를 할 경우 품질을 보증할 수 없다고 한다면 어떻게 될까? "당신 요구대로 하면 나중에 문제가 생길 수 있습니다." 어떻게 할 것인가? 시간과 돈이 많이 들더라도 품질을 챙기고 싶다면 잠깐 멈추고 다시 생각해보자. 현실적으로 시간과 돈은 마음대로 늘릴 수 있는 것이 아니다. 당신의 경제사정이 매우 넉넉하거나 집이 한 채 더 있어서 일이 진행되는 동안 다른 데서 살 수 있는 상황이 아니라면 시간과 돈을 늘리는 것은 선택할 수 있는 옵션이 아니다. 보통의 경우라면 최대한 품질을 확보하면서도 낮은 비용으로 빨리 공사가 끝나야 한다.

당신은 부자도 아니고 공사기간 동안 생활할 수 있는 다른 집도 없는 보통 사람이라고 가정하자. 인테리어 업자가 품질 확보를 위해서 돈을 많이 지불해야 하거나 공사기간을 두세 배 늘려야 한다고 하면 어떤 선택을 할 것인가? 돈을 많이 써서 품질을 확보하든, 돈을 적게 써서 하자가 생기든 두 경우 모두 문제다.

많은 비용이 들어도 품질을 높여야 하는 경우도 있고 품질이 낮더라도 비용을 적게 들여야 하는 경우도 있을 수 있다. 예를 들어 집을 빨리 팔아야 하고 재정상황이 나쁘다면 후자의 경우를 원할 수도 있다. 아기가 태어날 예정이라 그 전에 빨리 공사를 마쳐야 할 수도 있고, 임대용 주택이라 빨리 부엌을 만들어서 세입자를 들여야 할 수도 있다. 아니면 그 집에 아주 오랫동안 살 계획이라 공사기간이 오래 걸리더라도 최대한 아늑하고 편리한 상태로 만들고 싶을 수도 있다.

어떤 결정을 하든지 간에, 심지어 저품질을 선택해야 하는 경우에서도 항상 품질이 좋기를 희망한다. 그 어떤 경우에도 비용을 지불한 서비스의 결과물에 문제가 발생하는 일은 좋아하지 않는다. 이 부분은 소프트웨어 프로젝트에 비용을 지불한 관리자와 고객에게 완전히 같다. 그들 스스로 비용과 시간을 절감하는 대신 품질이 희생된 방안을 선택하더라도 마음 속으로는 여전히 품질이 좋기를 기대하고 품질이 나쁠 경우 실망할 거라는 뜻이다.

하지만 고품질이 고비용을 요구하지 않는다면 어떻게 될까? 서비스의 품질이 소요기간에 비례하지 않는다면 어떻게 될까? 저품질의 서비스와 고품질의 서비스 간에 비용과 소요기간의 차이가 매우 작다면 어떻게 될까? 전체적으로 둘의 투자내용에 차이가 미미하다면 어떻지 될까? 그때도 저품질의 서비스를 선택할까? 전혀 그렇지 않을 것이다.

좋은 품질은 비싸고 시간이 오래 걸릴까

소프트웨어 장인은 익스트림 프로그래밍(XP)의 실행 관례와 애자일 원칙을 습관화하고 있다. 소프트웨어 장인이 개발 및 진행 중인 프로젝트라면 첫날부터 동작하는 소프트웨어가 고객에게 전달된다. 법률적 규제나 내부 정책 때문에 상용 서비스 환경도 전달할 수 없다면 프로젝트에 관계된 사람들이 접근할 수 있는 어떤 머신이로든 소프트웨어를 이용할 수 있다.

기능 구현을 완료했다는 의미는 그 기능이 상용 시스템이나 상용 시스템과 비슷한 내부 검증 환경에(아직 소프트웨어를 공개 배포할 수 없는 경우) 전개되었다는 의미다. 경험 많은 장인으로 이루어진 팀은 하루에도 몇 번씩 수정된 소프트웨어를 배포할 수 있다. 소프트웨어 장인은 지속적인 통합과 프로젝트 초기부터의 제품 딜리버리를 목표로 하기 때문에 소프트웨어 품질로 인해 상용 릴리즈가 지연되는 일은 가정에 없는 사항이다.

소프트웨어 장인은 테스트 주도 개발과 같은 실행 관례들을 마스터하고 있어서 실행 관례의 준수로 인해 업무 속도가 늦어진다는 것은 있을 수 없는 일이다. 그 어떤 소프트웨어 프로젝트이건 코드 타이핑 자체가 병목인 경우는 존재하지 않는다. 어떤 코드이든 몇 줄이 넘어가는 복잡도를 가졌다면 소프트웨어 장인은 테스트 코드를 함께 작성하며, 다른 보통의 개발자가 테스트 코드 작성 없이 작업하는 것보다 더 느려지지 않는다. 비록 더 빠르지는 못하더라도 소프트웨어 장인이 작성한 코드는 테스트로 전체가 커버

되기 때문에 테스트 커버리지에 대한 이슈들은 소프트웨어 장인이 작성한 코드에는 전혀 문제가 되지 않는다.

큰 애플리케이션의 복잡한 테스트라 하더라도 소프트웨어 장인이 작성한 자동화 테스트는 몇 초 안에, 늦어도 몇 분 안에 완료된다. 이를 통해 테스트를 위한 별도의 절차가 있는 경우와 비교하여 기능의 딜리버리 속도가 훨씬 더 빠르다. 신규 기능들이 매뉴얼 테스트 단계 없이도 상용 환경에 지속적으로 전개될 수 있다. 기능 전개 속도의 향상은 애플리케이션이 커질 수록 효과가 크게 나타난다. 애플리케이션을 수작업으로 테스트하느라 시간을 낭비할 필요도 없고 버그를 고치느라 업무가 중단되지도 않는다. 테스트 코드 없이 작성된 애플리케이션은 그 크기가 커질수록 수작업 테스트 시간이 늘고 작업 주기도 길어져서 지속적인 기능 통합이 불가능해진다.

"글쎄요, 우리는 그런 걸 해본 적이 없습니다." "페어 프로그래밍이나 TDD를 하면 작업 속도가 너무 느려질 겁니다." 프로젝트 관리자나 개발자가 이렇게 말한다면 분명 거짓말은 아닐 것이다. 실행 관례 자체가 나빠서 개발자를 느려지게 만든다고 이야기할 수는 없다. 무엇이든지 새로운 것을 배울 때는 시간이 걸리는 점이 문제다. 새로운 실행 관례를 도입한다는 것은 기존의 익숙하던 일하는 방식을 벗어나야 한다는 것을 의미한다. 작은 코드 조각에서는 XP 실행 관례를 마스터한 소프트웨어 장인과 일반 개발자 간의 업무 능력 차이가 별로 없을 수 있다. 하지만 다루어야 할 문제가 복잡해지면 차이가 어마어마하게 벌어진다. 애플리케이션의 크기가 크면 XP 실행 관례를 몸에 익힌 소프트웨어 장인이 XP 실행 관례를 전혀 수용하지 않은 보통의 개발자보다 훨씬 더 빨리 작업을 완료한다.

XP 실행 관례를 도입하면 개발자의 작업 속도가 늦어지지 않는다는 전제가 있다면 XP 실행 관례의 활용을 반대할 관계자가 있을까? 아마도 없을 것이다. 어떤 실행 관례를 배우고 마스터하는 데는 시간이 필요하다. 배우는데 시간이 든다고 해서 그 실행 관례가 나쁘다고 할 수는 없다. 실행 관례를 무시하는 대신 경험 많은 소프트웨어 장인을 더 많이 확보하여 팀 구성원들의 학습 곡선을 당기고 멘토링하는 데 관심을 기울여야 한다.

테스트 주도 개발이 항상 필요할까

실용적인 대답은 '아니다'다. 무언가를 해야 할지의 여부에 관해 이야기할 때 단정적인 단어는 쓰고 싶지 않다.

"TDD를 하면서 시장 타이밍을 맞추기에는 제품 개발 시간이 너무 부족하다." "아직 무엇을 해야 할지 몰라서 잠재적인 투자자에게 시연하고 시장을 시험할 수 있는 걸 빨리 만들어 내야 하는 상황어서도 TDD를 해야 하나?" TDD 회의론자나 스타트업 개발자들이 이렇게 말할 때가 있다. 이런 경우들에서도 '항상'과 같은 단정적인 단어를 쓰면 거부감만 키운다. 도구나 실행 관례를 선택할 때는 실제로 처한 맥락을 반드시 고려해야 한다. 한 가지 안타까운 것은 TDD 능숙한 사람 중에서는 그런 말을 하는 사람이 없다는 점이다. 실행 관례에 의문을 표하는 사람들은 그들이 뒤에 남길 골칫덩이에 대해서는 인지하지 못하고 당장 뭔가를 만들어 내는 것에만 집중한다.

나를 포함해서 경험이 많은 XP 개발자들은 TDD를 둘러싼 논란이 시간 낭비라고 생각한다. 유능한 개발자라면 TDD 때문에 개발 일정이 지연되지 않는다. 그것이 진실이다. 논란은 아무런 의미가 없다. 경험 많은 XP 개발자들은 모든 것을 테스트 기반으로 수행한다. 그들에게 테스트를 먼저 생각하는 것은 전혀 어려운 일이 아니다. 극히 드물지만 나도 TDD를 하지 않을 때가 있다. 그런 경우는 자동화된 테스트가 별 의미가 없는 상황으로,

대부분이 사용자 인터페이스의 동작 방식에 관련된 것들이다.

TDD에 능숙한 개발자들은 TDD 때문에 개발이 지연되었다거나 시간이 없어서 테스트를 작성하지 못했다는 변명은 절대 하지 않는다. TDD등 XP 실행 관례를 전파하고 싶다면 먼저 스스로 충분히 능숙해져야 한다.

집에서 DIY로 무언가를 하는 상황을 상상해보자. 거실 바닥을 카펫 대신 나무 마루로 바꾸거나, 유선 방송 케이블 연결 단자를 다른 방에 확장하려 한다고 해보자. 물론 직접 할 수는 있을 것이다. 그런데 빠른 시간에 높은 품질로 할 수 있을까? 이런 일을 매일 같이 하는 전문가와 비교하면 어떠할까? 나처럼 DIY와 거리가 먼 사람이라면 전문가가 훨씬 더 빠르고 더 높은 품질로 일을 끝낼 것이다. 당신 스스로 마루깔기나 케이블 확장과 같은 일에 전문가가 되기로 작정하고 매일 연습한다면 아마도 그 일을 업으로 삼고 있는 사람들보다 더 빨리, 더 깔끔하게 할 수 있을지도 모른다. TDD와 같은 실행 관례도 마찬가지다.

리펙토링

리펙토링을 위한 리펙토링은 시간낭비다. 할 일이 없어서 시간이 남아 도는 것이 아니라면, 특별한 이유도 없이 코드를 열어서 재정리하는 일은 아무런 의미가 없다. 보이스카웃 원칙에서는 '처음 발견했던 것보다 더 깨끗하게' 캠프를 남겨 둘 것을 이야기하고 있지 '캠프 전체를 혀로 핥아도 될 정도로 반짝반짝하게 만들라'는 뜻은 아니다. 그렇게 하는 것이 나쁘다는 것은 아니지만 실용적인 관점에서는 그저 시간 낭비일 뿐이다.

레거시 코드를 대상으로 작업할 때는 최소한 수정한 부분만큼은 원래 보다 깨끗하게 만들어 놓아야 한다. 새로운 기능을 추가할 때마다 코드를 분석하고 필요한 경우 리펙토링을 하여 레거시 코드가 새로운 기능을 자연스럽게 받아들일 수 있도록 해야 한다.

새롭게 추가할 기능이 레거시 코드에 큰 영향을 준다면 사전에 영향이 가해지는 부분을 리펙토링하는 것이 바람직하다. 새로운 기능을 추가하기 전에 다음과 같은 질문들을 던져 보아야 한다. 레거시 코드는 새 기능을 받아들일 준비가 되어 있는가? 수정해야 할 코드량은 어느 정도 되는가? 이 두 질문에 대한 답이 '아니오'와 '아주 많이'라면 먼저 레거시 코드를 리펙토링하여 새로운 기능을 받아들이기 쉬운 상태로 만들어야 한다. 받아들이기 쉽다는 것의 의미는 기존의 동작 방식을 전부 파헤치거나 변경하지 않고 새로운 기능으로 인한 영향을 최소화한다는 것을 의미한다. 즉 '확장에는 열려 있고 변경에는 닫힌' OCP 원칙을 준수할 수 있도록 코드를 리펙토링한 후에 신규 기능을 추가한다.

시스템에 큰 변화가 없다면 바로 새로운 코드를 만들어 넣기 시작해도 된다. TDD의 레드/그린/리펙터 라이프 사이클에 맞추어* 작은 리펙토링들을 연속해서 적용한다. 먼저 동작하게 만든 후 점진적으로 개선해 나간다.

분명한 필요에 의해 시스템을 변경하고, 그 와중에 작은 리펙토링을 꾸준히 하는 것이 실용적인 관점에서 바람직한 애플리케이션 개선 방법이다.

소프트웨어 개발 방법의 한 가지 예

소프트웨어 장인정신 운동의 가장 큰 목적은 소프트웨어 개발이라는 업의 수준을 기술적, 사회적으로 높이는 것이다. 소프트웨어 장인정신 커뮤니티들과 관련된 저명 인사들은 소프트웨어 장인정신 운동을 통해 소프트

---

* 역자주 참조 http://blog.cleancoder.com/uncle-bob/2014/12/17/TheCyclesOfTDD.html

웨어 개발에 기존과는 다른 사고 방식과 이데올로기를 전파하여 소프트웨어 개발 직무의 위상을 높이고자 한다. 더불어서 현재 가장 바람직한 것으로 평가되고 있는 여러 기술적 실행 관례들의 사용을 장려하고 있다.

개발자로서의 여정을 이제 막 시작해서 어떤 것이 좋은지 판단할 경험이 부족한 사람들에게는 소프트웨어 장인정신 운동에서 권장하고 있는 실행 관례들을 따르길 권한다. 커리어 사다리를 올라가면서 경험이 쌓이면 스스로 더 나은 다른 방법을 찾고, 실제 프로젝트에서 시도해보아야 한다. 거기서 얻은 경험을 커뮤니티와 나누어야 한다.

실행 관례와 절차들은 그보다 더 나은 실행 관례와 절차가 나타나기 전까지만 가치가 있다. 프로그래밍 언어나 개발 도구에서도 마찬가지다. 이러한 개념은 자동차나 전자제품 등 거의 모든 것에 있어서 마찬가지로 적용된다. 1990년대를 되돌아 보면 폭포수 모델에 대한 가장 훌륭한 대안은 래쇼날 통합 프로세스(RUP)였다. 몇 년 후 스크럼이라는 대안이 등장했다. 애자일 서밋이 있은 지 십여 년이 지나면서 항상 새로운 대안이 시도되고 발견된다는 것을 깨달았다. 그것이 바로 진화다.

장인이라면, TDD와 같은 XP 실행 관례들을 절대 불변의 진리라고 믿어서는 안 된다. 지금 당장 우리가 XP를 추구한다고 해서 더 나은 다른 방법을 찾아 보는 것을 멈춰서는 안 된다. 소프트웨어를 개발하는 방법이 하나 밖에 없다고 생각하는 순간, 다시 말해 우리가 활용해야 할 실행 관례들이 정해져 있다고 믿는 순간 우리는 진화를 멈추게 된다. 특정 기술이나 실행 관례, 도구들에 대해 개별 상황에 대한 이해 없이 절대적, 교조적으로 판단하는 것은 소프트웨어 장인정신이라 할 수 없다. 소프트웨어 장인은 여러 가지 훌륭한 도구들을 포용하면서 맡은 일의 맥락에 가장 적합한 것을 꺼내어 적용할 수 있어야 한다.

특정 실행 관례를 사용하지 않는다는 이유로 누군가를 프로페셔널하지 않다고 성급하게 폄하해서는 안 된다. 그들이 사용 중인 실행 관례가 무엇인지 물어보고 당신이 사용하고자 하는 실행 관례와 비교해서 그들의 것이 어떤 점에서 더 나은지 찾아보아야 한다.

비즈니스 돕기

진정으로 원하는 바가 무엇인지 비즈니스 담당자 스스로도 잘 모르는 프로젝트들을 흔하게 볼 수 있다. 어떤 것이 프로젝트에 합당한지 내외부 고객들과 이야기하면서 이런저런 솔루션을 탐색해야 하는 상황들을 자주 본다. 애자일 코치들은 개발자들이 비즈니스 담당들과 직접 대화하면서 질문하고 솔루션을 제안할 것을 권장한다. 같은 팀이 되어 도와야 한다. 당연하지만 어떤 상황에서든 필요한 일이다. 그런데 그 이상으로 할 수 있는 것이 있다.

참여했던 프로젝트 중에 정부 규제 준수 문제로 큰 어려움을 겪은 일이 있었다. 규제 기관은 금융 업무에 대한 위험 감사를 할 수 있는 솔루션을 요구했고 비즈니스 부서와 IT 부서 모두 엄청난 압박을 받고 있었다. 그 솔루션을 만들려면 큰 규모의 새로운 시스템을 다수의 기존 시스템들과 통합해야 했다.

문제는 큰 그림에서는 목표가 무엇인지 모두 알고 있었지만 구체적인 수준에서는 모든 것이 모호하고 복잡하다는 것이었다. 요구사항과 시스템이 기술적으로 복잡하다는 것만이 문제가 아니었다. 회사의 전체 조직이 구성된 방식과도 연관이 있었다. 백로그 상세화 미팅에서 결정해야 할 사항들 중에는 단순히 작업 우선 순위나 사용자 스토리가 아닌 비즈니스 자체의 운영방식을 바꿔야 하는 것들도 있었다. 조직의 특정 부분에 대한 깊은 이해와 함께 정치적, 관료적인 문제도 핵심적인 논의 대상이었다. 이런 부분들에 대해서도 소프트웨어 개발자들이 아이디어를 짜내야만 하는 상황이었다.

비즈니스 부서는 아직도 자기들이 뭘 원하는지 파악 중이었고 제시할 수 있는 것이라고는 계속 바뀌는 설익은 것들뿐이었다. 가장 좋은 방법은 뭐든 최대한 빨리 만들어서 이들 앞에 내놓는 것이었다. 비즈니스 담당이 마음을 바꾸는 것과 거의 같은 속도로 코드를 바꿀 수 있어야 했다. 이렇게 비즈니스 담당들이 그들의 아이디어를 가시화하고 그 애플리케이션을 사용할 사람들로부터 피드백을 받을 수 있었다.

단순하고 빠른 솔루션

'빨리 만들었다는 것이 엉망이다'라는 것이어서는 안 된다. 위에서 언급한 문제는 우리가 만들고 있던 내부 웹 애플리케이션과 관련된 것이었다. 각 사용자 스토리에 대한 인수 시험의 일부로서, 목업(Mockup)을 만들고 비즈니스 부서에서 기대하는 동작 방식에 대해 합의를 했다. 한동안은 그런 식으로 일하는 것에 문제는 없었다. 목업은 실제 소프트웨어가 아니었기 때문에 실제로 어떻게 동작할지 비즈니스 담당이 판단할 수 있는 정보가 없었다. 특히 사용자 인터페이스가 복잡한 기능 몇 가지의 경우, 비즈니스 담당이 직접 손으로 만져본 후에 다른 비즈니스 부서나 프로젝트 투자자 또는 고객들에게 시연하기를 원했다. 그 기능들이 매달 상용 환경에 반영되어서 사람들이 애플리케이션에서 이용할 수 있기를 기대했다.

단순한 기능들도 있었지만 그렇지 않은 것들도 있었다. 백엔드 솔루션은 여러 가지 규정들과 비기능적 요구사항들을 충족해야 해서 구현하기가 쉽지 않았다. 각 기능들마다 몇 가지씩 사용자 스토리들이 있었고 사용자 입장에서 의미있는 결과를 내놓아야 했다. 문제는 비즈니스 담당과 사용자 모두 구체적인 수준에서 뭐가 어떻게 되어야 하는지 제대로 알지 못한다는 점이었다. 단순히 기능 범위를 줄이는 방식으로 접근하는 것은 이 경우에 맞지 않았다. 한꺼번에 모든 것을 완료시키는 큰 마감일은 없었고 새로운 버전의 애플리케이션을 적절한 주기로 자주 릴리즈해야 했다. 버티컬하게, 얇게 커버되는 기능 단위별로 비즈니스 담당의 피드백을 받기에는 시간이 너무 오래 걸렸다. 비즈니스 담당들은 전체적인 관점에서 모든 기능들이 잘 엮어서 의미에 맞게 동작하는지를 빨리 보고 싶어 했다.

우리는 더 빠른 솔루션을 제안했다. 전체를 아우르는 모든 기능들 각각에 대해 웹 페이지들을 전부 구현하되 가상의 내장된 샘플 데이터를 통해 값이 어떻게 보일지만 시험해 볼 수 있고 실제 데이터 연동은 안 되는 방식이었다. 내장 샘플 데이터들은 상용 시스템에서 추출되어 기동 시점에 애플리케이션의 내부 데이터 구조로 저장되었다. 처음에는 대다수의 페이지들이 읽기 전용으로 만들었다. 기본적인 동작들(탐색, AJAX 호출, 리치 UI, 스타일 등)은 시험할 수 있었다. 이러한 목업 페이지들을 사용자에게 애플리케이션이 어떤 식으로 동작할지 감을 잡을 수 있게 해줬다. 그다음에 몇몇 페이지들을 데이터 조작(삽입/삭제/변경)까지 해볼 수 있도록(가상의 인메모리 데이터를 대상으로) 만들었다. 그 조작 내용들은 페이지를 다시 띄우면 리셋되어 영구적으로 저장되지는 않았다. 기본적으로 우리가 했던 일은 은행 안에서 필요한 모든 감사 절차와 컴플라이언스 관련 비기능적 요구사항 충족을 생략할 수 있는 형태로 실제 애플리케이션을 만든 것이었다.

이러한 접근 방법을 통해 기능적 애플리케이션을 상당히 빨리 만들어서 하루에도 몇 번씩 새 버전을 전개하여 사용자 인수 시험(UAT) 환경에 넣을 수 있었다. 제품 오너들과 비즈니스 분석가들은 애플리케이션을 매우 빨리 받아보고 검토하여 변경이 필요한 사항들을 요구할 수 있었다. 전체 애플리케이션을 수평적으로 얇게 잘라서 점진적으로 구현하고 있었기 때문에 코드를 수정하기가 매우 단순했다. 데이터 마이그레이션 스크립트도 없었고 복잡한 도메인 로직도 없었다.

그렇게 어느 정도 진행된 후 우리 모두는 시스템이 어떻게 동작해야 좋을지 아이디어가 생겼다. 어느 웹페이지가 더 자주 사용되는지도 알게 되었고 조금씩 실제 데이터베이스와 관련된 비즈니스 로직이 연동되도록 추가했다. 대다수의 페이지들은 읽기만 되고 일부만 실제 데이터 변경이 가능한 상태로 상용 시스템에 전개되었다. 읽기 전용 페이지의 데이터 변경은 사용자가 직접 할 수 없고 개발팀에서 데이터 변경 요구들을 수합하여 애플리케이션의 메모리에 로드되도록 직접 수정했다.

전체 애플리케이션을 테스트 기반으로 개발했다. 일이 너무 바쁘다는 이유로 실행 관례를 포기하지는 않았다. 우리 모두 TDD에 매우 익숙했고 코드 타이핑이 업무의 병목점이 아니었으므로 TDD 때문에 지연되는 일은 없었다. 반대로 매우 짧은 시간에 많은 변경들을 해나가야 했기 때문에 TDD는 전체적인 작업 속도를 높여주었다. 업무량이 정점을 지나고는 있었지만 버그를 내버려두지 않았다. UAT에 전개되는 버전들은 고객 시연에도 사용되었다. 바쁜 시기에 발생되는 버그는 힘들게 만들어 놓은 좋은 솔루션을 버려지게도 할 수 있었다.

그 업무를 하는 약 1년 동안, 상용 시스템 버그는 사소한 것은 1건, UAT에는 작은 버그 5건 정도로 품질을 유지할 수 있었고 발생한 버그들도 상당히 빨리 수정되었다. 요구사항과 기능의 복잡도때문에 작업이 느려지는 경우는 있었지만 단위 테스트때문에 작업이 느려진 적은 한 번도 없었다. 오히려 테스트 덕분에 더 자주, 더 빨리 릴리즈할 수 있었다. 테스트는 비즈니스 부서의 설익은 아이디어가 원래 의도대로 동작할지 확인해 주는 역할도 했다. 코드가 단순하게 잘 작성되고 완전한 테스트를 거치고 있었기 때문에 비즈니스 부서에서 원하는 것이 바뀔 때마다 코드를 수정하는 일이 쉽게 진행되었다. 코드의 특정 부분을 수정했을 때 다른 부분에 영향이 있는지 없는지 금방 확인할 수 있었다.

여기서의 요점은 기능을 수직으로 자르느냐 수평적으로 자르느냐도, 테스트를 작성해야 하느냐의 여부도 아니다. 개발팀 차원에서 비즈니스를 도울 방법을 찾아서 실행했다는 점에 주목해야 한다. 이 사례에서는 비즈니스 담당이 원하는 것을 찾아낼 수 있도록 그들이 생각을 바꿀 때마다 다른 부작용 없이 최대한 빨리 코드를 수정할 수 있는 방법을 고안하고 실행하였다. 이를 실행할 때 TDD와 지속적인 통합, 페어 프로그래밍은 핵심 요소였다.

소프트웨어 프로젝트에서 예측 못한 변경의 양 자체는 문제가 아니다. 문제는 그러한 변화를 따라갈 수 있는 역량의 부족이다. 잘 작성된 소프트웨어는 고객에게 가치를 제공하기 위한 수단이다. 어느 정도 이상 규모의 프로젝트라면 잘 작성된 소프트웨어를 통해 더 높은 품질과 더 빠른 진척도를 얻을 수 있다.

소프트웨어 프로젝트는 우리를 위한 것이 아니다

프로페셔널로서, 소프트웨어 프로젝트가 개발자를 위한 것이 아니라는 사실을 이해할 필요가 있다. '나는 내가 뭘 하는지 알고 있고 나는 테스트를 작성할 필요가 없다'라는 태도는 이기적이고 오만한 것이다. 심지어 그것이 사실이라 하더라도 프로젝트가 당신을 위한 것은 아니다. 프로젝트는 한두 명의 슈퍼 개발자를 위한 것이 아니다. 프로젝트를 수행한 사람들이 떠나간 후 그것을 유지보수할 사람들을 고려해야만 한다. 원저작자들 없이 소프트웨어를 진화시켜야 하는 회사의 어려움을 이해해야 한다. 어떤 개발자들이 프로젝트에 추가하는 가치들이, 바로 그 개발자들의 참여를 조건부로 한다면 그것은 가치가 아니다. 그것은 실패 요인이다.

비범함과 평범함

열정적인 개발자들은 코드를 만드는 일을 사랑한다. 그들은 일에 대한 재미를 위해 복잡한 솔루션을 창조하는 것을 즐긴다. 어떤 경우에는 그저 심심해서 복잡한 솔루션을 만들어내기도 한다. 비즈니스 관련 기능들이 너무 따분하고 쉬울 수도 있다. 열정적인 개발자들은 그들이 만들고 사용하는 아키텍처와 디자인 패턴들을 자랑스러워 한다. 1990년대에는 아무도 이해할 수 없는 복잡하고 난해한 코드를 만드는 사람을 코딩에 조예가 있는 사람으로 취급했다. "이 코드는 아무리 봐도 뭘 하는 건지 도무지 파악할 수가 없어. 이 코드를 작성한 친구는 정말 똑똑할거야." 하지만 이제는 그런 일이 완전히 잘못된 일이라는 것을 우리 모두가 안다.

그 어떤 바보 같은 개발자도 뭔가를 동작하게 만들 수는 있다. 비범한 개발자와 평범한 개발자를 가르는 기준은 어떤 방식으로 그것을 동작하게 만드느냐이다. 비범한 개발자는 요구사항을 충족하는 가장 단순한 코드를 만들어 경험이 적은 개발자가 이해하는 데 아무런 문제가 없도록 한다. 문제를 단순하고 우아한 방법으로 해결하는 것은 복잡하고 과잉된 방법으로 해결하기보다 훨씬 더 어렵다. 여기저기 넘쳐나는 그 모든 끔찍한 레거시 코드들이 바로 그 증거라고 믿는다. 비범한 개발자들은 심지어 단순하고 짧은 솔루션 이상의 것을 추구한다. 그들은 코드 한 줄도 짜지 않고 문제를 해결할 방법을 찾는다. 가장 훌륭한 코드는 작성할 필요가 없는 코드다.

잘 작성된 코드는 단순하고, 작고, 테스트 가능하며 이해하기 쉽다. 그리고 가장 중요한 부분으로 코드가 해야 할 일을 해낸다. 코드는 버그와 고통의 근원이다. 더 적게 작성할수록 더 좋다.

단순한 설계를 위한 네 가지 원칙

소프트웨어 장인이라면 아키텍처, 디자인 패턴, 제네릭 솔루션 등을 떠올리기 전에 켄트 벡이 말한 '단순한 설계를 위한 네 가지 원칙'을 먼저 생각해야 한다. 작성되는 모든 코드들이 이 원칙들을 따를 수 있도록 노력해야 한다.

1. 모든 테스트를 통과해야 한다.
2. 명료하고, 충분히 표현되고, 일관되어야 한다.
3. 동작이나 설정에 중복이 있어서는 안 된다.
4. 메서드, 클래스, 모듈의 수는 가능한 적어야 한다.

많은 사람들이 이 네 가지 원칙을 다른 방식으로 표현하고 있다. 나는 J.B. 레인스버거 J. B. Rainsberger의 버전을 선호한다.

1. 모든 테스트의 통과
2. 중복의 최소화
3. 명료성의 최대화
4. 구성요소의 최소화

원칙의 우선순위에 대해서 매우 많은 논쟁들이 있다. J.B. 레인스버거가 말한 것처럼, 소프트웨어 장인이 TDD를 일상적으로 실천한다고 가정한다면 첫 번째 원칙은 너무 자명해서 무시할 수 있다. 두 번째 원칙, 중복의 최소화를 하다 보면 자연스럽게 구성요소가 줄어든다. 따라서 네 번째 원칙도 무시할 수 있다. 그렇다면 아래 두 가지 원칙만 남는다.

1 중복의 최소화
2 명료성의 최대화

나는 중복 제거보다는 명료함을 항상 우선시한다. 단순한 설계를 위한 가이드 라인으로 좋은 네이밍과 비즈니스 콘셉트를 잘 투영한 추상화에 집중한다. 그 다음에 중복을 제거하면서 코드의 응집성과 독립성을 높인다. 중복을 제거하다 보면 새로운 구조가 떠오르고 다시 명료성을 높인다. 다시 중복을 없앤다. 이러한 사이클을 매우 짧은 반복 주기로 작업이 완료될 때까지 계속한다. 이러한 작업 사이클 역시 J. B. 레인스버거가 처음으로 설명했다.

이 접근 방법이 도메인 기반 설계, SOLID 원칙과 결합되면 꽤 괜찮은 코드를 만들어 낼 수 있다. 이 접근 방법은 불필요한 여러 가지 설계적, 아키텍처적 패턴들로 코드가 오염되는 것을 막아준다.

디자인 패턴

1990년대에는 『디자인 패턴(GoF: Gang of Four)』책을 참고하지 않고 단 한 줄이라도 코드를 작성할 생각은 할 수가 없었다. 모든 것이 범용적이도록 설계했기 때문에 과잉 엔지니어링에다가 상당히 복잡한 솔루션을 유도했다. "미래에 다른 방식으로 구현해야 한다면 어떻게 해야 할까? 다음 5

년 간 요구사항이 바뀌면 어떻게 해야 할까? 고질라가 킹콩과 싸우다가 도시를 파괴한다면 어떻게 해야 할까? 오크가 프로도를 죽인다면 어떻게 해야 할까?" 그야 말로 미래를 위해 모든 것이 일반화, 범용화해야 했다.

오늘날 흔히 볼 수 있는 레거시 코드들을 생각해보자. 충족시켜야 할 실제 비즈니스 기능보다 개발자가 적용한 디자인 패턴을 알아보는 것이 훨씬 더 쉽다. 범용 코드는 물론 좋다. 하지만 공짜가 아니다. 코드가 범용화될 수록 더 복잡해진다.

TDD를 기본으로 하여, 애자일과 XP 실행 관례를 몸에 익히면, 미래에 대비한(그런 것이 정말로 있다면) 범용 코드를 작성하는 일에서 당장의 필요를 충족시키는 구체적인 코드를 작성하는 것으로 옮겨가게 된다. 상당히 큰 관점의 변화이면서 상아탑 아키텍트의 불만을 야기하는 일이기도 하다. "XP를 하는 개발자들은 책임감이 없다. 미래에 이 코드를 유지보수해야 할 때 큰 대가를 치를 것이 분명하다. 이 코드를 더 범용화해야 한다. 그렇지 않으면 모든 걸 다시 작성하게 될 것이다. 그 개발자들은 수십 년에 걸쳐 구축된 지식들을 그냥 버리려 하고 있다."

패턴을 위한 리펙토링

사실 상아탑 아키텍트의 말 중에 맞는 내용도 있다. 초기부터 큰 설계를 해야 한다는 것은 잘못되었지만 수십 년에 걸쳐 구축된 지식을 버려서는 안 된다는 부분은 맞는 말이다.

TDD에 능숙한 개발자는 개발 초기부터 디자인 패턴을 적용하는 일이 극히 드물다. 테스트 코드는 비즈니스 요구사항에 맞추는 것이지 디자인 패턴에 맞추는 것은 아니다. 코드는 테스트 통과에 꼭 필요한 만큼만 작성된다. 이러한 작업 방식은 구체적이고 특정적이면서도 매우 단순한 솔루션을 만들어낸다. 꼭 필요한 만큼의 코드만 작성되고 그 이상은 없다. 리펙토링 단계는 TDD 라이프 사이클†을 따라서 중복되는 모든 부분이 제거되고 문제 도메인에 적합하게 코드가 표현되었는지를 확인한다.

정규직 직원들의 급여 계산 기능이 있는 시스템이 있다고 상상해보자. 이 기능은 테스트 기반으로 작성되었고 주어진 요구사항만을 충족하고 있다고 하자. 몇 개월 후 회사에서 계약직 직원을 채용하기로 했고, 이제는 시스템에 계약직 직원의 급여도 계산할 수 있게 기능을 추가해야 한다. 바로 이때가 리펙토링이 필요한 시점이다. 새로운 기능을 추가하기 전에 기존 코드를 수정해서 급여 방식을 추상화한다. 그에 맞추어 정규직 급여 관련 코드도 수정한다. 이러한 리펙토링이 끝나고 나면 새롭게 계약직 급여처리 기능을 추가하기가 매우 수월해진다. 이러한 방식으로 적시(Just-in-Time)설계를 할 수 있다. 즉 새로운 기능을 자연스럽게 받아들일 수 있도록 기존 코드를 준비시킨다.

추상화를 도입할 때마다 즉, 간접처리 단계가 추가될 때마다 비용이 발생한다. 이전에 순서대로 읽기만 하면 쉽게 이해되던 코드들이(간접 호출도 없고 급여처리 방식도 하나뿐인), 이제는 좀더 이해하기 어려워졌다. 이제는 런타임에 어떤 급여 방식이 사용될지 직접적으로 알 수가 없다. 설정 정보나 펙토리 클래스를 봐야만 알 수가 있다. 이러한 비용은 두 종류의 급여 방식을 지원해야 하는 요구사항때문이므로 감수해야 할 당위성이 있다고 볼 수 있다.

당장의 합당한 이유 없이 단지 '미래를 대비해야 한다'는 모호한 전제로, 초기부터 추상화를 하면 애플리케이션이 엉망이 된다. 미래에 어느 부분에서 수정이 필요할지 모르기 때문에 모든 부분에서 추상화(복잡도 증대)를

---

† 역자주 http://www.jamesshore.com/Blog/Red-Green-Refactor.html 참조

적용해버린다. 애플리케이션이 진화 및 변경할 수 있도록 모든 가능성에 대비하는 것을 똑똑한 대응이라고 생각할 수도 있다. 진실은, 반대로 매우 바보같은 짓이다.

초기부터 추상화를 도입해서 이득을 볼 수 있는 부분이 일부 있을 수 있다. 코드 베이스 전체적으로는 그 추상화때문에 불필요한 고통이 유발된다. 실용적인 접근 방법은 실제로 필요한 상황이 생겼을 때만 추상화를 도입하는 것이다. 그렇게 하면 전체적인 복잡도를 낮추는 데 도움이 된다. 당연하지만 복잡도가 낮은 시스템이 높은 시스템보다 유지보수 비용이 낮다.

디자인 패턴 자체가 나쁜 것은 아니다. 분명 우리가 활용해야 할 도구 중 하나다. 무조건 사용해야 할 도구는 아니다. 레이어를 추가하거나 추상화를 위해 코드를 리펙토링할 때 한걸음 더 나아가서 해당 문제에 흔하게 적용되는 패턴을 찾아서 적용할 수도 있다. 하지만 패턴이 먼저가 아니다. 내가 좋아하는 패턴에 문제를 끼워 맞추기 전에, 문제에 적합한 리펙토링을 단순한 설계와 SOLID 원칙을 따라서 먼저 시도해야 한다. 그 다음에 리펙토링으로 만들어진 솔루션이 특정 디자인 패턴과 거의 동일하다면 그 패턴을 지향하도록 리펙토링할 수도 있다. 범용 코드는 확장성이 더 좋을지는 몰라도 특정된 코드보다 더 복잡하다. 무조건적으로 범용 코드를 추구해서는 안 된다. 대신 주어진 문제에만 특정된 코드로 먼저 솔루션을 찾은 후 나중에 필요한 상황이 생겼을 때 범용화하는 것이 좋다.

커리어 초창기에 있었던 일을 아직도 기억한다. "새로운 애플리케이션을 만들어야 합니다. 아키텍처를 정의해봅시다. 이번에는 어떤 패턴을 사용하는 것이 좋을까요?" 패턴을 정한 다음에는 아키텍처에 대해서 며칠 동안 토론했다. 그러고는 "이제 아키텍처가 정의되었으니 비즈니스 담당에게 요구사항이 무엇인지 물어봅시다."라고 했다. 지금 생각해보면 순서가 완전히 뒤바뀐 어리석은 업무 방식이다.

장인정신과 실용주의

　실용주의가 없는 장인정신은 장인정신이 아니다. 장인이 가장 중요하게 초점을 맞추는 것은 고객의 만족이다. 품질은 물론이고 시간과 비용도 고객 만족을 위한 구성요소다. 고객에게 가치를 전달할 수 없다면 잘 작성된 코드라고 할 수 없다.

　고객이 소프트웨어 프로젝트를 통해 무엇을 성취하려 하는지 반드시 이해해야 한다. 어떤 프로젝트들은 나름의 이유로 단기간에 마무리시켜야 한다. 시간 내에 사업화 가능성을 증명해야 할 수도 있고, 약속된 투자자에게 시연해야 할 수도 있고, 시장 타이밍을 맞춰야 할 수도 있다. 반면에 어떤 프로젝트들은 장기적인 목표를 가지고 있을 수도 있다. 서로 다른 프로젝트는 각각 다른 접근 방법이 필요하다. 프로젝트의 크기나 복잡도가 어떻든 간에, 소프트웨어 장인은 항상 높은 품질의 코드를 생산해낸다. 빨리 작성한 코드가 지저분한 코드라는 것을 의미하지 않는다. 큰 프로젝트라고 해서 섣부른 과잉 설계나(BDUF: big design up-front), 과잉 엔지니어링을 의미하지 않는다. 깨끗하고 잘 작성된 코드는 항상 중요하다. 깨끗하고 잘 작성된 코드는 비즈니스의 요구에 맞추어 빠르고 안전하게 변경할 수 있는 기반이 된다. 요구사항의 변화에 맞추어 코드를 빠르게 바꿀 수 있는 것이 비즈니스를 돕는 최선의 방법이다.

요약

품질은 비싼 것이 아니다. 스킬 부족이 잘 조성된 코드를 비싼 것으로 만드는 원인이다. TDD가 개발자를 느리게 만들지는 않는다. 타이핑 자체가 병목점인 경우는 없다. 새로운 스킬, 새로운 실행 관례, 새로운 기술을 배우고 마스터하는 것은 병목점이 된다.

관리자나 제품 오너가 어떻게 이야기하든지 항상 높은 품질을 전제하고 요구한다. 시간이나 비용과 같은 대가가 따르지 않는다면 항상 높은 품질을 선택한다.

장인으로서 우리의 역할은 특별히 이슈가 되지 않을 정도까지 품질 비용을 낮추는 것이다. 그렇게 하기 위해서는 좋은 실행 관례들을 마스터하고 실용주의적인 입장을 취할 필요가 있다. 서로 다른 맥락에서 각각의 실행 관례들이 어떤 가치가 있는지 이해해야 한다. 장인과 함께 일하는 고객이라면 품질에 대해서는 걱정을 하지 않아야 한다.

CHAPTER

16

소프트웨어 장인으로서의 커리어

소프트웨어 개발자는 멋진 직업이다. 주변을 둘러보자. 오늘날 생산되는 거의 모든 것들이 소프트웨어의 뒷받침으로 가능하다. 심지어 당신이 앉아 있는 의자도 공장에서 생산될 때 소프트웨어를 이용한다. TV, 냉장고, 자동차같은 것들도 소프트웨어가 움직인다. 당신이 먹는 음식들도 소프트웨어와 연관이 있다. 식품/농산물 회사들도 수백 만 라인의 코드로 만들어진 소프트웨어가 없다면 그 많은 공급자들과 국가들에서 당신이 사는 동네의 슈퍼마켓 진열대까지 먹을거리를 올려놓을 수가 없다. 소프트웨어는 생명을 구하기도 한다. 의약 분야의 성과들 중 많은 부분이 소프트웨어로 인해서 가능했다. 교통, 통신, 엔터테인먼트, 스포츠 등 모든 분야의 배경에는 소프트웨어가 있다. 소프트웨어는 기업 및 자선재단들이 공익 사업을 성공에도 기여한다. 소프트웨어는 우리가 세상을 글로벌한 관점에서 볼 수 있도록 해준다. 정부의 정책 담당자들과 자원봉사자들이 도움이 필요한 사람들을 찾을 수 있도록 하거나 자연재해로부터의 피해를 최소화하는 데도 소프트웨어의 영향이 미친다. 소프트웨어는 불의를 막기도 하고 법이 집행될 수 있도록 한다. 물과 전기를 공급하고, 이런 저런 이유로 멀리 떨어진 가족과 친구들을 묶어 지구반대편의 사람들과 대화를 손쉽게 하도록 한다. 차가운 맥주를 마시거나 TV에서 수백 개의 채널을 볼 수 있는 것또한 소프트웨어 덕분이다. 어떻게 우리의 일을 자랑스럽게 생각하지 않을 수 있을까? 어떻게 우리의 일을 그저 출퇴근하는 생계수단으로만 치부할 수 있나? 이토록 중요한 일을, 어떤 때는 생명에 영향을 미치는 그런 일을, 어떻게 소중히 여기지 않을 수 있나? 소프트웨어 개발자들은 우리가 살고 있는 세상이 진화해 나가는 데 꼭 필요한 존재다.

마지막 장에서는 장인이 된다는 것이 어떤 의미인지, 성공적이고 만족스런 커리어를 어떻게 꾸릴 수 있을지에 대해 이야기해본다.

장인의 길

열정. 이 단어 하나가 모든 것을 요약한다. 소프트웨어 장인은 소프트웨어 개발과 자신의 직무에 열정적이다. 문제를 단순한 방법으로 푸는 데 열정적이다. 배우고 가르치고 공유하는 데에도 열정적이다. 소프트웨어 산업이 진화하도록 돕는 데도 열정적이다. 그들의 코드를 공유하고, 초보 개발자들을 멘토링하고, 블로그/책/동영상/대화 등을 통해 그들의 경험을 공유하는 데도 열심이다. 기술 커뮤니티 활동에도 열정적이다. 뿐만 아니라 소프트웨어 장인은 겸손하다. 항상 더 나은 개발자에게 무언가를 배울 자세가 되어 있고, 경험이 적은 개발자들을 돕기를 주저하지 않는다.

향후 10년 간 계속해서 소프트웨어에 대한 수요가 늘어나고 세상이 더욱더 소프트웨어에 의존할 것임은 누구도 부정하기 어렵다. 그러한 수요에 대응하기 위해 소프트웨어 장인은 다음 세대의 장인을 키우는 데 사회적 윤리적 의무감을 느껴야 한다. 그렇게 함으로써 소프트웨어 산업을 더욱 성숙하고 프로페셔널해지도록 만들어야 한다.

단순히 좋은 코드를 작성하고 비즈니스 가치를 전달하는 것만으로는 좋은 개발자는 될 수 있지만 장인은 될 수 없다. 장인은 일종의 삶의 철학이다. 우리의 삶 전체에 걸쳐서 최선을 다해 역량을 마스터할 과업으로 소프트웨어 개발을 선택한 것이다. 항상 최고의 코드를 만들도록 다른 것들을 희생해서라도 계속해서 배우고 남을 도우리라는 각오를 하는 것이다. 소프트웨어 장인으로서의 삶은 아름다운 코드를 작성하기 위한 일생에 걸친 헌신과도 같다. 소프트웨어를 통해 가치를 창출할 수 있는 더 나은, 더 효과적인 방법을 찾는 끊임없는 노력의 길이다.

장인이 된다는 것은 새로운 것에 대해 호기심을 가지고 실험한다는 것과 같은 의미다. 장인은 특정 도구, 개발 언어, 프레임워크에 독단적인 고집을 부리지 않는다. 항상 주어진 문제에 가장 적합한 도구를 찾고 단순한 해결책을 추구한다. 특정 도구를 종교적으로 신봉하지는 않더라도 최선이라고 알려진 몇몇 조합들에 대해서는 완전하게 마스터하고 있어야 한다. 마스터한 도구들이 없다면 장인이라고 할 수 없다.

진정한 소프트웨어 장인은 가장 먼저, 코드 작성이 아니라 문제 해결에 집중한다. 코드를 짤 때는 높은 품질의 코드를 작성하는 데 집중한다. 테스트 가능하고 쉽게 이해할 수 있으며 수월하게 유지보수할 수 있는 코드를 작성하는 데 집중한다.

장인은 자신이 떠나고 난 후 스스로 부끄러운 일로 떠올리는 상황을 만들지 않는다. 엉망인 코드, 작성자 본인 외에는 아무도 이해할 수 없는 코드로 하여금 남아 있는 개발자들의 지탄을 받을 일을 만들지 않는다. 반대로 장인은 긍정적인 일들로 연상되는 존재여야 한다. 통찰력 있는 기여, 열정,

지식, 훌륭한 동료로서 인정받는다면 더할나위 없다.

정직과 용기

정직과 용기는 소프트웨어 장인이 갖추어야 할 핵심적인 자질이다. "글쎄요. 그건 누구든지 해당하는 거 아닌가요?"라고 말할 수도 있다. 맞다. 여기서 말하는 정직과 용기란 필요한 상황에서 고객에게 '아니오'라고 말할 수 있는 것을 의미한다. 고객이 비현실적인 요구를 할 때 고객과의 껄끄러운 상황이 발생할 것을 알면서도 그 요구가 제대로 반영되기 힘들다라고 전달하는 것이다. 즉 고객이 나쁜 의사결정을 할 때 그것이 적절치 못하다고 지적하는 정직함과 용기를 말한다. 장인은 스스로 판단하기에 무언가 올바르지 않은 결정을 그대로 추진하거나 책임지지는 않을 것이라는 점을 고객에게분명히 밝힌다.

그저 '아니오'라고 답하는 것만이 장인으로서의 태도는 아니다. 모든 '아니오'에는 항상 대안을 제시해야 한다. "이것은 제대로 동작할 수 없습니다. 하지만 대신 저것을 시도해 볼 수 있습니다." 또는 "완료 일정을 맞추지 못할 가능성이 매우 높습니다. 하지만 범위를 줄여서 가장 중요한 기능을 먼저 일정 내에 작업하고, 나머지들은 여건에 맞추어 최대한 빨리 진행해 볼 수 있습니다." 또는 더 나아가서 "안타깝습니다만 요구하시는 내용은 기대하는 일정 안에 완료될 수가 없습니다. 이해관계자들에게 이야기해 볼 것을 제안합니다. 그리고 대안에 대해 회의를 소집했으면 합니다. 위험이 너무 크기 때문에 요구하시는 대로는 실행이 어렵습니다."라고 말할 수도 있다.

장인의 커리어는 정직과 용기 위에 세워진다. 장인은 고객에게 무언가를 숨기지 않는다. 장인과 고객의 동반자 관계는 정직과 용기, 완전한 투명성에 의해서 이루어진다.

커리어의 진전

동유럽에서 몇몇 개발팀들과 일한 적이 있다. 그때 나의 미션은 소프트웨어 장인정신 이데올로기와 장인으로서의 태도를 전하는 것이었다. 더불어 익스트림 프로그래밍(XP) 실행 관례를 소개하는 것도 나의 역할이었다. 개발자들이 더 나은 코드를 작성할 수 있도록 돕는 것 외에 또 하나의 목표는 개발자들에게 열정을 불어 넣고 배움의 문화를 만들도록 하는 것이었다.

그들과 함께 일하면서 개발자들을 모아놓고 "당신의 커리어 목표는 무엇입니까? 몇 년 안에 어떤 위치에 있기를 바랍니까?"라고 물었다. 잠깐의 침묵이 흐르고 어느 개발자가 목소리를 냈다. "나는 관리자가 되고 싶습니다." 또 다른 개발자들은 팀 리더, 부서장, 제품 오너같은 자리에 오르고 싶다고 했다. 계속해서 개발자이고 싶다라고 대답하는 사람은 없었다. 나는 "왜 개발자는 안 됩니까?"라고 반문했다. 다소 당혹스러운 침묵 뒤에 어느 개발자가 강한 어조로 대답했다. "서른이 넘어서도 아직 개발을 하고 있다면 낙오자로 취급받을 겁니다." 어떤 개발자들은 고개를 숙였고, 동의의 표시로 고개를 끄덕이는 이도 있었다. 긴 침묵이 이어지고 누군가 큰 목소리로 이야기했다. "저는 서른 다섯입니다. 저는 낙오자인 것이 매우 자랑스럽습니다."

그 다음날부터 상황이 바뀌었다. 개발자들은 더 행복하고 자유로워진 듯했으며 그들의 일을 즐겼다. 페어 프로그래밍을 하고 테스트를 먼저 작성하기 위해 노력했다. 그들의 코드를 이해하기 쉽게 만들 방법들을 시도했다. 내부 학습 모임도 하면서 코드 작성 능력을 키우려고 공을 들였다. 그들은 자신이 사랑하는 일을 하면서도 성공적인 커리어를 가질 수 있다는 것을 알게 되었다.

이러한 상황은 동유럽뿐이 아니다. 아시아, 브라질, 그리고 영국과 미국의 몇몇 회사들에서도 비슷한 상황들을 볼 수 있었다. 개발자들을 시키는 대로 코드를 타이핑하는 열등한 전문직군으로 취급하는 회사들도 여전히 존재했다. 개발자들 스스로도 개발 업무가 그럴 수밖에 없다고 여기는 경우가 많다. 커리어를 진전시키는 최선의 방법은 조직 내 계급을 타고 올라가서 개발 업무에서 멀어지는 것이라고 생각하고 있다. 그렇게 해야만 진정한 프로페셔널로서 인정받을 수 있다고 생각한다.

다행스럽게도 그러한 인식이 바뀌고 있다. 많은 회사들이 그들의 사업에서 소프트웨어 개발자의 역할이 얼마나 중요한지 깨닫고 있다. 좋은 대우를 통해 훌륭한 개발자들을 유인하고 있다. 오늘날 회사들은 사실상 소프트웨어 회사다. 그점을 이해하지 못하는 회사는 미래에 경쟁력을 가지는 데 어려움을 겪게 될 것이다. 개발자들을 고급 기술을 가진 프로페셔널로 인지하지 못하는 회사들은 그들을 위해 일할 장인을 구할 수 없을 것이다.

다른 커리어 사다리

모든 전문직에는 커리어 사다리가 있다. 소프트웨어 개발도 크게 다르지는 않다. 가장 아래에서 시작해 경험을 쌓으면서 위로 올라간다.

소프트웨어 개발 직능의 사다리를 오른다는 것이 관리자나 아키텍트가 된다는 의미는 아니다. 그것은 커리어의 진전이라고 볼 수 없다. 훌륭한 관리자나 아키텍트가 되는 데 필요한 스킬과 훌륭한 개발자가 되기 위한 스킬이 꼭 서로 같을 수는 없다. 관리자나 아키텍트가 되는 개발자는 소프트웨어 개발 직능의 사다리를 오른 것이 아니라 사다리 자체를 바꾼 것이다.

여정과 이정표

　회사 안에서의 커리어와 소프트웨어 장인으로서의 커리어에는 매우 큰 차이가 있다. 성공한 소프트웨어 장인은 스스로의 커리어를 매우 신중하게 계획한다. 무언가를 배우고 더 나은 프로페셔널이 되기 위한 기회들을 찾는다. 사람들은 서로 다른 열망들을 품고 있다. 그 열망들은 시간이 감에 따라 변한다. 다음 단계를 위해 앞서 보고, 계획하는 것은 성공적인 커리어를 위해 핵심적이다.

　많은 개발자들에게 새로운 직장을 찾는다는 것은 내가 지금 가진 지식과 시간을 제공해서 최대한 많은 급여를 대가로 받겠다는 의미다. 하지만 너무 근시안적인 생각이다. 오래 지속되고 성공적인 커리어에 관심을 기울이는 프로페셔널이라면 직장은 급여 이상의 의미가 있다. 직장은 그들의 커리어를 위한 지속적인 투자다.

　급여를 대가로 해서 일을 하는 것 말고도 우리의 열정과 헌신 그리고 업무 외 개인 시간을 들여 확보한 지식들을 투자하여 일터를 더 나은 곳으로 만든다. 단순히 일을 하는 곳이 아니라 배우고 성장하는 장이 되게 한다. 일터를 더 나은 곳으로 만드는 데 투자한다는 의미는 우리의 커리어를 더욱 풍요롭게 할 수 있는 기회를 늘린다는 것과 같다.

　나는 단순히 주어진 업무에만 집중한 적은 한번도 없다. 언제 어디서도 "그건 내 업무가 아닙니다."라고 말한 적이 없다. 사실 나는 고용 계약서나 업무 목록을 되돌아 본 적도 없다. 나는 항상 더 많은 것을 제공하고 더 많은 일을 수행해서 내 주변의 모두가 더 나아지도록 노력했다. 내 역할과 직급이 무엇이든 상관없이 내가 할 수 있는 최선의 도움을 주려 노력했다. 이런 것들은 나의 투자라고 생각한다. 내 일을 위한 투자일 뿐만 아니라 개인의 커리어를 위한 투자이기도 하다. 모든 종류의 투자가 그러하듯이 나 역시 투자에 따른 이익을 바라고 있다. 기대하는 이익의 종류는 나의 개인적인 또는 업무적인 삶의 변화에 따라 매번 달라진다. 특정 기술이나 산업을 접하거나, 새로운 형태의 프로젝트를 경험하거나, 다른 스킬을 개발할 수 있는 기회를 얻거나, 다른 역할 또는 다른 형태의 책임을 수행하거나, 그리고 더 많이 금전적 이익이 생기거나 하는 것들이 기대하는 이익들의 종류다. 여기서 금전적인 이익은 우선순위에서 높지 않다. 훌륭한 소프트웨어 프로페셔널이라면 생활비가 부족해서 어려움을 겪고 있을 경우는 드물 것이다. 나는 어떤 회사에서 일하든, 내가 줄 수 있는 최대의 가치를 주기 위해 최선을 다했다(출퇴근 길에 회사 로고가 들어간 티셔츠를 입고 다니기도 했다). 그러한 노력들에 대한 보상을 받았다.

평균적으로 2년마다 회사를 옮겼다. 예외도 있었다. 5년이나 머문 곳도 있고 어떤 회사는 3개월 만에 나와야 했다. 3개월 만에 나오게 된 회사의 경우 좋은 사람들과 함께 일할 수 있었지만 나의 커리어 방향과는 맞지 않다는 것을 깨달았고 모두에게 양해를 구하고 나오게 되었다.

커리어 전반에 걸쳐, 항상 신중하게 다음 직장을 찾았다. 낚시하듯이 여러 회사에 맹목적으로 이력서를 보내는 일은 하지 않았다. 그 대신 집중했다. 내가 일하고 싶은 회사의 형태가 어떠해야 하는지 항상 생각했다. 현실에 부딪혀, 내가 아직 그런 일을 하기에는 부족하다는 이야기를 들었을 때에도 나는 시간을 두고 다시 준비하고 도전했다. 내가 겪어온 모든 업무들은 나의 커리어를 진전시키는 데 도움이 됐다. 각각의 업무들은 나의 커리어가 놓인 긴 사다리의 계단이었고 프로가 되기 위한 여정이었다.

이러한 과정을 '이력서 스펙 채우기'와 혼동해서는 안 된다. '이력서 스펙 채우기'는 회사의 업무를 하면서 그 업무에 맞지도 않은 기술을 자신의 이력서를 채우기 위한 목적으로 억지로 적용하는 것들을 말한다. 그러한 행동은 잘못되었을 뿐만 아니라 프로페셔널하지도 않다.

커리어 만들어 나가기

나는 일을 선택하기 전에 아래와 같은 질문들을 스스로에게 던졌다.

- 나의 커리어로부터 나는 무엇을 원하는가?
- 그것을 성취하기 위한 다음 단계는 무엇인가?
- 이 일은 나의 커리어 방향과 합치하는가?
- 내가 이 회사에 줄 수 있는 가치의 양은 얼마나 되는가?
- 그러한 투자에 대한 이익은 무엇인가?
- 그러한 투자는 대략적으로 얼마 동안 지속되어야 하는가?
- 내가 되고자 하는 프로페셔널에 이르는 데 이 일은 어떻게 도움이 되는가?
- 이 일에서 나는 자율성, 통달, 목적의식을 가질 수 있나?
- 나의 고용주와 생산적인 동반자 관계를 맺을 수 있나? 양측 모두 가치 얻고 행복할 수 있나?

위의 질문들은 계약 형태와는 아무런 관련이 없다. 나는 대부분 정규직으로 고용되었었지만 계약직이나 컨설턴트라고 해서 위의 질문들이 달라질 것은 없다.

이 모든 질문에 대한 대답을 고용계약서에 서명하기 전에 파악하기는 거의 불가능하다. 실제 일을 시작하고 나서야 일부 질문들에 대한 답을 알 수 있을 뿐이다. 그렇다고 사전에 답을 구하길 포기해야 한다는 뜻은 아니다. 앞서 장들에서 언급했듯이 면접 과정은 회사의 입장만 있는 것이 아니다. 지원자 입장에서도 회사를 평가할 수 있는 기회다. 고용 관계를 맺기 전에, 그 기회를 최대한 이용하여 정보를 얻어야만 한다.

어떤 독자들에게는 자연스럽게 다음의 질문들이 떠오를 것이다. 필자는 왜 그렇게 신중하게 고른 회사들을 그만 두었나? 회사가 내가 찾던 바로 그

것을 제공해 주었다면 왜 사표를 썼나? 여기에는 몇 가지 이유가 있다. 시간에 지나면서 나의 커리어 열망이 바뀌었다. 개인적인 삶도 바뀌었다. 일부는 회사가 바뀌기도 했다. 무엇이든 변한다. 무엇인가가 바뀌면 나는 회사에 이야기를 했고 회사는 회사가 할 수 있는 범위 안에서 내가 원하는 것들을 최대한 주려 했다. 프로젝트나 부서를 바꾸어 주거나 새로운 것을 할 수 있게 해주거나 내게 더 많은 권한을 주었고, 어떤 회사들은 급여 인상이나 승진을 시키기도 했다. 그럼에도 불구하고 내가 찾고 있는 것을 줄 수 없을 때가 있다. 반대로 내가 커리어에 대해 고민하는 와중에 내가 회사에 더 기여할 무언가가 없을 때도 있다. 내가 무언가 매우 큰 변화를 원할 수도 있다. 컨설팅 회사에서 일하고 싶다거나, 창업을 하고 싶다거나, 세계 여러 곳에 분산된 팀들이 있는 글로벌 회사에서 일하고 싶다거나, 외국에 살고 싶다거나, 개발팀을 넘어서서 더 큰 변화를 만들어 낼 수 있는 위치에 서고 싶다거나 할 수 있다. 첫째 딸이 태어났을 때는 프로젝트 때문에 너무 멀리까지 출장가는 일을 줄이고 싶었다. 커리어와 개인적인 삶의 단계마다 서로 다른 것들을 원했다. 회사도 항상 내가 원하는 것을 줄 수 있는 것은 아니었다. 한두 가지 예외를 제외하고는 모두 훌륭한 회사였다. 하지만 어떤 시점에서는 서로 다른 길을 갈 수밖에 없다.

  나의 커리어를 돌아 보면 길고, 거칠고, 굽이 많은 여정이었다. 그 여정의 끝에는 약속의 땅, 통달의 경지가 있다. 이 여정에는 장애물도 있고 숨어 있는 위험도 있고 혼란스런 이정표도 있고, 완전히 다른 길로 이끄는 갈림길들도 있다. 언제 어디서 잘못된 길을 들게 될지 알기가 매우 힘들 때도 있다. 한쪽 길로만 너무 오래 간다면 다른 길로 되돌아가기가 불가능하거나 상당히 어려울 수도 있다. 날씨가 나빠서 멀리 볼 수 없을지도 모른다.

  소프트웨어 개발을 업으로 삼은 지 몇 년이 지났을 즈음, 나는 내가 일을 대단히 잘 한다고 생각했다. 마스터의 경지에 거의 다다른 줄 알았다. 개발자들을 만나면 만날수록, 익숙한 공간을 벗어나 바깥 세상을 경험할수록 나는 아직 한참 멀었다는 것을 깨달았다. 독일의 아우토반 고속도로를 달리고 있는 줄 알았지만 현실은 브라질 시골의 비포장 도로 위였다. 나는 통달의 단계에서 아직 한참이나 떨어져 있었고 그 너머로 무엇이 있는지조차 볼 수 없었다. 꽤 실망하여 그 충격에서 벗어나기까지 상당한 시간이 걸렸다. 내가 무언가 행동을 해야 할 때라고 깨달은 시기였다. 감고 있던 눈을 크게 뜨고 무언가를 배우고 발전할 수 있는 기회를 찾아야만 했다.

거쳐 간 회사들, 수행한 프로젝트들 하나하나가 마일스톤이었고 사다리의 한걸음이었다. 일들 하나하나가 여정에서 우리가 더 멀리 나아갈 수 있게 해준다. 일을 선택하는 것은 매우 신중해야 한다. 재직하는 기간은 회사마다 매우 크게 다를 수 있다. 몇 달 혹은 몇 년이 될 수도 있다. 나는 개인의 커리어 열망과 방향이 합치하는 한 그 회사에 가능한 오랫동안 머무르길 권한다. 회사에서 하는 일이 당신이 가진 커리어 열망과 방향에서 틀어진다면 회사와의 동반자 관계가 약해지고 서로로부터 얻을 수 있는 이익이 적어진다.

앞으로 나아가지 못하고 정체되어 있다고 느낀다면, 무언가를 배우거나 스스로 일을 즐기지 못한다면, 그때는 움직여야만 한다. 회사와 동료들을 사랑한다는 것만으로는 그 일을 계속해야 하는 충분한 이유가 되지 못한다. 사람들도 움직이고 회사도 움직인다. 우리도 움직여야 한다. 원하는 커리어 방향에 더 적합한 길을 찾아나서는 것은 자신은 물론 회사에도 도움이 된다. 회사 입장에서는 불행한 직원이 줄어서 좋을 뿐만 아니라, 새로운 사람을 들일 기회가 된다. 새로운 사람은 새로운 아이디어와 더 많은 에너지로 정체된 상황에 도전하고 훌륭한 일을 해낼 수도 있다. 경험으로 볼 때,

매년 15%에서 30%정도씩 구성원이 바뀌는 것은 회사에 매우 득이되는 일이라고 생각한다. 새로운 사람들은 회사를 최신의 정보에 밝아지게 하고 경쟁력 유지와 분위기 쇄신에 도움이 된다.

원하는 바를 모른다면 어떻게 해야 할까

언뜻 생각하기에는 바보 같은 질문같지만, 사실 누구에게나 일어나는 일이다. 내가 무엇을 원하는지, 어디로 가기를 원하는지, 다음에 무엇을 했으면 하는지 항상 알고 있을 수는 없다. 어떤 때는 길을 잃고 그저 혼란스럽기만 할 수도 있다. 그 사실을 인정하는 데는 상당한 용기가 필요하다. 하지만 한번 인정하고 나면 모든 것이 더 나아진다. 내가 원하는 것을 나도 모른다는 것을 인정하고 나면 나의 길을 찾는 데 좀더 객관적으로 집중할 수 있다. 나도 그런 일이 있었다. 사실대로 말하면 커리어 전반에 걸쳐 세 번이나 있었다. 그런 상황에 빠졌을 때 할 수 있는 것은 한 가지 밖에 없다. 마음을 열고 사람들을 만나는 것이다. 껍질을 벗고 뛰쳐 나와 할 수 있는 한 최대한 많은 문들을 열어 보아야 한다. 커뮤니티 행사에 참석하고, 오픈 소스에 기여하고, 토론 메일링 리스트에 참여한다. 영감을 줄 수 있는 사람도 찾아 나서는 게 좋다. 밖으로 나가서 당신이 무엇을 할 수 있는지 다른 사람들에게 보여준다. 그렇게 하면 당신이 모르던 큰 세상이 있음을 알게 될 것이다. 놀라운 사람들로 가득하고 이전에는 생각지도 못한 기회들이 있다. 이렇게 하다보면 당신이 어디로 가고 싶어 하는지 감이 잡힐 것이다. 개인적으로도 기술 커뮤니티에서 자신만의 회사를 세우거나, 훌륭한 직장을 찾거나, 커리어 자체를 완전히 바꾸는 사람들을 꽤 많이 만났다.

다양성

소프트웨어 개발은 다양성이 상당히 높은 전문 분야다. 성공적인 장인이라면 넓은 방면으로 다양한 경험이 있다. 스타트업이나 모바일 게임 개발 업체의 개발자는 다국적 투자 은행에서 엔터프라이즈 시스템을 만드는 개발자와 다르다. 대중을 위한 소프트웨어를 만드는 것과 내부에서 사용되는 소프트웨어를 만드는 것은 다르다. 프레임워크나 도구를 만드는 것과 맞춤 개발된 비즈니스 애플리케이션을 만드는 것은 다르다. 리치 UI 웹 애플리케이션을 만드는 것과 UI가 아예 없는 애플리케이션을 만드는 것은 다르다. 소프트웨어라면 어쨌든 제품으로 취급되어야 한다고 주장할 수도 있다. 회사 내부 사용자든 소프트웨어를 이용하는 다른 소프트웨어든 고객으로 취급해야 한다고 볼 수도 있다. 항상 그렇지는 않다. 자동차의 임베디드 시스템을 만드는 것과 수천, 수만 명의 임의의 사용자를 대상으로 판매되는 소프트웨어는 상당히 다르다. 자동차 내장 소프트웨어와는 달리 임의의 사용자를 고객으로 하는 소프트웨어는 상상하지도 못한 사용 방식과 사용 환경들에 처하게 된다. 서로 다른 형태의 소프트웨어에 공통으로 적용할 수 있는 좋은 코딩 실행 관례들이 많기는 하지만 전체적인 환경이 완전히 다르기도 하다. 일하는 사람들도 다르고 고객이나 사용자와의 관계도 다르다. 프로젝트마다 개발자가 받아야 하는 압박의 수준도 크게 다르다. 어떤 애플리케이션에서는 양산 버그 하나가 심각한 피해를 유발시킬 수 있다. 공장을 며칠씩이나 가동하지 못하거나, 수백만 달러의 벌금을 물거나, 사람의 생명을 위협할 수 있다. 반면에 다른 경우들은 버그가 있어도 별 것 아닐 수 있다. 사용자에게도 약간의 불편이 있겠지만 버그가 수정되기만 한다면 피해가 생길 일이 거의 없을 수도 있다.

컨설팅 회사에서 일하는 것은 서로 다른 프로젝트와 환경들을 접해볼 수 있는 좋은 기회다. 그것이 유일한 방법이라는 것은 아니다. 하지만 분명 매우 좋은 방법이다. 컨설팅 회사는 다수의 서로 다른 고객들을 상대하기 때문에 개발자에게 여러 가지 서로 다른 기회들을 줄 수 있다. 맡게 되는 프로젝트에 따라서 새로운 기술, 새로운 도구, 새로운 절차를 접할 수 있다. 한 회사에 적을 둔 상태로 이직의 부담 없이 이러한 새로운 경험들을 얻을 수 있다. 무엇보다도 인적 네트워크를 확대하기에 좋다. 인적 네트워크는 소프트웨어 장인으로서 커리어를 개발해 나가는 데 큰 도움이 된다. 여러 종류의 프로젝트에서 일해보는 것은 미래의 장인을 준비시키는 것과도 같다. 다양한 종류를 경험하면 다재다능하고 경험 많은 프로페셔널로 성장할 수 있을 뿐만 아니라 미래에 전혀 생각지도 못했던 커리어 선택지를 가질 수도 있게 된다. 모두가 컨설턴트로 일하지는 못한다. 하지만 고려해 볼 만은 하다. 특히 커리어의 초반이라면 더욱 그렇다. 몇 년 간 컨설턴트로 일하게 되면 많은 업무와 환경들을 다양하게 접하고 여러 선택지들을 얻을 수 있다. 이러한 것들은 커리어 방향을 정할 때 많은 도움이 된다.

특정 산업이나 특정 분야의 스페셜리스트라면 어떨까? 그 또한 나쁠 것은 없다. 전문화된 장인으로서도 훌륭하게 활약할 수 있다. 많은 프로젝트와 산업들에서 특정 분야에 전문가를 필요로 한다. 다양한 환경을 경험하는 것은 전문화된 장인에 이르는 길에도 도움이 된다. 여러 프로젝트, 환경, 회사, 산업, 기술, 소프트웨어적인 문제 접근 방법론들을 경험해 나가면서 어떤 분야에 집중할지 방향을 잡을 수 있으니 이 또한 장인이 되기 위한 여정이다.

소프트웨어 장인의 사명

소프트웨어 장인은 자신만의 사명이 있다. 더 나아지는 데 집중하고, 계속해서 자신의 커리어에 투자하며, 배우고, 가르치고, 공유한다. 그가 맡은 고객에게 항상 가치를 전달할 수 있도록 해야 한다. 이러한 사명은 고객만을 위한 것은 아니다. 고객을 위한 가치 창출은 사명의 일부일 뿐이다. 소프트웨어 장인의 진정한 사명은 프로페셔널리즘, 열정, 관심으로 소프트웨어 산업의 수준을 높이는 것이다. 소프트웨어 장인은 그냥 일을 하기 위해 고용된 평범한 개발자가 아니다. 장인은 다른 개발자들이 더 나은 코드를 만들고 스스로가 하는 일에 자부심을 갖도록 돕는 데 관심을 둔다. 최종적인 목표는 전 세계적으로 소프트웨어 프로젝트들의 품질과 성공 비율을 오늘날보다 높아지도록 하는 것이다.

소프트웨어 장인은 아침에 일어나서 출근하고 급여를 받는 것 이상을 생각한다. 소프트웨어 장인은 주변의 것들을 더 나아지게 하고 우리가 사는 세상을 변화시킬 것을 생각한다. 소프트웨어 장인이 된다는 것은 잘 짜여진 코드를 만드는 소프트웨어 개발자가 되는 것에서 훨씬 더 나아간다. 그것은 삶의 철학이다. 탁월함에 헌신하고, 탁월함의 추구를 본성처럼 만든다. 우리 사회의 진화를 이끄는 일에 무한한 자부심을 갖는다.

APPENDIX

A

소프트웨어 장인정신에 대한 오해와 설명

지난 몇 년 간 소프트웨어 장인정신에 대해 많은 토론을 했다. 아직도 소프트웨어 장인정신이라는 용어와 관련해 많은 고정관념과 오해들이 있는 것을 심심치 않게 보고 있다. 심지어 소프트웨어 장인정신 커뮤니티들 내부에서조차 소프트웨어 장인정신이 실제로 의미하는 바가 무엇인지에 대해 의견이 분분하다.

안타깝게도 쉽게 해결할 수 있는 문제는 아니다. 고정관념과 오해는 피할 수 없다. 특정한 주제가 인기를 얻고 세계의 많은 사람들이 참여하게 되면 더욱 그렇다. 과거에도 그러했다. 애자일, 스크럼, 칸반, 프로그래밍 패러다임, 관리 체계 등 많은 사례들이 있다. 소프트웨어 산업의 다양성, 개개인이 가진 경험의 차이와 편향성을 생각하면 소프트웨어 장인정신에 대해 그토록 다른 의견이 많은 것은 놀랄 일은 아니다.

부록에서는 소프트웨어 장인정신에 대한 고정관념과 오해에 대해서 최대한 풀어보려 한다. 내 의견은 개인적인 경험과 소프트웨어 장인정신 운동을 이끌어 온 과정, 존경하는 여러 훌륭한 프로페셔널들과의 많은 대화들에 기반하고 있다. 대화를 나누었던 프로페셔널들 중에서 소프트웨어 장인정신 운동에 깊이 참여하는 분들도 있지만 다른 분들은 이런 저런 이유로 전혀 상관하고 싶어하지 않았다. 어떤 분들은 소프트웨어 장인정신 운동의 기원이 되는 몇몇 개념들에 대해서는 동의하지 않기도 했다.

소프트웨어 장인과 소프트웨어 개발자

모든 장인은 개발자이지만 모든 개발자가 장인은 아니다. 많은 사람들의 생각과 상충되는 부분으로, 업무 연차나 보유 기술에 따라 장인이 되는 것도 아니다. 보통의 개발자와 장인의 차이점은 스스로의 직업을 대하는 태도에 있다. 누구든 자기 자신을 장인이라고 부를 수는 있지만 그것만으로 장인이 되었다고 할 수는 없다. 특정한 가치를 말하는 것과 그것을 항상 실천하는 것은 완전히 별개의 이슈다. 추구하는 가치는 말이 아니라 행동에 의해 규정된다.

적은 수였지만 스스로를 장인이라고 부르길 원치 않는 개발자들도 만나볼 수 있었다. 그들은 뭔가 이름 붙이는 것 자체를 싫어했고 '장인정신 따위'에 신경을 쓰고 싶어 하지 않았다. 그럼에도 불구하고 그들이 소프트웨어 개발을 대하는 태도, 자신의 일에 대한 관심, 매일같이 활용하는 실행 관례들, 자기계발을 위한 열정, 고객에 대한 존중은 분명 좋든 싫든 장인이라 부르기에 충분했다.

장인이 된다는 것이 다른 개발자들보다 우월하거나 더 낫다는 의미는 아니다. 누군가가 스스로를 장인이라고 부른다면 그가 추구하는 가치와 프로페셔널한 태도를 지칭하는 것이지 능력을 지칭하는 것이 아니다. 반대로 누군가가 스스로를 장인이라 하지 않는다고 해서 그가 장인이 추구하는 가치와 태도를 가지지 않았다는 의미도 아니다.

장인정신 != 엘리트주의

소프트웨어 장인정신 운동이 엘리트주의가 아니냐는 이야기를 적지 않게 들었다. 진심으로 이야기하지만 그런 말을 처음 들었을 때 상당히 놀랐다. 소프트웨어 장인정신 커뮤니티는 내가 보아온 그 어떤 커뮤니티보다 개방적이다. 배경과 경험 수준에 관계없이 어떤 개발자든지 받아들인다. 커뮤니티의 모든 행사들은 지식을 공유하고 서로로부터 배우는 것을 북돋운다. 개발자라면 누구든지 환영한다.

많은 사람들이 모인 곳에는 언제나 그렇듯이 그룹에서 지향하는 가치대로 행동하지 않는 개인들이 항상 있기 마련이다.

견습생, 숙련공, 마스터

솔직히 말하자면 나는 이러한 비유를 좋아하지 않는다. 이 책에서도 거의 언급하지 않았다. 실제로도 '숙련공'이나 '마스터'와 같은 용어는 소프트웨어 장인정신 커뮤니티에서 거의 사용되지 않는다. 그저 비유일 뿐으로 특별한 신경을 써야 할 가치가 있는 것은 아니다.

'멘토'와 '견습생'은 자주 인용되는 관계로 이러한 비유는 그 의미를 생생하게 표현하는 데 더 효과적이라고 생각한다.

가장 흔한 오해는 스스로를 '장인'이라 하는 사람들이 '장인'을 '마스터'와 동격으로 볼 것인지에 관해서다. 개인적으로 한번도 그런 경우를 본 적이 없다. 이 비유는 소프트웨어 장인들 스스로보다는 소프트웨어 장인정신을 비판하는 사람들이 더 자주 언급한다는 사실이 흥미롭다.

마스터 장인

소프트웨어 장인정신의 원칙과 가치들을 따르는 회사라면 사내에서 가장 경험 많은 소프트웨어 장인을 호칭할 때 이러한 비유를 사용할 수도 있다. 그 마스터 장인이 외부의 모든 다른 장인에 대해서도 마스터인 것은 아니다.

그 누구도 스스로 마스터라고 말하지 않는다. 어떤 프로페셔널들은 다른 프로페셔널을 특정 분야에 있어 마스터라고 부르기도 한다.

소프트웨어 장인정신 운동에 참여하는 분과 참여하지 않는 분 모두 포함해서 적지 않은 수의 프로페셔널들을 진심으로 존경하고 있다. 그 분들은 나의 커리어에 많은 가르침을 주셨다. 나에게 그분들은 '마스터 장인'이다.

근시안적 개념으로 보는 시선

또 다른 오해는 소프트웨어 장인정신이 TDD나 아름다운 코드를 위한 모임이라는 생각이다. 배경과 내용을 잘 모르는, 특히 애자일 커뮤니티의 사람들은 소프트웨어 장인정신이 근시안적이고 너무 좁은 영역만 바라본다는 이야기들을 한다. 이 책이 그들에게 충분한 설명이 되었으면 한다. 소프트웨어 장인정신은 TDD나 잘 작성된 코드 이상의 것을 의미한다.

린, 애자일, 장인정신은 서로 충돌 없이 같은 방향을 보고 있고 비슷한 가치를 공유하고 있다. 모두 투명함과 짧은 피드백 루프를 통해 고객에게 가치를 전달하는 데 집중한다. 린, 애자일, 장인정신들 간의 가장 큰 차이점은 각각의 실행 관례와 원칙들이 가장 잘 적용될 수 있는 부분이 조직의 서로 다른 영역들이라는 데 있다.

장인정신과 XP

장인정신은 이데올로기이고 XP는 방법론이다. 이데올로기는 가치, 태도, 행동양식을 다루고 방법론은 실행 관례와 특정 문제의 해결을 다룬다.

XP 역시, 자체적인 추구 가치가 있다(단순함, 소통, 피드백, 존중, 용기). 하지만 XP는 실행 관례들의 집합으로서 더 많이 알려져 있다.

장인정신은 프로페셔널리즘에 집중한다. 프로페셔널한 태도는 우리가 사용하는 실행 관례와 단단히 엮여 있다. 현재의 실행 관례들 대부분은 XP에서 나온 것들이다.

실행 관례와의 관계

소프트웨어 장인은 특정 실행 관례에 종속적이지 않다. 대신 추구하는 가치를 만들어내기 위해 실행 관례를 이용할 뿐이다. 거의 대부분의 프로젝트들에서 XP 실행 관례들은 고객과 개발자들에게 더 많은 가치를 만들어 내는 것이 증명되었다. 그 부분이 소프트웨어 장인정신이 XP를 지지하는 이유다.

소프트웨어 산업은 계속해서 진화 중이다. 우리는 항상 소프트웨어를 개발하는 더 나은 방법, 더 효율적인 방법을 찾아나가야 한다. 실행 관례는 그것이 만들어내는 가치에 따라서 선택된다. 만약 XP 실행 관례보다 더 많은 가치를 주는 실행 관례를 찾는다면 기꺼이 그 새로운 실행 관례를 받아 들일 것이다.

애자일 코치와 관리자

이 책을 리뷰하면서 애자일 코치와 관리자들을 상당히 불공평한 시각으로 언급하고 있다는 점을 깨달았다. 전문적인 저술가가 아닌 기술 배경의 저자로서 특정 주제에 대한 의견을 표현할 때 맥락과 관련된 모든 지식과 경험을 반영해서 글로 옮긴다는 것이 쉽지는 않다.

분명 즐겁게 일했던 훌륭한 애자일 코치와 관리자들이 있었다. 그들의 프로페셔널리즘, 지식, 어려운 환경에 대처하는 능력은 분명 둘째가라면 서러울 정도였다. 전혀 도움이 안 되거나 일을 제대로 해낼 수 없는 애자일 코치나 관리자들도 많이 경험했다.

그들의 위치, 권한, 영향력 때문에 그들의 결정이 프로젝트어만 해를 끼치는 것이 아니라 전체적인 조직에도 문제를 일으켰다. 부적합한 관리자 밑에서 일하고 부적합한 애자일 코치의 조언을 받는 것은 팀의 동기를 깎아내릴 수 있다. 팀원들의 분노를 사고 심지어 사람들이 회사를 떠나게 할 수도 있다. 이 책의 많은 부분에서 애자일 코치와 관리자를 칭할 때는 항상 부적합한 사람들의 경우를 생각하면서 언급했었고 좋은 사람들에 대한 것은 아니었다.

애자일 코치와 관리자들은 매우 중요하고 어떤 조직들에는 꼭 필요하다. 필자는 프로페셔널들이라면 그 업무의 종류와 관계 없이 깊은 존중과 경외감을 갖고 있다.

소프트웨어 도제 제도

어떤 사람들은 왜 이 책에 소프트웨어 도제 제도에 대한 내용은 없는지 묻는다. 소프트웨어 장인정신에 대한 책이기 때문에 합당한 질문이다. 이 책을 쓰기 시작했을 때는 소프트웨어 도제 제도에 대해서도 쓸 계획이었으나, 몇 가지 이유로 그렇게 하지 않기로 했다. 가장 큰 이유는 소프트웨어 도제 제도는 너무 큰 주제라는 점이다. 회사마다, 사람마다 완전히 다른 방식으로 수행할 수 있다. 이 부분에 대해 개인적으로는 의견이 있지만(Codurance에는 소프트웨어 도제 제도가 있다) 이 책이 담기에는 너무 큰 주제이고 핵심 내용인 장인정신에 대한 메시지가 흐려질 수 있다는 우려가 있었다. 언젠가는 그에 대한 책을 쓸 계획이 있다. 어쩌면 또 다른 책이 될 수도 있고 시리즈 형태의 기고문이 될 수도 있다.

비유로 인한 문제

비유는 어떤 것을 설명할 때 유사한 다른 것을 빗대어 대입해보는 방식으로 실질적으로는 전혀 상관 없는 두 가지를 엮어서 이야기하게 된다. 비유는 일종의 유추로서 관계, 대비, 유사성에 기대어 효과적인 의사 전달을 하는 수사적인 방법이다.

비유는 뭔가를 설명하거나 묘사할 때 효과적인 방법이다. 맥락을 벗어나 너무 글자 그대로 활용되게 되면 비유가 적용되던 원래의 배경을 잃어버리고 오해와 고정관념에 빠져버린다는 문제가 있다. 이 책이 그런 부분을 해소하는 데 도움이 되었기를 바란다.